西安外国语大学学术著作出版基金资助出版

经济管理学术文库·经济类

反倾销贸易效果评价研究
——基于中国涉案农产品的实证分析

The Study on Trade Effects of Antidumping: An Empirical Analysis of China's Aagricultural Products Involved

杨 蕾／著

图书在版编目（CIP）数据

反倾销贸易效果评价研究：基于中国涉案农产品的实证分析/杨蕾著.—北京：经济管理出版社，2018.10
ISBN 978-7-5096-6000-3

Ⅰ.①反… Ⅱ.①杨… Ⅲ.①农产品贸易—反倾销—研究—中国 Ⅳ.①F752.652

中国版本图书馆 CIP 数据核字（2018）第 206285 号

组稿编辑：曹　靖
责任编辑：杜　菲
责任印制：黄章平
责任校对：陈　颖

出版发行：经济管理出版社
（北京市海淀区北蜂窝 8 号中雅大厦 A 座 11 层　100038）

网　　址：www.E-mp.com.cn
电　　话：（010）51915602
印　　刷：北京玺诚印务有限公司
经　　销：新华书店
开　　本：720mm×1000mm/16
印　　张：18
字　　数：353 千字
版　　次：2018 年 10 月第 1 版　2018 年 10 月第 1 次印刷
书　　号：ISBN 978-7-5096-6000-3
定　　价：68.00 元

·版权所有　翻印必究·
凡购本社图书，如有印装错误，由本社读者服务部负责调换。
联系地址：北京阜外月坛北小街 2 号
电话：（010）68022974　邮编：100836

前　　言

随着中国逐渐降低关税，贸易程度不断开放，中国已经成为世界上农产品市场最开放的国家之一。中国是世界上遭受反倾销最频繁的国家，到 2015 年已经连续 20 年成为第一大遭受反倾销的国家，与此同时，中国逐渐成为采用反倾销措施抵制倾销行为的主要国家之一，到 2015 年中国发起的反倾销措施位于世界第 7 位。其中，中国农产品遭受外国的反倾销具有持续时间长、频次多、征税幅度高等特点，与此同时，中国农产品对外反倾销开始时间较晚。本书主要分析中国涉案农产品遭受反倾销和对外反倾销的贸易效果。主要研究内容和结论如下：

第一，中国农产品遭受的反倾销措施具有贸易调查、限制和偏转效果。无论从年度数据的贸易效果描述分析还是基于月度面板数据的实证分析，都证实了中国农产品遭受外国反倾销后会减少向反倾销申诉国的出口规模，增加向非申诉国的出口规模。但贸易限制效果持续期较短，中国涉案农产品出口市场结构会因为反倾销而进行调整，但在调整后仍然观察到长期趋势在增加，这解释了为何中国频繁遭遇外国反倾销的指控和制裁。

第二，中国农产品对外反倾销措施具有贸易限制和转移效果，但不具有调查效果。年度数据描述性分析和月度数据实证分析，都证实了中国农产品对外反倾销会减少从被诉国进口规模，增加从非被诉国的进口规模。同样，贸易限制效果具有短暂性，且即便是进行了反倾销措施，中国对外反倾销农产品进口集中度仍然很高，对于进口来源地结构或市场结构的调整因不同产品而具有差异。

第三，基于二元选择模型的实证结果表明，反倾销与农产品的比较优势和竞争优势相关，中国农产品优势越大，则越容易遭受外国反倾销；中国农产品劣势越大，则越容易对外反倾销。关税与反倾销措施之间具有此消彼长的替代关系。

第四，反倾销措施对于涉案农产品的产业竞争力来讲，冲击效果是暂时且不涉及本质的。遭受反倾销的农产品竞争优势指数呈现逐年上升态势，中国涉案农产品仍然具有很强的竞争力，从产业竞争力的角度解释了为何中国农产品频繁遭受国外反倾销。中国对外反倾销的农产品一般具有竞争劣势，中国发起的反倾销措施，对于国内涉案农产品的贸易救济效果具有短暂性，并且没有根本改变竞争劣势的情况。

第五，中国农产品遭受国外反倾销指控和中国农产品对外进行的反倾销指控都没有对总体农产品的进出口贸易产生负面影响，没有阻碍中国农产品贸易发展，这与涉案产品数量和种类占中国总体农产品进出口规模比重较小有关。

第六，加入WTO、中国GDP增长和人民币贬值会缓解中国涉案农产品遭受反倾销所带来的贸易调查和贸易限制效果，增强贸易偏转效果，对中国遭受反倾销涉案农产品有利。加入WTO，削弱了中国对外反倾销救济国内产业的作用；而人民币贬值加强了中国对外反倾销救济国内产业的作用。

目　录

第一章　引言 …………………………………………………………… 1
　　一、选题背景及研究意义 ………………………………………… 1
　　二、文献述评 ……………………………………………………… 4
　　三、相关概念及界定 ……………………………………………… 9
　　四、研究目标和内容 ……………………………………………… 13
　　五、研究方法和数据 ……………………………………………… 17
　　六、可能的创新点 ………………………………………………… 20

第二章　反倾销研究基础：经济理论与法律程序 …………………… 21
　　一、倾销与反倾销经济学理论基础 ……………………………… 21
　　二、反倾销立法与协议 …………………………………………… 26
　　三、农产品反倾销的特殊性 ……………………………………… 29

第三章　反倾销发展情况与特征分析 ………………………………… 32
　　一、世界反倾销发展和特征分析 ………………………………… 32
　　二、中国反倾销发展和特征分析 ………………………………… 44
　　三、中国涉案农产品反倾销基本特征 …………………………… 50
　　四、本章小结 ……………………………………………………… 57

第四章　中国涉案农产品反倾销贸易效果描述性分析 ……………… 59
　　一、描述分析的步骤 ……………………………………………… 60
　　二、中国涉案农产品遭受反倾销贸易效果分析 ………………… 61
　　三、中国涉案农产品对外反倾销贸易效果分析 ………………… 83
　　四、本章小结 ……………………………………………………… 93

· 1 ·

第五章 农产品反倾销与比较优势、竞争优势关联度分析 ·········· 95
一、模型形式和数据来源 ·········· 96
二、中国农产品遭受反倾销与比较优势、竞争优势关联度分析 ·········· 101
三、中国农产品对外反倾销与比较优势、竞争优势关联度分析 ·········· 111
四、本章小结 ·········· 120

第六章 反倾销涉案农产品的产业竞争力分析 ·········· 122
一、指标选取与说明 ·········· 122
二、中国遭受反倾销农产品的产业竞争力分析 ·········· 125
三、中国对外反倾销农产品的产业竞争力分析 ·········· 142
四、本章小结 ·········· 149

第七章 反倾销对中国总体农产品贸易效果影响的实证分析 ·········· 151
一、模型形式和数据来源 ·········· 151
二、中国遭到反倾销对中国农产品出口的贸易效果分析 ·········· 157
三、中国对外反倾销对中国农产品进口的贸易效果分析 ·········· 164
四、本章小结 ·········· 171

第八章 中国涉案农产品遭受反倾销的贸易效果分析 ·········· 173
一、模型形式和数据来源 ·········· 173
二、贸易调查和限制效果估计结果分析 ·········· 179
三、贸易偏转效果估计结果分析 ·········· 189
四、本章小结 ·········· 198

第九章 中国涉案农产品对外反倾销的贸易效果分析 ·········· 200
一、模型形式和数据来源 ·········· 200
二、贸易调查和限制效果估计结果分析 ·········· 205
三、贸易转移效果估计结果分析 ·········· 213
四、本章小结 ·········· 220

第十章 研究结论与政策建议 ·········· 222
一、主要研究结论 ·········· 222
二、讨论与政策建议 ·········· 225

三、有待进一步的研究 …………………………………………… 226

附录一 中国农产品涉及反倾销案件一览表 ……………………… 228

附录二 中国涉及反倾销农产品贸易描述分析结果
（立案前3年后5年） ……………………………………… 233

附录三 中国涉及反倾销农产品贸易描述分析结果（1988～2012年）…… 240

附录四 中国反倾销涉案农产品产业竞争力指标变化率
（1992～2012年） ………………………………………… 253

参考文献 ……………………………………………………………… 270

第一章 引言

一、选题背景及研究意义

在经济全球化进程中,贸易自由化正日益成为全球经济发展的动力,贸易开放已经成为国际贸易走向的必然趋势。世界各国通过和其他国家签订贸易条约或者协定,承担与各缔约方彼此减让关税和削减非关税壁垒的义务,从而使国际贸易自由化趋势加强。然而,与此同时,作为贸易开放的对立面,贸易保护主义也随着贸易开放政策的实施有了进一步发展,甚至有着愈演愈烈的趋势。

贸易保护壁垒分为关税壁垒和非关税壁垒。其中非关税壁垒包括贸易救济(如货物进口救济、货物出口救济和服务贸易救济)、技术性贸易壁垒(Technical Barrier to Trade,TBT)和环境性贸易壁垒(如动植物卫生检疫措施,Sanitary and Phytosanitary Standard,SPS)。乌拉圭回合后,各国在贸易政策上都致力于降低关税保护水平,除了关税之外,其他贸易保护手段得到了发展,非关税壁垒已然成为各国贸易保护的一个重要手段。而反倾销作为一种贸易救济方式逐渐被各国所使用,并呈现数量增多和涉及国家范围扩大的态势。根据世界贸易组织(World Trade Organization,WTO)的统计数据计算,20世纪80年代以后,世界反倾销案件数量大幅增加,从1980年之前的年均30起发展到1980~2015年的年均222件。

世界贸易组织(以下简称WTO)制定反倾销法的目的是推进贸易自由化进程,由于早年存在关税壁垒,倾销给进口国并未造成显著影响,因此反倾销措施的作用不明显。但随着各国间逐步打破关税壁垒,倾销所造成的影响凸显,甚至已经超过其他任何关税壁垒所造成的损害。直至此时,国际上才对反倾销措施重视起来,反倾销措施也才被纳入国际贸易的多边规则中,并逐步发展成为维护自由贸易不可或缺的法律保障。在国际协议下同意或主张大规模消减关税的国家或地区常常更有可能利用反倾销手段去保护国内产业（Feinberg and Reynolds, 2007）。由于反倾销掩藏在公平竞争的表象下，其被使用的次数愈加频繁，俨然成为各国阻止他国商品进入国内市场的重要方式。在20世纪80年代初，世界上仅有少数国家进行反倾销，但在WTO成立后，反倾销被WTO所认可，作为各国保护国内产业和企业利益的法律武器，渐渐被一些国家滥用（Zanardi, 2004），以至于在21世纪，反倾销成为了国际贸易壁垒的主导形式（Prusa, 2001; Bown, 2008）。

中国在20世纪80年代以前，被他国进行反倾销投诉的情况很少出现。自改革开放以来，中国经济保持稳定高速增长，对西方各国连年贸易顺差，欧美国家频频对中国出口商品发起反倾销调查，截至2015年，中国连续20年成为世界上遭受反倾销调查最多的国家。1995~2015年，WTO所有成员发起反倾销调查共计4987起，其中2719起最终采取了反倾销措施，中国遭受反倾销调查1124起，占比22.5%，最终采取反倾销措施664起，占比高达24.4%（根据WTO数据整理计算得出）。尤其是中国自2001年加入WTO之后，国际贸易交往与事务更加频繁，国内出口企业不断遭受国外反倾销诉讼，中国已经成为世界贸易保护主义最大的受害国。同时，金融危机使世界各国经济遭受严重挫折，反倾销调查数量快速增长，仅2008年下半年，全球发起的反倾销调查就比2007年同期增加了17%，最终采取反倾销措施的新增案件共81起，其中，发达国家36起，比2007年同期显著增多（李娜、袁晓军，2010）。中国加入世贸组织和世界性金融危机的蔓延，使各经济体对中国的反倾销变本加厉，严重损害了中国出口企业的合法权益。与此同时，中国对外反倾销工作才刚起步，与其他发达甚至同一经济发展水平国家相差很远。与中国遭受的反倾销调查相比，中国在遭遇外国产品倾销时，运用反倾销规则对国内相关产业进行贸易救济且对别国发起反倾销调查的数量远远少于印度、美国和欧盟等主要反倾销申诉国；根据WTO统计，1995~2015年中国对外进行反倾销案件共229件，远低于印度的770件和美国的569件。因此，从反倾销被诉国和申诉国两个角度分别考虑并进行对比分析，有助于全面和深入地对中国反倾销问题进行进一步的思考。

中国是农业大国，农业人口众多，因此相较于其他行业更容易引发社会和政治问题，农业的健康发展对稳定中国经济社会有着举足轻重的作用。出口农产品不仅具有增加农民收入、优化产业结构的作用，更可以带动三大产业的协同发展，并提供大量的就业机会。作为国民经济的基础，农业历来是受高度保护的，许多国家的政府特别是西欧、日本等工业化国家，从本国利益出发，对国内农产品生产采取支持政策，对国外农产品进口采取限制措施。《农产品协议》（Agreement on Agriculture)① 的签订使各国对农产品的保护手段大大减少。虽然《农产品协议》规定有"价格触动"(price-triggered)和"数量触动"(quantity-triggered)条款,但反倾销和这些措施相比,更加"适用",这就导致外国频繁利用反倾销手段对中国具有比较优势的农产品提起反倾销指控(黄军、李岳云,2002)。

现今,工业品关税已经大幅降低,而 WTO 谈判的重点在于进一步削减农产品关税以及取消农产品出口补贴。随着农产品谈判的不断推进,可以预见,对农产品反倾销进行贸易保护的案例将大量出现。农产品与其他商品不同,其附加值低、价格低廉,更容易遭到反倾销调查。中国农产品遭受的反倾销调查数量和频率都在增多。近年来,国外针对中国农产品和加工农产品提起的反倾销诉讼数量多、范围广,涉及蜂蜜、大蒜、小龙虾等多种商品,共 30 余起;部分农产品如大蒜、蘑菇罐头还遭到多个国家起诉。对出口农产品所征收的高额反倾销税使其受到巨大影响,相关企业遭受重大损失(田国强,2003)。特别是上述涉案产品多为中国优势比较明显的农产品,也是未来中国出口农产品的重点,可见,反倾销目前已严重阻碍中国农产品出口,成为重要的非关税壁垒之一。

与中国农产品频繁遭受国外反倾销指控和制裁相比,中国对外农产品发起反倾销立案调查的数量少、强度小,涉农产品及其加工品的调查仅为 4 件,即 2006 年 2 月对原产欧盟的马铃薯淀粉、2009 年 9 月对原产美国的白羽肉鸡、2010 年 12 月对美国的玉米酒糟以及 2013 年对欧盟的葡萄酒产品的调查,大大低于美国的 36 件。由于案件开始时间晚且数量较少,目前对于中国农产品对外反倾销的研究较少,而本研究着力对这个方面进行了比较深入的分析。

反倾销是多边贸易规则允许的贸易救济手段,然而在贸易实践中,反倾销却更多地被作为一种贸易保护的工具来使用。长期游离于多边贸易规则之外的世界农产品贸易在被纳入世界贸易规则框架之后,继续经历着关税水平不断下调、出口补贴逐渐取消等边境规则的改革。尽管从历史统计的角度来看,农产品反倾销案件只占全球反倾销总量的不到 5%,但贸易规则的改变、农业地位的特殊性、反倾销手段的独特性以及国际反倾销规则和反倾销活动的未来发展态势都意味着对农产品实施的反倾销,在未来极有可能成为各经济体进行农产品贸易保护的重要手段(张华,2009)。

因此,在中国加入 WTO、已充分融入世界国际贸易大环境的背景下,面对

---

① 世界贸易组织历经 7 年多达成的乌拉圭回合《农产品协议》(Agreement on Agriculture)共 13 个部分 21 项条款。就其实体法规则而言,主要有进口准入(第 4~5 条)、出口竞争(第 8~11 条)和国内支持(第 6~17 条)。

复杂多变且国际贸易保护主义抬头的国际贸易环境,对一个农业大国,农产品反倾销研究的意义就显得非同寻常,对中国农产品反倾销问题进行全面系统、深入和科学的研究具有必要性和紧迫性。一方面能够为合理、有效地保护中国农业及相关产业、促进产业结构调整和推动中国农产品贸易进一步有序健康地发展提供理论和政策依据;另一方面,为应对未来中国农产品遭受外国倾销等不公平竞争行为提供一定的参考和借鉴。而同时,对农产品反倾销问题的关注不仅要从中国是被诉国的角度进行分析,还要从中国作为申诉国的角度进行分析。

二、文献述评

虽然国际反倾销活动的频繁发生开始于第二次世界大战以后,但对于反倾销的研究,最早起源于20世纪20年代。尤其是从80年代开始,国内外关于反倾销问题的研究逐渐开始深入,研究者分别从多种角度、采用多种方法进行了相关分析。现有关于反倾销方面的研究主要涉及两个方面:一是对于反倾销的规范性研究;二是对于反倾销的实证性研究。规范性研究在最初倾销和反倾销出现时研究较多,并在学界达成了一定的共识性结论,如反倾销是贸易保护的一种工具等。而实证性分析随着反倾销案件的不断增多而丰富,基于反倾销经济学基础,利用丰富多样的计量模型,学界对反倾销的贸易效果、经济效果、福利损失等进行了分析。

(一) 反倾销规范性研究综述

理论界早期对于反倾销的规范性研究较多,一般涉及对反倾销起因、合理性、应对策略等方面的分析和探讨。

首先,对于反倾销的合理性进行探讨。反倾销是针对倾销而言的,倾销是国际贸易过程中的一种不公平的贸易行为,从理论上说,反倾销措施的实施应当具有合理性,其对于救济国内受损产业起到了重要的保护作用,维护了国际贸易的正常秩序,保证了公平的贸易环境,符合促进贸易、自由贸易的精神(王雪华,2001;于永达,2001)。然而,由于贸易保护主义,在当今世界各国反倾销实践中,反倾销原本作为一种贸易救济措施,出现了被滥用的情况,成为一种新的贸易保护手段和措施,阻碍了世界贸易发展和国际贸易竞争的公平,对于世界整体福利来说,很可能造成损害(张元智,1999;沈瑶,1999;Martin 和 Pia,2001;Knetter 和 Prusa,2003)。

其次，对于研究中国反倾销的规范性问题，主要集中在国内学者对于中国遭到国外反倾销的原因，中国应采取的应对策略以及相关反倾销法律方面的研究。中国被西方国家视为"非市场经济地位国家"、"替代国"的选择、反倾销发起具有主观随意性和政治目的性，国内尚未建立健全反倾销应诉机制、企业应诉被动、应诉材料不齐全、账务信息不完善、国内产能过剩、盲目建设、存在低价恶意竞争等都是中国不断遭受外国反倾销的原因（傅春光，1999；国家经贸委反倾销反补贴工作研究小组，2001；刘航滨，2001）。在对策方面，有的从总体上提出中国出口商品如何应付国外的反倾销（谢永辉，1998；程大为，2000）；有的从中国政府参与不足、行业协会工作不到位、企业应对反倾销不足等角度谈中国应该加强制度、章程、机构建设，提高对国外反倾销的应诉能力，减少损失（王仁祥、李芊蕾和陈艳林，2002）；还有的从反倾销规避与反倾销的角度，探讨针对发达国家对规避反倾销的行为做出的限制对策（刘蕴莹和任荣明，2002）。总体来说，加强政府职能，充分利用反倾销法来保护自己（王峰，1999），只有积极应诉，才能保住市场（周世俭和刘建伟，2000；Perry，2001）。

（二）反倾销影响因素和动因研究综述

已有研究对于影响反倾销的因素（动因）也做了较为深入的探讨。经过对已有研究的总结发现，汇率、宏观经济状况、对外贸易状况、国内产业生产增长率、政治、反倾销法律变迁以及制度等因素都对于反倾销的发生具有影响。

Feinberg（1989）利用1982~1987年的数据，基于Tobit模型的实证分析结果，对于美国对日本、巴西、墨西哥及韩国发起的反倾销调查，发现汇率是其动因之一。James（2000）的研究发现，中国经济持续增长形成的巨额贸易赤字是美国对中国产品进行反倾销的最主要的原因。Knetter和Prusa（2003）的研究对象涉及美国、欧盟、澳大利亚和加拿大，发现实际汇率和进口国实际GDP增长对反倾销调查具有显著影响。谢建国（2006）对美国工业产出增长率、对华贸易状况、政治联系及WTO等制度变迁与美国对中国发起反倾销之间的相关关系进行实证检验，发现这些因素是反倾销的重要影响因素。Feinberg（2005）利用季度数据对美国1981~1998年反倾销案件的影响因素进行分析，证实美元升值会引起反倾销诉讼增加，GDP增长和汇率变动等宏观经济因素会随着对于损害认定的不断增加而起到显著的影响作用。沈国兵（2007）分析美国对中国反倾销的宏观决定因素研究发现，美国工业生产增长率、失业率、中国对美的进口渗透率、汇率和美国反倾销法的变化都是影响美国对中国发起反倾销行为的动因。杨艳红（2009）分析了美国、欧盟、澳大利亚、土耳其、墨西哥、阿根廷和印度对中国反倾销调查的影响因素，结果表明WTO制度和中外贸易不对称关系严重影响国外对中国的反倾销政策。胡俊、朱晶（2010）对印度对华反倾销偏好问题进行了研究，发现中国出口占印度总进口的比重、中印之间的贸易平衡、两国汇率与印度对华反倾销案件数量之间存在正相关，印度关税水平和经济增长速度则与印度对华反倾销案件数量之间存在负相关，中国加入WTO和金融危机时间显著增加了印度对华案件的调查数量，金融危机的影响力很高，中国和印度之间政治关系并不显著影响相关案件的调查数量。

目前，对农产品反倾销影响因素的研究相对较少（马述忠和黄祖辉，2005）。对农产品反倾销的研究集中于特定案例分析和农产品反倾销趋势及特点的描述分析和总结。例如，黄军、李岳云（2002）对中国遭受反倾销农产品案件的特点进行了总结，分析了其发生的外部原因和内部原因；刘爱东、周以芳（2009）在对中国遭受反倾销农产品的案件数、国家以及不同的反倾销裁决结果进行分析的基础上，对中国农产品频繁遭受反倾销调查的原因进行了分析。通过对影响中国农产品反倾销因素问题的研究综述发现，对于中国农产品研究缺乏利用计量分析工具进行深入实证分析的相关研究，是本书选定农产品反倾销作为分析对象的主要原因之一。

（三）反倾销贸易经济效果研究综述

关于反倾销措施实施的经济影响和效果评估是经济学家最为关注和热烈讨论的一个领域。由于美国和欧盟是传统意义上采取反倾销措施的大国，其反倾销开始的年份较早，因此，已有研究关于反倾销措施对进口贸易影响效果的评估也就主要集中在对这两个地区的研究上。随着国际反倾销逐步从发达国家向发展中国家扩展，针对新兴国家和发展中国家的反倾销贸易的经济效果研究逐渐增多。

国外对于反倾销经济效果的研究开始较早，多集中于实证分析。

第一，反倾销最直接的经济效应就是所产生的各种贸易效果。Lichtenberg和Tan（1994）是最早开始研究反倾销措施的贸易影响效果评估的学者。随后有关反倾销贸易效果的研究不断发展和深入，重要的研究包括，首先是对于反倾销贸易限制效果的验证，Harrison（1991）、Staiger和Wolak（1994）证实反倾销措施实施后，涉案产品的进口价格相对提高，反倾销措施对进口贸易起到限制作用，即存在贸易限制效应。其次是对贸易转移效应的验证。Prusa（1997，2001）对于贸易转移效果的实证分析做出了很大贡献，他对美国反倾销措施的涉案产品数据进行了面板数据的回归分析，提供了贸易转移效应的证据；他还对比分析反倾销不同裁决结果（无损害结案、征收反倾销税、价格承诺）所分别产生的效应，证实了贸易限制效应和贸易转移效应的存在。

第二，反倾销还会引发一系列经济效应。首先，反倾销措施实施后，对于申诉国国内存在上下游产业继发性保护作用（Hoekman和Leidy，1992；Feinberg和Kaplan，1993；Sleuwaegen和Belderbos，1998；Krupp和Skeath，2002），即反倾销措施在限制上游进口产品数量的同时，对下游产品的产量有消极作用，而且过度的上游保护会产生下游产业的继发性保护，最终对国内消费者带来损失。其次，申诉国对于被诉国发起反倾销措施会导致被诉国直接在申诉国或者第三国投资设厂从事涉案产品的生产，跨越了反倾销贸易壁垒，也就是发生了投资跨越效应（Blonigen，1997；Haaland和Wooton，1998；Sleuwaegen、Belderbos和Clive，1998；Blonigen和Park，2004），研究发现由于反倾销措施的实施所带来的投资跨越效应会导致进口国国内竞争的加剧，从而使得国内生产商面临更加糟糕的境况。最后，关于反倾销措施的反竞争效应，即国内生产商倾向于将反倾销措施作为排挤外国竞争对手的一种手段而加以利用，一些大公司利用反倾销过程寻求战略保护伞以便可以从国外竞争者那里争夺增长的市场份额（Finger、Hall和Nelson，1982；Czinkota，1997）。

中国国内对于反倾销经济效果的研究开始较晚，早期研究多集中在个案分析和趋势特征总结（付春光，1999；卜海，2001；杨仕辉和熊艳，2002）上，近年对于实证分析的研究逐渐增多和逐步深入，主要研究者有宾建成（2003），朱庆华、唐宇（2004），沈瑶、王继柯（2004），鲍晓华（2004，2007），沈国兵（2008，2012），向洪金和赖明勇（2010），杨仕辉、刘秋平（2011），杨仕辉、邓莹莹和谢雨池（2012）等，研究者主要对反倾销措施的产业、贸易、社会福利等方面的影响进行定量分析，研究同样发现反倾销措施的贸易调查、贸易限制、贸易转移等效果，也对上下游产业继发性保护效果、公共利益等问题进行探讨。

（四）农产品反倾销研究综述

反倾销越来越成为阻碍中国农产品出口的主要非关税壁垒之一，研究农产品反倾销的有关经济学文献开始出现，但相对于农产品出口在整个对外贸易中所占的比重来说，这类文献并不多。

国外学者对农产品反倾销问题的研究主要涉及两个方面：一是具体农产品反倾销的案例分析，考察了案例发生的市场条件和征收反倾销税后的市场结果（Roberts，2000；Barichello，2002）。二是国外对农产品反倾销所作的理论分析，主要研究的是农产品反倾销的基本趋势以及农产品的特点是否会影响倾销幅度的确定等问题，以期能够揭示农产品反倾销活动和结果的系统差异（National Food and Agricultural Policy Program，2000；Hartigan，2000；Blonigen，2003）。

在现有的研究成果中，国内学者所采取的研究方法大体上可分为两种：一是侧重宏观研究和定性分析，系统地对中国农产品应对国外反倾销问题进行分析（黄军、李岳云，2002；张雪绸，2003；田国强，2003；张华，2009）；二是侧重微观的案例分析，从涉案的具体农产品入手进行研究或从不同的角度对具体涉案的农产品案例进行分析，得出一些有益的启示，并提出有针对性的解决办法和措施，在实际应用中也取得了一定的效果。与宏观分析研究相比，尽管微观分析研究的方法与路径有更强的针对性，但其成果与宏观研究大体一致，几乎没有分歧和争论。研究的焦点主要集中在以下几个案例：①美国对中国冷冻淡水小龙虾尾肉反倾销案（武义海，1998；刘宝荣和徐世文，1998）；②美国对中国蜂蜜反倾销案（徐国钧和梁勤，2001；周灏，2010）；③印度对中国生丝反倾销案（李龙、张健、窦永群，2003；贺凯平，2003）；④美国对中国罐装蘑菇反倾销案（吴佳华和龚柏华，2004）；⑤美国对中国苹果汁反倾销案（张根能、徐瑞平、廖春良，2003；田国强，2003；马述忠，2004）；⑥美国对中国冷冻或灌装暖水虾反倾销案（于斌，2004；王勤，2005）。中国国内关于农产品涉及反倾销的定量分析也开始出现，主要有张华（2009），胡俊（2011），周灏、祁春节（2011），杨蕾、陈永福和安玉发（2012）等的研究。

从国内的研究现状来看，无论从宏观角度还是从微观入手，研究者对中国农产品出口屡次被诉倾销问题的探讨取得了一定的成果，而且基本取得了一致认可的结论，没有明显的相反观点出现。但是现有的研究成果与中国农产品出口贸易的快速增长、屡次被反倾销、对外农产品反倾销逐步凸显等现状相比，偏重定性、案例和对策分析，中国农产品整体反倾销的研究缺乏系统性、全面性和深入的定量研究。

根据对国内外研究的分析，可以得出：

第一，中国农产品反倾销的分析大多集中在国内学者的研究，相对于国外的研究，中国对农产品倾销与反倾销的有关定量分析方面还不充分。

第二，有关农产品反倾销的多数研究都集中在个案、定性分析以及对策分析的角度，对农产品反倾销措施的效果、影响评价等方面的研究缺乏全面和深入的分析。

第三，几乎所有研究只注重了中国农产品遭受别国反倾销方面，而忽略了中国农产品对外反倾销方面的研究。这与中国农产品主要遭受到反倾销的现实情况和数据较容易获得有关。对于中国农产品对外反倾销的定量分析较少，一方面是因为中国对外农产品反倾销开始时间较晚，导致了相关研究存在滞后效应；另一方面是因为相对于中国遭受国外反倾销而言，中国农产品对外反倾销的案件较少。然而，随着中国贸易开放程度不断加深，中国农产品对外反倾销情况不断增加,其作用势必不断凸显,进而影响中国农产品对外贸易活动。

因此,在反倾销这个课题的研究背景下,很有必要从中国的两重身份,即反倾销的申诉方和被诉方两个方面,对中国农产品反倾销问题进行更为全面和系统的定量研究。同时,随着研究向深度发展,不应仅仅停留在对农产品反倾销趋势分析、特点总结以及原因探讨等方面,而是应该利用较为成熟、有效的计量模型等工具或方法,对农产品反倾销的贸易效果进行深入分析和评价,为中国未来针对涉农产品贸易救济措施的调查与实施提供有效的定量手段,为受损产业恢复情况做出客观评价,对国内产业进行规范、扶持和指导,达到保护国内产业安全和提高竞争力的目的;同时,也为建立和完善中国贸易救济制度提供参考,这也对促进相关产业结构调整和推动中国农产品贸易有序发展具有一定的现实意义。

三、相关概念及界定

(一) 农产品

目前,国内外研究机构和政府部门关于农产品所涉及范围的规定并不统一,主要有 WTO 贸易统计口径和商务部统计口径。

WTO 贸易统计中的农产品统计口径主要包括按照 SITC(标准国际贸易分类)分类的第 0 部分(Section)、第 1 部分、第 2 部分〔提出其中的第 27 组(Division)和第 18 组〕和第 4 部分。具体内容包括食物(食物和活动物、饮料和烟草、动植物油、油脂和蜡、油料和油果)和原材料(皮革、生皮、生胶、木材、纸浆和废纸、纤维和其废弃品、动植物原材料等)。

商务部统计口径是指中国商务部《中国农产品进出口月度统计报告》中的农产品统计口径。主要包括 WTO《农业协定》中的农产品统计口径加上水海产品,具体包括 HS 第 1 章至第 24 章;另加 HS 编码为 2905.43(甘露糖醇)、2905.44(山梨醇)、33.01(精油)、35.01 至 35.05(蛋白质物质、改性淀粉、胶)、3809.10(整理剂)、3823.60(2905.44 以外的山梨醇,现为 3824.60)、41.01 至 41.03(生皮)、43.01(生皮毛)、50.01 至 50.03(原棉、废棉和已输棉)、53.01(生亚麻)、53.02(生大麻)的产品。

本研究采用商务部对于农产品的定义和统计口径。

（二）倾销

一个国家采取反倾销措施是对其他国家的倾销行为的一种应对性的反应，因此要对反倾销问题进行研究，首先要说明倾销的含义和概念。倾销（Dumping），最根本的意思是指倾倒、抛弃，在产品的销售、贸易中将其引申为"倾销"。根据产品销售市场是国内还是国外，倾销可以分为国内倾销和国际倾销。国内倾销是指在国内市场以不正常的低价大量抛售产品；国际倾销则是指在海外市场以不正常的低价大量抛售产品。无论是国内倾销还是国际倾销都是一种不正当竞争行为，是一种不公平的竞争手段，都是一种价格歧视。由于本书研究的是国际贸易中的反倾销问题，因此本书所指倾销仅指后者，即国际倾销，不涉及国内倾销（周灏，2011）。

目前，学者普遍认可的对于倾销的法律定义是WTO的《关税与贸易总协定1994》第6条（即"反倾销税和反贴补税"条款）和《关于实施1994年关税与贸易总协定第六条的协议》（Agreement on Implementation of Article Ⅵ of the GATT 1994）。

WTO的《关于实施1994年关税与贸易总协定第六条的协议》（Agreement on Implementation of Article Ⅵ of the GATT 1994），一般被简称为《反倾销协议》，该协议第2条第1款规定"本协议之目的，如果一项产品从一国出口到另一国，该产品的出口价格在正常的贸易过程中，低于出口国旨在用于本国消费的同类产品的可比价格，即以低于其正常价值的价格进入另一国的商业，则该产品即被认为是倾销"。

根据中国《反倾销条例》第3条第1款对倾销的定义为：在正常贸易过程中，若一国产品以低于该产品正常价值的出口价格进入中华人民共和国市场，即为倾销。

由于WTO《反倾销协议》的广泛指导性，所以各国国内立法对倾销的界定基本一致，因此，倾销可简单的定义为：出口商以低于正常价值的价格向进口国销售产品。

其中，对于"正常价值"具体来说，是看该产品的价格是否符合以下任何一个条件：①低于相同产品在出口国正常情况下用于国内消费时的可比价格；②如果没有这种国内价格，则低于相同产品在正常贸易情况下向第三国出口的最高可比价格或产品在原产国的生产成本加上合理的管理费、销售费等费用和利润。符合其中任何一个条件，则认定倾销存在（海闻、林德特和王新奎，2003）。

（三）反倾销

反倾销是指为了避免来自他国的进口产品在本国倾销导致对本国相关产业造

成损害，进口国主管部门为了保护本国产业而对该国的该产品进行案件调查，以及对该国的该产品限制进口，从而抵制国际贸易中的不公平贸易行为的一种手段（周灏，2011）。

当进口国对某产品认定为倾销，并拟采取反倾销时，反倾销包括反倾销调查和反倾销措施两个阶段。

1. 反倾销调查

反倾销调查是指进口国的反倾销主管部门根据 WTO 的《反倾销协议》和国内相关的反倾销法规，在国内相关利益方提出反倾销调查申请的情况下，确认立案以后，对来自被指控的出口国涉案产品的进口进行调查。当然进口国的反倾销主管部门也可以在没有相关利益方提出反倾销调查申请的情况下自行确定反倾销的立案调查。倾销成立是进口国政府实行反倾销的必要条件，但不是充分条件。因为作为价格歧视的倾销对于进口国来说并非一定是坏事。关贸总协定和世贸组织成员国真正谴责和反对的是"对进口国境内已建立的某项产业造成重大损害或产生重大威胁，或者对某一国内工业的新建产生严重阻碍"的倾销。根据 WTO 对采取反倾销措施的规定，必须满足三个条件：倾销成立、国内产业受到损害以及倾销与损害具有因果关系。只有三个条件全部满足，才能采取下一步的反倾销措施。

2. 反倾销措施

反倾销措施是指进口国反倾销主管部门根据对涉案产品和涉案厂商进行反倾销调查，在调查过程中或调查结束后所采取的具体限制进口的各种措施。按照 WTO《反倾销协议》中的条款规定，可以将反倾销措施分为临时反倾销措施、价格承诺、最终反倾销措施三类。

（1）临时反倾销措施，是指被调查产品的进口方反倾销主管部门在经过反倾销调查后，初步认定存在倾销并且认定倾销给其国内行业造成了损害，而对进口产品采取的临时限制进口措施。这一措施的主要形式有临时反倾销税、现金保证金、保函或其他形式的担保、预扣反倾销税等。

（2）价格承诺，是指参加应诉的出口商、生产商向进口国反倾销主管部门自愿做出的，改变价格或者停止以倾销价格出口被调查产品并经反倾销主管部门接受而暂停或终止调查的承诺。中止协议（Suspension Agreement）是较常见的一种价格承诺的做法。

（3）最终反倾销措施，是在进口国的反倾销调查主管部门在调查完成后做出肯定性终裁的情况下实施的限制进口措施，常见的形式是征收反倾销税。反倾销税是对倾销商品所征收的进口附加税，其通常相当于出口国国内市场价格与倾销价格之间差额的进口税。最终反倾销措施的实施形式有从量征收、从价征收、最低限价、以规定价格和进口到岸价之间的差价为标准征收反倾销税形式等（周灏，2011）。

（四）反倾销经济贸易效果

反倾销经济效果的分析随着国内外研究的不断深入而发展。目前，已有研究普遍认为反倾销的措施会产生以下经济效果：一是直接对价格和贸易产生的效果；二是对上下游产业以及国际直接投资等产生的间接效果。直接效果主要包括贸易限制、贸易转移和贸易调查效果。间接效果主要包括上下游产业的继发性保护效应、国际间投资跨越效应和国家间报复效应（Staiger 和 Wolak，1994；Prusa，1997，2001；Brenton，2001；Konings，2001；Niels，2003；Niels 和 Kate，2006；Durling 和 Prusa，2006；Carter 和 Gunning - Trant，2010；宾建成，2003；鲍晓华，2004，2007；唐宇，2004；苏振东、刘芳，2009；冯宗宪和向洪金，2010；Moore 和 Zanardi，2011）。进口国对相关产品的出口国发起反倾销调查后，会使得相关产品的贸易流动产生变化，将涉及的对象国家分为三个：第一个称为反倾销措施申诉国（Sponsoured Country），是发起反倾销措施的进口国；第二个称为被诉国（Named Country），是被申诉国指控出口进行了倾销的国家或地区；第三个称为非被诉国（Non - named Country），是除了被诉国之外的第三方国家，即没有被申诉国提起反倾销指控的国家或地区。涉及的贸易效果在图1 - 1 中可直观地表示。

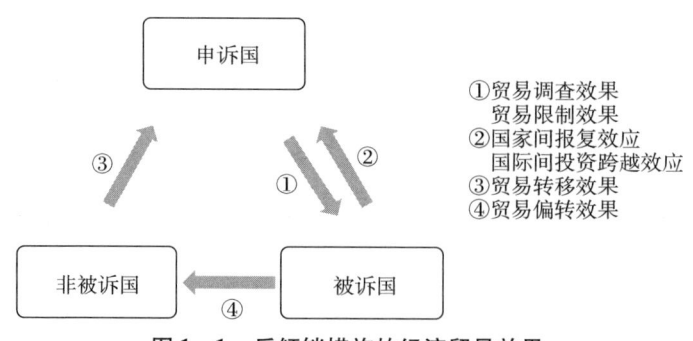

图1 - 1　反倾销措施的经济贸易效果

1. 贸易调查效果（Trade Investigation Effect）

当一国公布对于某国进行反倾销立案调查后，虽然并未对其立即征收反倾销税，但是对于被诉国起到了一定的威慑作用，此时被诉国一般会更改其低价倾销的策略，这种行为也称为反倾销措施的贸易调查效应或威吓效应（Staiger 和 Wolak，1994；Prusa，2001；鲍晓华，2004）。

2. 贸易限制效果（Trade Destruction Effect）

根据已有研究，一般认为，反倾销措施的实施提高了涉案产品的进口价格，限制了进口量，从而起到了保护国内产业的目的，此称为反倾销措施的贸易限制效应。

3. 国家间报复效应（Retaliation Effect）

如果反倾销申诉国对被诉国进行了反倾销指控，极易引发被诉国对于申诉国其他产品出口到被诉国的反倾销指控，从而限制了申诉国其他产品对于被诉国的出口，这种由一国一种产品反倾销引起的另外一国对另一种产品采取的对等措施，即称作反倾销的国家间报复效应。

4. 国家间投资跨越效应（Tariff-jumping FDI Effect）

一国对被诉国进行反倾销后，能激励被诉国企业进行突破反倾销贸易壁垒型的直接投资，通过在反倾销申诉国或在没有遭受到申诉国反倾销指控的第三国进行投资设厂生产并销售受到反倾销指控的产品，从而跨越反倾销的保护作用，保证被诉国相关产业在申诉国的市场份额，通过这样的方式规避反倾销所产生的效果称为反倾销的国家间投资跨越效应（Haaland 和 Wooton，1998；Veugelers 和 Vandenbussche，1999；Belderbos，2003）。

5. 贸易转移效果（Trade Diversion Effect）

一般情况下，一国反倾销针对的只是相关产品的部分出口国家，在这个过程中极易发生一国的进口来源从被诉国转移至非被诉国的贸易转向情况，即存在反倾销措施的贸易转移效应（也有称贸易转向效应）。研究表明，所征收的反倾销税越重，贸易转移效应越大，甚至会造成征税后的贸易总量增大，实施反倾销措施所导致的贸易转移效应将极大地抵消国内申诉企业的收益（Prusa，1996，1999）。

6. 贸易偏转效果（Trade Deflection Effect）

当反倾销申诉国对于被诉国采取反倾销措施后，导致被诉国涉案产品转向其他国家出口，从而缓解被诉国由于遭受申诉国反倾销所带来的损失，这样的贸易效果称作反倾销贸易偏转效果（冯宗宪和向洪金，2010）。

四、研究目标和内容

（一）研究目标

本书基于反倾销经济学理论和反倾销法律程序，以中国遭受反倾销和对外反倾销的农产品为研究对象,从农产品反倾销过程演变和现状分析入手,运用计量经济模型和产业竞争力指标分析开展农产品反倾销贸易效果的实证研究,为准确追踪、测算和评估反倾销贸易效果提供科学、有效的定量分析依据,为合理、有效地保护中国农业及相关产业、促进产业结构调整和推动中国农产品贸易进一步有序健康地发展提供理论和政策依据。

(二) 研究内容

根据研究目标,本书主要包括以下内容:

1. 反倾销研究的理论基础

本部分包括两个方面内容:一是有关倾销与反倾销的经济学理论基础梳理,即反倾销贸易经济效果,这也是本书立足的最重要的研究基础和思想;二是有关反倾销法律程序的梳理。反倾销作为一种贸易救济手段,在 WTO 框架下具有严格的实施条件,具体表现在 WTO 反倾销协议中,各个国家也基本以 WTO 反倾销协议为基础来设置本国的反倾销协议。同时,反倾销是一个法律过程,在此过程的不同阶段中,相关贸易经济效果表现也不同,因此对于反倾销法律基础的梳理显得很必要。

2. 反倾销的历史演变与现状分析

首先,对世界反倾销发展和特征进行分析,主要包括案件数量、涉及行业和国别分析,总结世界反倾销发展的特点。其次,对中国反倾销发展的特征进行分析,从中国作为反倾销申诉国和被诉国两个角度展开,分析中国遭受反倾销和对外反倾销措施的各类数据指标,包括案件数量、对象国、涉案行业和反倾销强度指数(ADI)等。最后,在对中国农产品反倾销案件进行整理的基础上,对中国农产品遭受反倾销和对外反倾销的特征进行了分析和总结。

3. 中国农产品反倾销贸易效果的描述性分析

本部分着重从描述性分析角度,分国别分产品,利用所收集的年度数据对反倾销涉案农产品在反倾销区间和长期趋势的贸易变化进行分析,内容涉及反倾销贸易调查、贸易限制、贸易偏转和贸易转移效果。从描述性分析角度考察,反倾销措施是否具有相关贸易效果,同时,为下一步的计量经济分析提供支持和初步验证。

4. 农产品反倾销与竞争优势关联度分析

本部分基于计量分析中的二元选择模型,构建 1992~2012 年共 21 年的中国所有海关前 6 位编码农产品共 656 种的非平衡面板数据,实证检验农产品是否具有竞争优势,是否会影响其涉及反倾销调查,分别从中国遭到反倾销的出口数据和中国对外反倾销的进口数据两个角度进行考量;并引入所有农产品的关税数据作为控制变量，可以考察反倾销与关税之间是否存在替代效果。

5. 反倾销涉案农产品的产业竞争力指标分析

本部分从考察产业竞争力的角度，以 1992~2012 年（部分扩展到 1988 年）的涉案农产品贸易数据进行显性比较优势指标、国际市场占有率、贸易竞争指数和市场渗透率四类产业竞争力指标的分析，验证中国遭受到的反倾销农产品是否属于具有竞争优势的产品，而对外反倾销的农产品是否具有竞争劣势。同时分别考察中国遭受反倾销的农产品和对外进行反倾销农产品竞争优势指数在反倾销前后的变化情况，考量反倾销对于涉案农产品产业竞争力的影响，验证是否存在救济国内产业的作用。

6. 反倾销对中国总体农产品贸易效果影响的实证分析

本部分从中国总体农产品贸易角度，以中国所有海关编码前 6 位的农产品为研究对象，基于 1992~2012 年共 21 年、656 种农产品的年度数据，从中国遭到反倾销和中国对外反倾销两个角度，验证反倾销措施的发生对于中国总体农产品贸易的影响，考量中国遭受和对外反倾销是否会对中国农产品总体贸易产生显著影响、是否具有阻碍贸易的作用。

7. 中国涉案农产品遭受反倾销的贸易效果实证分析

本部分以中国农产品遭受反倾销的案件为研究对象，基于 1995 年 1 月至 2013 年 8 月相关产品 8 位海关编码的月度面板数据，从涉案农产品向申诉国出口和向非申诉国出口两个角度，分别从出口量、出口额和出口价格三个方面分析中国农产品遭到反倾销对涉案农产品产生的贸易效果，实证检验反倾销的贸易调查、限制和偏转效果是否存在。

8. 中国涉案农产品对外反倾销的贸易效果实证分析

本部分以中国对外农产品反倾销案件为研究对象，基于 1995 年 1 月至 2013 年 8 月相关产品 8 位海关编码的月度面板数据，从涉案农产品从被诉国进口和从非被诉国进口两个角度，分别从进口量、进口额和进口价格三个方面分析中国农产品对外反倾销对涉案农产品产生的贸易效果，实证检验反倾销的贸易调查、限制和转移效果是否存在，及对涉案农产品采取反倾销措施是否起到了救济中国国内产业的作用。

根据研究目标和研究内容，本书技术路线图如图 1-2 所示。

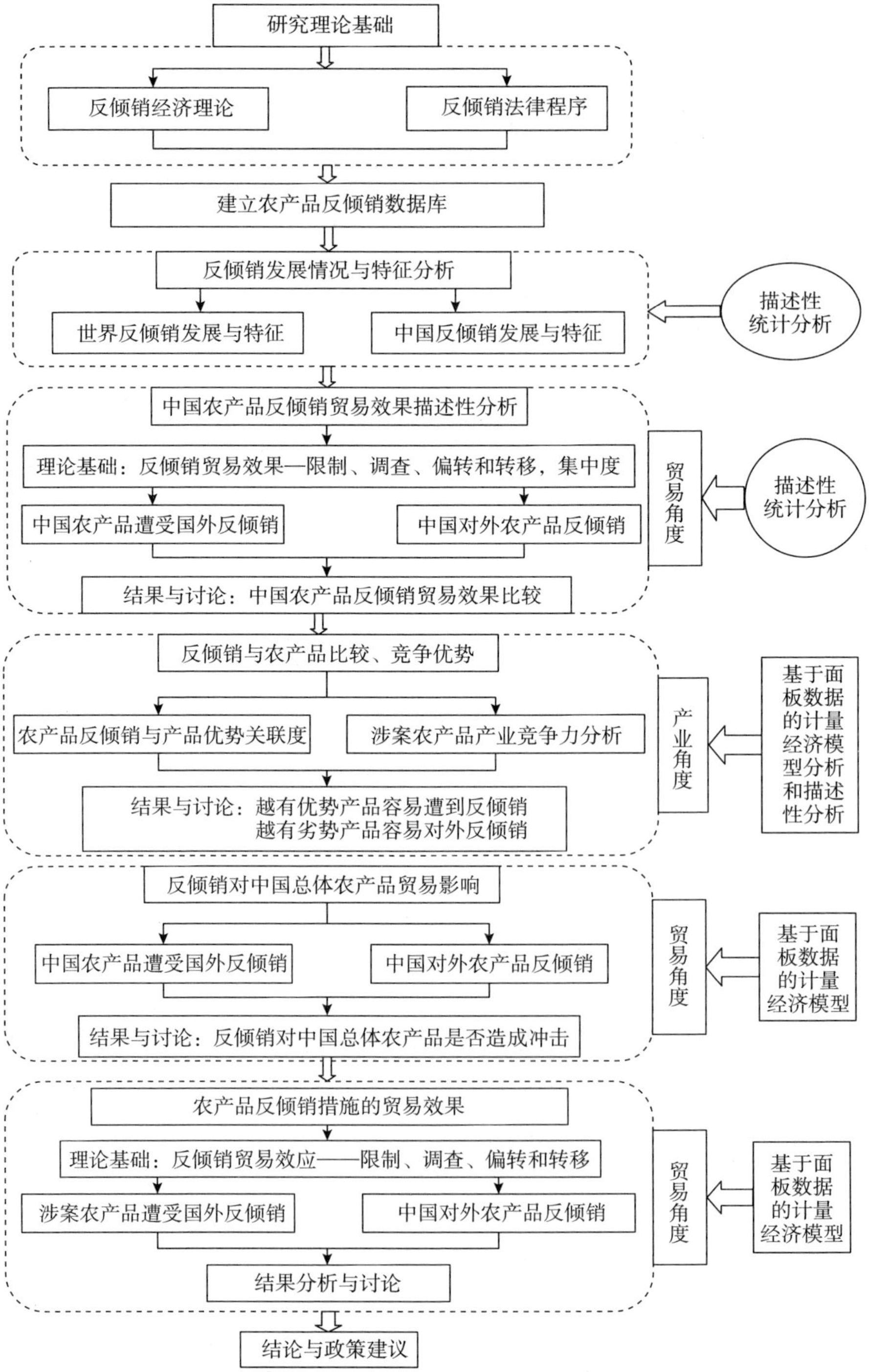

```
                    ┌──────────────┐
                    │  研究理论基础  │
                    └──────────────┘
          ┌──────────────┬──────────────┐
          ▼                             ▼
    ┌──────────────┐              ┌──────────────┐
    │ 反倾销经济理论 │              │ 反倾销法律程序 │
    └──────────────┘              └──────────────┘
```

图 1-2　技术路线

（流程图内容）

- 研究理论基础
  - 反倾销经济理论
  - 反倾销法律程序
- 建立农产品反倾销数据库
- 反倾销发展情况与特征分析 ← 描述性统计分析
  - 世界反倾销发展与特征
  - 中国反倾销发展与特征
- 中国农产品反倾销贸易效果描述性分析（贸易角度 ← 描述性统计分析）
  - 理论基础：反倾销贸易效果——限制、调查、偏转和转移，集中度
  - 中国农产品遭受国外反倾销
  - 中国对外农产品反倾销
  - 结果与讨论：中国农产品反倾销贸易效果比较
- 反倾销与农产品比较、竞争优势（产业角度 ← 基于面板数据的计量经济模型分析和描述性分析）
  - 农产品反倾销与产品优势关联度
  - 涉案农产品产业竞争力分析
  - 结果与讨论：越有优势产品容易遭到反倾销　越有劣势产品容易对外反倾销
- 反倾销对中国总体农产品贸易影响（贸易角度 ← 基于面板数据的计量经济模型）
  - 中国农产品遭受国外反倾销
  - 中国对外农产品反倾销
  - 结果与讨论：反倾销对中国总体农产品是否造成冲击
- 农产品反倾销措施的贸易效果（贸易角度 ← 基于面板数据的计量经济模型）
  - 理论基础：反倾销贸易效应——限制、调查、偏转和转移
  - 涉案农产品遭受国外反倾销
  - 中国对外农产品反倾销
  - 结果分析与讨论
- 结论与政策建议

五、研究方法和数据

(一) 研究方法

1. 理论与实证相结合的研究方法

通过查阅大量相关文献，了解倾销和反倾销的经济学理论基础、贸易救济理论、农业产业特性、农产品特殊性以及国内外相关研究的现状，为本书研究奠定了坚实的理论基础。在经济学理论基础上，对反倾销与农产品竞争优势关联度、反倾销对于中国总体农产品贸易效果的影响、中国农产品遭受反倾销和发起反倾销的贸易效果构建的计量模型进行实证分析，实证检验和考量反倾销经济学理论所论述的贸易效果。

2. 实证分析与规范分析相结合的研究方法

实证分析主要探讨是什么，而规范分析主要探讨是否合理并作出评价。本书主要基于大量定量的实证分析，对反倾销措施所产生的贸易效果进行实证研究，即分析反倾销措施的发生是否会产生相对应的贸易调查、贸易限制、贸易偏转和贸易转移效果，且产生的这些效果有多大，是什么因素影响了相关贸易效果的产生。规范分析则研究反倾销产生的贸易效果是否起到了保护国内产业的作用、是否起到了应有的贸易救济效果。

3. 静态分析、比较静态分析和动态分析相结合的研究方法

在反倾销发展情况与特征分析、反倾销贸易效果描述分析和涉案农产品产业竞争力指标分析中，主要采取的是静态分析和比较静态分析方法。而在涉及农产品反倾销对中国总体农产品贸易影响、中国涉案农产品遭受反倾销的贸易效果以及中国涉案农产品对外反倾销的贸易效果实证分析过程中，涉及对于动态面板数据建模的分析。

4. 定性分析与定量分析相结合的研究方法

定性分析是通过语言的描述使人们了解研究对象的组成、外部环境和发展方向；定量分析是用数学的方法进行统计分析，通过统计调查和收集大量原始资料，经过整理分析，从中找出研究对象的内在规律和影响因素。在中国农产品反倾销贸易效果的评价研究中，以定性研究为基础，以定量研究为手段，两者相互补充，注重提取和分析能够代表反倾销贸易效果的影响因素或指标。

（二） 反倾销数据库介绍

世界贸易组织、世界银行等国际组织均建立了自己的反倾销数据库，用来统计全球反倾销发展的变化情况。同样，中国商务部也专门设立了中国贸易经济信息网来监测中国相关贸易救济案件和行业等信息。本书的基础建立在对各个反倾销数据库收集、整理、补充和提炼上，因此，有必要将主要反倾销数据库予以介绍。

1. Bown 建立的全球反倾销数据库

Chad P. Bown（贸易和国际一体化研究小组，Development Research Group – Trade & International Integration，DECTI）建立的全球反倾销数据库，现迁至世界银行的网页，隶属于世界银行的贸易壁垒数据库（Temporary Trade Barriers Database，TTBD），数据下载和查询网址是 http：//econ. worldbank. org/ttbd/gad/，数据更新及时。该数据库详细地提供了各进口国（反倾销申诉国）针对其贸易伙伴国（反倾销被诉国）发起诉讼数量等的具体涉案信息，数据量大并且提供了详尽的双边反倾销数据。

2. 世界贸易组织 WTO 反倾销数据库（1995～2012 年）

该数据库提供了两个口径的案件数量统计：一是发起的反倾销案件数量；二是采取措施的案件数量，具体包括 1995～2012 年各个出口国发起和采取措施的反倾销数量、各个进口国遭受的反倾销数量、出口国与进口国之间反倾销数量相对应情况、世界反倾销案件涉及行业数量、出口国发起反倾销案件涉及行业分布、进口国遭受反倾销涉及行业分布情况。数据下载和查询网址是：http：//www. wto. org/english/tratop_ e/adp_ e/adp_ e. htm。

3. WTO 提供的报告

WTO 提供的报告有月度统计报告（Reports under Article 16.4 of the Agreement）和半年度统计报告（Semi – annual Reports of the Committee on Anti – dumping Practices under Article 16.4 of the Agreement）。月度统计报告每月更新一次进口国遭到反倾销案件进展情况，由 WTO 秘书处进行整理，来源自 WTO 各个国家政府的代表处；半年度统计报告较为详细，分为新发起的案件和复审案件，将报告国（Reporting Member）半年内反倾销案件的产品、开始日期、临时反倾销措施、最终反倾销措施、涉及国家进行了统计和归纳。

4. 中国的反倾销数据库

中国的反倾销数据库主要依托中国贸易救济信息网 China Trade Remedy Information（网址为 http：//www. cacs. gov. cn/），中国贸易救济信息网是在原国家经贸委主办的中国反倾销反补贴保障措施网上图书馆的基础上，经改版更名，网站由商务部主管贸易救济工作的产业损害调查局、进出口公平贸易局共同主办,并已纳入到商务部公共信息服务系统,是商务部政府网站的一个重要组成部分。此网站是有关国外对中国进行的反倾销调查案件和中国对外发起的反倾销案件公告的官方网站,查询最新案件信息在"案件与措施"一栏,查询公告里一般会涉及详细的案件信息,农产品案件信息基本在1990年以后。另外,网站在建案件数据库,包括主要贸易伙伴反倾销/反补贴案件数据库、国外涉华贸易救济案件数据库、世贸组织争端案件数据库、中国贸易救济案件数据库、美国337调查数据库、全球保障措施案件数据库、产品安全数据库。

此外,文献中的反倾销数据还有 Zanardi (2004,2006)、Irwin (2005) 及 Vandenbussche 和 Zanardi (2008) 在研究中所使用的数据。

(三) 数据说明和来源

本书主要分析中国涉案农产品的反倾销贸易效果,所构建的反倾销数据库包括以下几个部分:

1. 反倾销案件数据库

反倾销案件数据库的构建是研究的基础和核心部分之一,主要包括世界反倾销案件、中国反倾销案件和中国农产品涉及的反倾销案件的数据收集和整理、案件数量、涉及国家、涉及行业。数据主要来自WTO反倾销数据库 (WTO AD database:http://www.wto.org/english/tratop_e/adp_e/adp_e.htm)、赵鹏 (2006) 和中国贸易救济信息网 (China Trade Remedy Information:http://www.cacs.gov.cn/)。

2. 涉案农产品贸易数据库

涉及中国反倾销的农产品贸易数据是考察反倾销措施贸易效果的基础,主要包括农产品进出口数据,包括贸易量、贸易额和贸易价格,其中,价格分为离岸价格和到岸价格,在考察产品出口时采用离岸价格,在考虑产品进口时采用到岸价格。从时间上看,主要包括年度贸易数据和月度贸易数据,其中,年度贸易数据的时间跨度为1988~2012年,主要用于反倾销贸易效果描述性分析、农产品反倾销与比较优势、竞争优势关联度分析、产业竞争力分析和考察反倾销对中国总体农产品贸易效果的分析中;月度贸易数据的时间跨度为1995年1月至2013年8月,主要用于中国涉案农产品遭受反倾销和对外反倾销的贸易效果分析中。

数据主要来自联合国贸易统计数据库 (UNCOMTRADE:http://comtrade.un.org/db/)、中国海关统计信息。

3. 其他数据

在分析反倾销措施的贸易效果时,需要控制其他变量的影响,这些变量主要有关税、中国国内生产总值指数及增长率、失业率、人民币兑美元加权平均汇率以及人民币兑外币汇率。数据来源为，关税税率来自 WTO 综合数据库（WTO Integrated Data Base，IDB：http：//tdf. wto. org/ReportersAndProducts. aspx）；中国国内生产总值指数可比价、中国 GDP 实际增长率、中国城镇登记失业率、人民币兑美元加权平均汇率、人民币兑外币平均汇率均来自中经网统计数据库（http：//db. cei. gov. cn/page）。

六、可能的创新点

通过对国内外关于农产品反倾销的相关研究和研究要实现的主要目标进行对比分析，可以总结出本书的主要创新点：

第一，拓展了研究视角。从研究结构和框架上看，主要从中国遭受反倾销与对外反倾销贸易救济两个角度对农产品反倾销贸易效果进行较为全面的分析，对比中国遭受反倾销和中国对外进行反倾销的程度的差别和特征。与已有研究相比，视野更为开阔，对农产品反倾销这个话题的研究在内容上更为全面和完善。

第二，研究样本和数据较为广泛，能从总体上把握中国农产品反倾销的贸易效果。有别于以往关于农产品反倾销研究的个案案例法，从理论分析入手，通过收集大量有关农产品的贸易和涉及反倾销及关税的年度和月度数据，构建了农产品反倾销数据库，涉及所有反倾销案件的农产品，年度数据时间跨度从 1992~2012 年，月度数据时间跨度从 1995 年 1 月至 2013 年 8 月，样本量涉及范围广且全面，基于大范围的研究数据，能为研究的主要内容打下坚实的基础。

第三，从反倾销贸易调查效果、限制效果、偏转效果、转移效果和产业竞争力等多角度、多维度对中国农产品反倾销贸易效果进行定量和定性分析，与已有研究相比，对农产品反倾销这个研究课题进行了较为深入和定量的研究。值得注意的是本书对于中国遭受到的反倾销措施的贸易偏转效果进行了较为深入的探讨，已有研究受限于数据获得的难度，对于贸易偏转效果的分析较少。本书在数据可获得的基础上，对于贸易偏转效果进行了描述性分析，并且进行了定量分析。同时，目前对于中国对外农产品的研究关注也较少，本书主要考察了中国对外农产品采取反倾销措施所带来的贸易效果，对中国救济国内产业，维护贸易公平提供了决策依据。

第二章 反倾销研究基础：经济理论与法律程序

一、倾销与反倾销经济学理论基础

（一）倾销

经济学意义的倾销实际上可以认为是一种价格歧视行为。即在一个不完全竞争的市场中，对同一种产品，厂商分别制定国内销售价格和对外出口价格，并予以区分。一般来说，倾销分为偶然性倾销、持续性倾销和掠夺性倾销三种。

偶然性倾销即偶然间出现的倾销。若某个生产商偶尔出现存货难以售出（如市场需求变化或生产产品计划失误），但又不愿以牺牲国内市场的代价来处理这些存货时，就会将该存货在国外降价销售，偶然性倾销最接近低于成本的倾销。但是，这种倾销持续的时间以及倾销的数量是有限的，不会成为反倾销的主要对象。

掠夺性倾销是指生产者以将竞争对手排挤出国际市场为目的，以低于对方商品价格进行销售的行为。当然，该生产者会因这种销售行为而遭受损失，但是，一旦其低于对手商品价格销售的行为迫使对方离开了同一竞争市场，就能够把其产品价格提升到垄断的程度。由于掠夺性倾销的目的是实现垄断，所以虽然它仅仅是一种临时性的倾销，但对进口国的相关产业必然造成长远的损害，因此该种倾销必须被控制，这同样也是反倾销的重要原因之一。但是，在实践中，垄断不是轻易出现的。当今各国市场上都存在可替代的商品，同时反垄断法又严格约束企业行为，特别是多边贸易体制规则对市场的"进入障碍"进行了严格的限制，生产商想要垄断某种商品的市场是难以实现的。同时，采用"掠夺性"倾销占领市场后，生产商就要将价格提升到较高的水平，但这时又会出现新的竞争者争夺市场。不过这种假设以市场不存在进入障碍为前提（张元智，1999）。

要实现持续性倾销，需达到三个条件：第一，出口企业在国内市场上已经形成了一定程度的垄断，对特定商品的市场价格有重大影响力，而非仅仅对商品价格予以接受，这样，某种出口产品能够在国内市场上获得较高的定价。第二，国内与国外市场商品不流通，严格隔离，以避免本国国民在国外市场购买价格更低的产品后返销回国内。第三，本国与被倾销国具有不同的需求曲线价格弹性。当上述三个条件全部具备时，该生产者会设法让每个市场的边际收益都等于边际成本，以实现利润的最大化，其表现就是该商品在国内外市场上具有不同的定价。一般来说，这种国内价格高于出口价格的价格歧视就是倾销。

但在国际贸易实践中，存在着运输成本、保护性贸易壁垒等因素，致使国际市场难以彻底实现一体化，通常情况下，国内生产商在本国占有的市场份额比其在国际市场占有的大，即其定价会更多地影响国外销售量而非国内。同样，为了增加销量，一个占有25%市场份额的厂商，不必达到一个占有75%市场份额厂商的削价幅度。因此，一般生产商会认为自身在国外市场上缺乏足够的垄断力，即该生产商的国内市场与国外市场需求曲线不同，国外市场比国内市场具有更高的需求价格弹性。厂商会根据这两个需求曲线的不同来分别制定价格，同时要使国外市场的价格低于国内。

（二）反倾销

由于产业损害主要是由倾销引起的，所以国家采取贸易救济措施来避免本国产业遭到冲击最主要的方法就是反倾销①。反倾销属于贸易进口救济中最常用的手段。反倾销是指进口国为了抵消倾销对本国产业造成的损害，保护国内支柱产业或相关的幼弱产业，而对他国所倾销的进口产品采取严格的应对措施。反倾销措施主要包括临时措施、价格承诺和征收反倾销税。具体来说，临时措施包括征收临时反倾销税和采用担保方式支付保证金两种，临时反倾销税和保证金的数额不得高于初步裁定确定的倾销幅度。价格承诺是指出口国与进口国之间以消除倾销损害为目的而就停止以倾销价格出口或提高倾销产品价格所达成的协议，其中，以提高倾销产品价格形式做出的价格承诺，其价格提高不得超过经初步裁定已确认的倾销幅度。反倾销税是最主要的一种反倾销措施，对倾销价格与国内市场价格之间的差额征税（程云，2007）。

---

① WTO的《反倾销协议》规定，实施反倾销措施必须遵守三个条件：确定存在倾销的事实；确定对国内产业造成了实质损害或实质损害的威胁，或对建立国内相关产业造成实质阻碍；确定倾销和损害之间存在因果关系。

由于农产品与其他商品相比,价值和附加值不高,且各国都把农业视为战略和基础产业,因此农产品成为各国进行反倾销保护的重要对象之一。农产品反倾销贸易摩擦是继农产品技术性壁垒之后,阻碍农产品贸易发展的最大障碍。

反倾销税征收后对国内相关产业、消费者和国外相关进口都具有影响,效果表现在以下几个方面:

1. 征收反倾销税对进口国的效应

在自由贸易中,假设 P_1 为进口大国的市场价格,t 为其征收的反倾销税。那么 t 会直接导致进口商品国内价格的提高,如图 2-1 所示,进口国的市场价格提高到 P_2,由于进口国在国际市场上进口份额大,为进口大国,所以出口国的出口价格降低到 P_3。进口国国内生产规模和市场份额扩大,生产者剩余增加 a;需求量从 D_1 减少到 D_2,消费者剩余减少 a+b+c+d,政府税收增加 $t(D_2-S_2)=(P_2-P_3)(D_2-S_2)$,即 c+e。总福利变动 a+c+e-(a+b+c+d)=e-b-d。若 e>b+d,征收反倾销税的福利净效应为正,进口国福利水平提高,反之降低。若是进口小国,其福利变化效应与小国进口关税相同,进口小国生产者剩余增加 a,消费者剩余损失 a+b+c+d,政府关税收入 c,净损失 b+d。

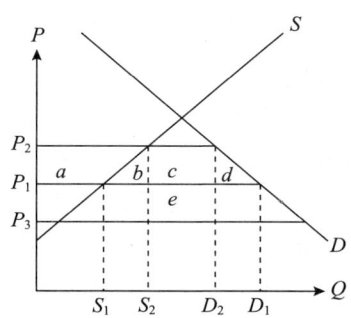

图 2-1 反倾销税对进口国的效应

在实践中,反倾销税的贸易保护效果并不理想。反倾销的国别歧视性使反倾销案不可能对所有进口来源国发起调查,反倾销税只能向指控对象国征收,而非指控对象国通过增加对进口国的出口,即通过贸易转移效应,部分抵消了保护作用。同时,反倾销只能在短期内保护国内进口竞争产业。从长期来看,进口国竞争企业在高反倾销税保护下,易满足于已有的市场份额和既得利益,导致该产业投资减缓、技术停滞和国际竞争力下降。

反倾销税的税率高低和保护程度也会影响反倾销的政策效果。若征税幅度适度,反倾销可以有效保护本国进口竞争产业,稳定国内市场秩序,打击外国出口商的倾销行为,在图 2-1 中表现为出口国的出口价格降低到 P_3,出口量也从 S_1D_1 减少到 S_2D_2。适度的反倾销虽然暂时牺牲了消费者的利益,但长期来看,却可能提高全社会的福利水平。但若反倾销税率过高,消费者福利损失进一步扩大,政府关税收入在某一点后逐渐减少,社会福利可能恶化。过度反倾销违背了国际贸易的公平性原则,易引发贸易报复和恶性竞争,使国际贸易秩序陷入混乱,世界净福利水平下降。即使如此,许多进口国仍会实施过度反倾销措施,其政策意图的理论出发点往往是幼稚产业保护论或者对外贸易乘数理论,意在保护本国幼稚产业免受外国冲击或是增加国民就业和收入。

此外,征收反倾销税还应考虑进口产品在产业链上的位置。若对制成品征收反倾销税,则可有效减少进口,保护国内进口竞争产业,提升市场份额。只要政府根据需求弹性制定合理的反倾销税率,就可以像征收最佳关税那样,使社会净福利 $e-b-d$ 最大化。因此,征收反倾销税,只有进口大国才能获得最大收益。但若对中间投入品征收反倾销税,中间投入品价格上升,虽使国内进口竞争上游产业受益,却使下游产业成本上升,利益受损,最终产品价格提高,并传递至国内其他关联产业。因此,政府在做反倾销决策时,要全面权衡不同主体之间、不同产业之间的利益得失,既要消除国外的不公平竞争,保护本国进口竞争产业,又要考虑国内消费者福利损失,既要考虑国内被保护产业的局部利益,还要考虑对市场竞争的扭曲和整体产业利益。

2. 征收反倾销税对出口国的效应

反倾销税对出口国的贸易效应主要表现为限制效应(见图 2-2)和转移效应(见图 2-3)。在图 2-2 中,进口国征收反倾销税后,出口国的边际成本提高到 $MC+t$,按利润最大化原则,销售量从 Q_1 下降到 Q_2,价格从 P_1 上升到 P_2。由于 c 的面积 = $Q_2 t$, a 的面积 = $Q_2(P_1-P_3)$, b 的面积 = $Q_2(P_2-P_1)$。e 的面积 = $(Q_1-Q_2)P_1$,销售额的变化 = $P_2Q_2-P_1Q_1 = b-e$。由此看出,出口国在进口市场的份额缩小,甚至被迫退出市场。而且反倾销会产生示范效应和连锁效应,导致其他国家纷纷效仿,出口国由此遭受的损失更大。此外,原产地原则使反倾销不仅影响直接出口,还进一步影响转口出口。

在图 2-3 中,假设有 A、B、C 三国,其中 A 为净出口国,B、C 为净进口国。横轴表示 A 国总出口量 X。其中,X_B 为对 B 的出口量,沿着横轴从左向右表示向 B 国的出口量增加;X_C 为对 C 的出口量,沿着横轴从右向左表示向 C 国的出口量增加。D_B、D_C 分别为 B、C 两国对 A 国的需求曲线。自由贸易时,A 向 B、C 两国的出口量和出口价格由 D_B、D_C 的交点决定。在均衡点 E,A 向 B 的出口量为 X_{B1},向 C 的出口量为 X_{C1},两个市场出口价格相等,即 $P_{B1}=P_{C1}$。当 B 对 A 征收反倾销税 t,而 C 仍对 A 实施自由贸易时,A 的出口流向会发生变化。

在 B 国市场上，A 国的出口价格由 P_{B1} 上升至 P_{B2}，$P_{B2}=P_{B1}+t$，使 B 对 A 的产品需求从 E 移至 F 点。此时，A 对 B 的出口从 X_{B1} 减少至 X_{B2}。A 国市场已经处于超额供给状态，难以吸收 B 国进口的减少，只得增加对 C 国的出口。而对 C 国出口的增加又会扩大 C 国市场的供给，使价格由 P_{C1} 降低到 P_{C2}，引起 C 国对 A 国产品的需求从 E 移至 G 点，相应导致 A 对 C 的出口量从 X_{C1} 增加到 X_{C2}。

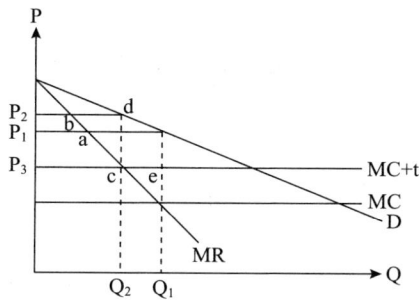

图 2-2 反倾销税对出口国贸易限制效应

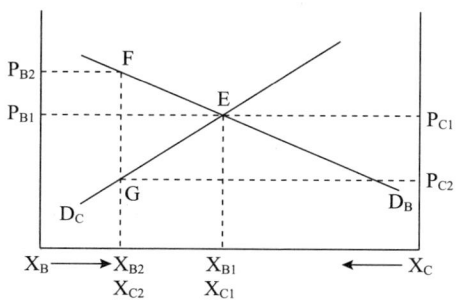

图 2-3 反倾销税对出口国贸易转移效应

总之，进口国征收反倾销税，对本国的福利净效应不确定，可正可负；对出口国而言，不仅可限制出口国对本国的出口数量，还可促使出口国将过剩的出口产品转移至未实施反倾销的国家。对世界福利而言，如图 2-3 所示，$-(b+d)+(a+b)+(b-e)-(a+b)=-(d+e)$，世界净福利损失 $d+e$。因此，进口国征收反倾销税使出口国福利损失最大，对世界福利也有一定的负面影响。同其他贸易保护手段一样，虽短期内对进口国竞争产业有一定保护，但不具备长期的保护能力，社会福利也会遭受损失。

不论是倾销还是与之对应的反倾销，都有一段很长的发展史。有一种观点认为倾销始于亚当·斯密（Adam Smith）所生活的重商主义时代。伴随国际贸易的蓬勃发展和工业革命的出现，倾销和反倾销这一对矛盾渐渐占据了国际经济、贸易关系中的重要角色。国外学者关于该问题的理论研究较早，内容也较为丰富，他们从不同角度对倾销和反倾销进行了研究。从经济学理论的角度对反倾销进行研究主要涉及反倾销的动机与持续性、反倾销措施对申诉国、被诉国和第三国相关经济因素（如进口量、利润、就业率、福利）的影响等。

二、反倾销立法与协议

反倾销相关法律制定的初衷是以公平贸易为目的，来限制和抑制不公平的倾销行为，以消除或抵消所造成的价格差异，在一定程度上起到制止倾销、消除损害以保护国内产业的作用。在这个限度内，反倾销的作用是正当而合理的，但如果超过这个程度，它就演变为一种有效程度超过关税壁垒的非关税壁垒，从而成为一种贸易保护手段。也正是如此，许多西方发达国家和新兴发展中国家将反倾销立法作为对外贸易立法的一个重要方面，尤其是当今西方国家经济普遍不景气，贸易保护主义日趋抬头，其在国际贸易中的作用更为明显（田国强，2003）。

（一）WTO反倾销立法历程

"二战"结束后，为了统一规范国际贸易秩序，以美国为首的23个国家在1947年10月共同制定了《关税和贸易总协定》（以下简称《关贸总协定》）。该协定设立了许多重大的国际贸易准则，其中就有禁止倾销，并在一定条件下允许对倾销行为采取反倾销措施（即征收反倾销税）。《关贸总协定》第6条对反倾销作了原则性的规定：首先，该条明确规定缔约国"用倾销的手段将一国产品以低于正常价值的办法进入另一国市场内，如因此对某一缔约国国内已建的某种产业造成损害或实质性损害威胁，或者对某一国内产业的新建产生实质性阻碍，这种倾销应该受到谴责"，并对倾销的确定规定了三条标准。其次，该条规定了"缔约国为了抵消或防止倾销，可以对倾销的产品征收数量不超过这一产品倾销差额的反倾销税"。最后，该条对不应征收反倾销税的事项作了原则性的规定。由此可见，对倾销产品征收反倾销税必须符合三项基本条件：①倾销的存在；②损害的存在；③倾销与损害之间存在因果关系（田国强，2003）。

《关贸总协定》第6条虽然规定了反倾销和反补贴税的定义、征收两类税种的条件和幅度，但各国为保护本国产业，滥用该条款的情况时有发生。为此，在

1964 年开始的《关贸总协定》第 6 轮多边贸易谈判（即"肯尼迪回合"）就该条款的执行问题作了广泛的讨论，制定了第一个反倾销协议，即总协定第 6 条的实施细则，这是世界上第一个关于反倾销的国际协定，即《反倾销协议》，又称《国际反倾销法》。美国、英国、日本等 21 个国家签署了该协议，反倾销协议于 1968 年 7 月 1 日生效。

在《关贸总协定》第 7 轮多边贸易谈判（又称"东京回合"）中，对该协议进行了修改和补充，使之更趋完善，并且第一次在反倾销领域内，在国际协定中制定了发达国家对发展中国家特殊情况给予特别考虑的条款。即发达国家在采取反倾销措施时，应对这些国家的特殊情况予以考虑，特别是在进行价格比较时，不能只根据某个发展中国家产品的出口价格可能低于供国内消费的同类产品的相应价格这一情况本身就对该发展中国家进行反倾销调查或确定它存在倾销。这个被称为修改的《关税和贸易总协定反倾销守则》于 1980 年 1 月 1 日生效。

1986 年 9 月开始的《关贸总协定》第 8 轮多边贸易谈判（即"乌拉圭回合"），修订反倾销协议成了产品贸易项下的主要议题之一。在"乌拉圭回合"近 8 年的谈判期间，反倾销协议自始至终是谈判组的重点，也是争论最为激烈的问题。美国和欧共体认为对现行守则进行重大修改既没有必要，也不可行，主张只修改守则某些部分以处理反倾销领域出现的新问题，诸如投入倾销、对反倾销措施的规避等，使进口国在反倾销方面拥有更大的灵活性和更多的权利。以新加坡、巴西、韩国和中国香港等为代表的发展中国家和地区以及日本等一些发达国家则强调要加强与采取反倾销措施有关的纪律，包括提高透明度。认为反倾销措施只能用于对付真正的损害性的倾销行为，而不应用来限制正常的商业活动，损害出口方具有的比较利益。经过多轮磋商，该轮谈判最终达成《关于执行 1994 年关税与贸易总协定第 6 条的协议》（以下简称《反倾销协议》），对 1979 年"东京回合"的《反倾销守则》做了较大的调整，就倾销和损害的认定、调查程序及证据原则等做了较为详细的规定，以确保在实践中正确实施关税与 GATT1947 第 6 条中确立的核心原则。1994 年 4 月 5 日，参加"乌拉圭回合"的各国（地区）代表在摩洛哥的马拉喀什正式签署了该回合的最后文本和关于建立世界贸易组织，包括《反倾销协议》。世界贸易组织于 1995 年 1 月 1 日成立，最后文本的各项协议和决定等也同时生效（田国强，2003）。

（二）实施反倾销措施的基本程序

1. 申请人申请

一般情况下，反倾销调查应基于申请人的申请。为保证申请人的产业代表性，《反倾销协议》除了对国内产业的一般规定外，还规定了调查机关应对产业的代表性进行审核,在表明支持或反对立案申请的企业中,若支持者的集体产量占支持和反对者总产量的50%以上,且支持者集体产量不低于国内相似产品生产总量25%的生产商应被视为可代表该产业提出申请。

申请必须以书面形式提出,内容应包括倾销、损害及因果关系的有关材料,缺乏证据的简单判断不能满足立案要求。

2. 进口成员方主管部门审查立案

进口成员方主管部门要审查申请人提供材料的准确性和充分性,以及申请企业的代表性,以便判定是否有足够证据证明立案调查是适当的,并决定是否立案。

3. 反倾销调查

进口成员方主管部门在正式决定立案调查后,应立即发布立案公告,公告应载明出口国的名称和涉及的产品、开始调查的日期、申请书声称倾销的依据和损害存在的概要说明。一般情况下,反倾销调查应在1年内结束,最长不得超过从调查开始之后的18个月。

在调查开始后,如存在下列情况,反倾销调查应迅速终止:①无充分证据证明存在倾销或产业损害,或两者之间没有因果关系;②倾销幅度,或倾销产品的进口数量,或产业损害是可以忽略不计的。

公告发布后,被控产品的出口商、生产商,或其他利害关系方有权要求参与反倾销调查,陈述自己的观点和意见。初裁之后,进口成员方主管部门将会利用各种机会进一步核实涉诉双方提供的证据材料。包括举行听证会,听取评论意见及实地核查。

对于反倾销调查期间未出口被控产品的厂商,如其在反倾销征税命令有效期间出口相同或相似产品,进口成员方要采取"快速审议"的办法来确定这些厂商的单独的反倾销税率。

如果在临时措施适用之前90天内,有涉案产品进入消费领域,则要追溯征收最终反倾销税。追溯征税的条件有三个:被控产品存在造成损害的倾销历史;进口商知道或应知道出口商在实施倾销,并且该倾销会造成损害;损害是由于在相当短的时期内倾销产品的大量进入造成的(田国强,2003)。

4. 行政复审和司法审议

(1)行政复审。征收反倾销税是以抵消倾销造成的损害为最终目的,因此,一旦有证据证明倾销所造成的损害已经被抵消或损害程度有所减轻,或出现了新的影响征税的情况,则反倾销税也应相应取消或变更。为此,《反倾销协议》赋予了利害关系方向原调查机关申请复审的权利。进口国调查机关也有主动提起复审的权利。这种复审统称为行政复审(田国强,2003)。

行政复审主要是就继续征收反倾销税的必要性进行审查,以及论证如果取消或变更反倾销税损害是否将重新发生。如经论证继续征收反倾销税或按照原税率征收反倾销税是不合理的,则应终止或减少征收反倾销税。

在实践中,复审的形式有年度复审、新出口商复审、情势变迁复审、中期复审和日落复审等多种形式。其中,日落复审对应于5年的反倾销税征收区间。复审的程序一般与反倾销调查程序相同。价格承诺的复审程序大体与征收反倾销税的复审程序相同。

（2）司法审议。为保证各成员方公正实施反倾销措施,《反倾销协议》要求各成员在其国内的反倾销法律中应包含司法审议机构及程序,即对最终裁决和行政复审决定等行政行为,利害关系方可以要求通过司法、仲裁或行政法庭按照程序迅速进行审议。这类法庭、仲裁、行政法庭及程序应完全独立于作出裁决或复审决定的行政主管部门,保持其独立性。采取何种形式的司法审议方式,由各成员方自行决定（田国强,2003）。

三、农产品反倾销的特殊性

农产品反倾销具有特殊性,不论农业产业、农产品生产经营或是农产品本身都有其自身的特点,在国际贸易规则引导下的农产品出口容易遭受进口方的反倾销调查,以及进口国产业保护等原因,这些特点往往是农产品所特有的。主要表现有：

（一）农业是一国的国民经济基础,但同时面临自然环境风险和市场风险,因此,各国政府对农业的保护都不遗余力

而农业在发达国家已成为了"夕阳"产业,在国际上缺乏竞争优势,在自由贸易时代必然处于不利地位。因此,各主要发达国家无一例外地对农业进行大力度的保护,2001年,美国对农业的支持占该国农业产值的21%,欧盟和日本更是达到了35%和59%（何秀荣,2005）。因此,基于农业在国家中的特殊地位,各国对农业强力保护的态度必然促使反倾销成为保护本国农业的有力工具。

（二）农产品反倾销措施出台涉及多方组织和利益,而这些利益方和组织具有特殊性,促使农产品反倾销更加便于实施

依照公共选择理论,政策的制定决策者常常通过制定经济政策来使其政治利益最大化,并让公共政策在社会各方的博弈下达到自愿协议(方琛超,2007)。一个国家在对进口农产品实施反倾销时,会涉及政府、农产品生产者及消费者等至少三个以上的利益方,而该三方利益之间存在冲突,若要反倾销措施顺利出台,需要从该三方主体的行为和组织状况加以系统分析。

(三) 农产品本身具有物的属性,该特点也容易导致对其发起反倾销调查

世贸组织的《反倾销协议》[①] 和各国制定的反倾销国内法,在认定何种行为构成倾销以及在反倾销具体的实施规定中都强调了"同类产品"这项要求,即反倾销措施必须实施于同类产品之上。例如,如果两国生产的产品十分接近甚至难以分辨,那么在理论上,一国对另一国提起倾销指控继而实施反倾销的可能性大大增加。农产品的基本功能是解决人的基本生存需要,所以农产品的质量是其核心属性。而农产品大多生命体自然生长的过程繁杂而难以控制,同时农产品的生产又具有分散性,致使在农业生产中人工调节与质量控制活动难以专业化、流程化。因此,在工业品上易于掌控的"产品质量差异性"在农产品生产中难以实现。另外,虽然两类农产品直观上的特征基本相近,但其内在品质(如营养价值)、环保程度、储运能力等后验性质量特征却难以通过简单的鉴别予以区分,两种农产品之间的重要区别往往会被先验性质量特征的相似性所掩盖,即农产品受到不可抗力及生命自然过程等因素的影响,许多重要的异质性特征难以以低成本向市场传递。因此,异质性农产品之间的竞争不易形成,而同质性的农产品竞争激烈甚至形成恶性竞争,极易引发倾销的指控。另外,某些农产品特别是鲜活农产品,易腐烂、库存成本高,生产、销售商必须在产品腐烂之前尽可能快地出售,由此而引起的降价销售也往往会成为反倾销调查的依据。值得提出的另一个原因是,许多农产品的生产成本低,技术门槛不高,使得企业常常盲目上项目,致使产品依靠数量和价格竞争,造成许多农产品特别是新兴农产品在出口国外时遭受反倾销调查,中国沿海多地的小龙虾出口曾多次遭受美国反倾销调查便是例证(张华,2009)。

(四) 国际农产品相关贸易制度调整也是农产品不断遭受反倾销调查的诱因之一

1994 年 GATT 签署了《农产品协议》,对农产品自由贸易做出相应的规定,主要包括三项内容:①非关税措施关税化;②关税减让,发达国家的关税已降至 4%;③削减农产品补贴,明确规定在预定期限内,发达国家在 1995~2000 年对

[①] 《反倾销协议》规定,同类产品是相同的产品,即相比较的产品在各方面都相同的产品,或尽管并非在各方面都相同,但两者相比各方面特点都极为相似。

农业国内支持水平必须削减20%，发展中国家在1995~2005年对农业国内支持水平必须削减13%（方琛超，2007）。由于该协议对WTO成员都存在制约，因此，该协议的出台使农产品贸易在法律制度上大大压缩了各世界经济主体在农产品贸易保护上的自由选择空间，迫使各国将农产品贸易保护从传统方式转向反倾销等隐蔽的贸易保护形式。虽然《农产品协议》规定了价格触动（Price-triggered）和数量触动（Quantity-triggered）机制，但相比之下，反倾销条款更加易用，从而导致各经济体频繁使用反倾销手段对他国具有相对优势的农产品发起反倾销调查（黄军、李岳云，2002）。

第三章 反倾销发展情况与特征分析[①]

本章在对数据的整理和分析基础上,主要对世界反倾销、中国反倾销和中国农产品的发展和特征进行了研究和分析,主要从案件数量、行业分析和国别分析三个部分展开,考察反倾销整体变化趋势和结构改变、世界整体情况和中国的区别和联系、中国涉案农产品反倾销特殊性。

一、世界反倾销发展和特征分析

随着国际贸易区域合作日益紧密、关税壁垒逐渐消除的发展要求和贸易自由化进程的日益加快,以及反倾销立法的不断发展与完善,反倾销措施立足于WTO反倾销协议,逐渐开始被不同国家运用,并日渐演变成一种重要的非关税贸易壁垒工具。

(一) 案件数量

在1995年世界贸易组织成立之前,有关反倾销案件统计数据很不完善,无法获得准确的信息,本章引用赵鹏(2006)经过分析和估计的数据如表3-1所示。根据对1921~1994年五个阶段的数据来看,世界反倾销案件数量在1980年之后出现了大幅增加,1980~1985年年均案件达到了192件,是1958~1979年年均43件的4.5倍。

从20世纪90年代开始,反倾销逐渐成为各国采用的贸易政策工具,并呈现出不断扩大的态势。自1994年4月15日WTO成立以来,根据WTO数据显示,1995~2012年全球共发起4230例反倾销案件,从图3-1可以看出,全球反倾销

[①] 本章数据如无特殊说明,均来源于WTO反倾销数据库(WTO AD database: http://www.wto.org/english/tratop_e/adp_e/adp_e.htm)。

立案案件数量变化趋势可以分为两个阶段：第一阶段是 1995~2001 年，2001 年之前全球反倾销立案案件呈现不断上升趋势，1995~2001 年案件年均增长率为 15.5%，2001 年是全球反倾销案件最多的一年，案件数量达到了 372 件。第二阶段是 2002~2012 年，全球反倾销立案案件数量在 2001 年后呈现下降并趋于平稳态势，2002~2012 年案件数量年均增长率为 -4.1%，与 2002 年的 315 件相比，2007 年案件数量下降到 165 件；2008 年由于受到美国次级贷款危机的影响，贸易保护主义逐渐抬头，案件数量出现增加趋势，增加到 213 件，2012 年立案案件数量达到 208 件。可以看到，在 2003 年之后案件数量在一定范围内波动，变化幅度控制在 50 起案件以内，2003~2012 年平均立案案件数量为 199 件。

表 3-1　早期反倾销案件汇总情况（1921~1994 年）　　　单位：件

年份	总案件数	年均案件数
1921~1957[a]	1080	30
1958[b]	32	32
1958~1979	900	43
1980~1985	1147	192
1986~1994	1876	208

注：a 为全部来自美国（488 件）、澳大利亚、加拿大、南非和新西兰，且大多未被征税；b 为南非 22 件。

1995~2012 年全球反倾销采取措施案件数量①共 2719 件，与立案案件数量变化趋势基本一致，2001 年之前呈不断增加趋势，1995~2001 年采取措施案件年增长率为 6.2%，小于立案数量年均增长率的一半。但与 2001 年立案数量达到最大值相反，当年采取措施案件数量下降，2002 年上升，2004 年下降且之后几年维持较稳定状态。2004~2012 年案件数量波动幅度控制在 35 件以内，平均采取措施案件数量为 129 件。这与反倾销案件具有法定的程序有关，立案的反倾销案件具有一段时间的调查期，在调查期间不采取征税等反倾销措施，因此，采取反倾销措施案件数量变化滞后于立案数量变化，出现变化滞后的情况。

---

① 根据 WTO 对于世界反倾销案件的统计，一方面统计当年发起（即立案，Anti-dumping Initiations）反倾销案件的数量，另一方面统计当年采取反倾销措施（采取征收反倾销税或其他措施，Anti-dumping Measures）的案件数量。

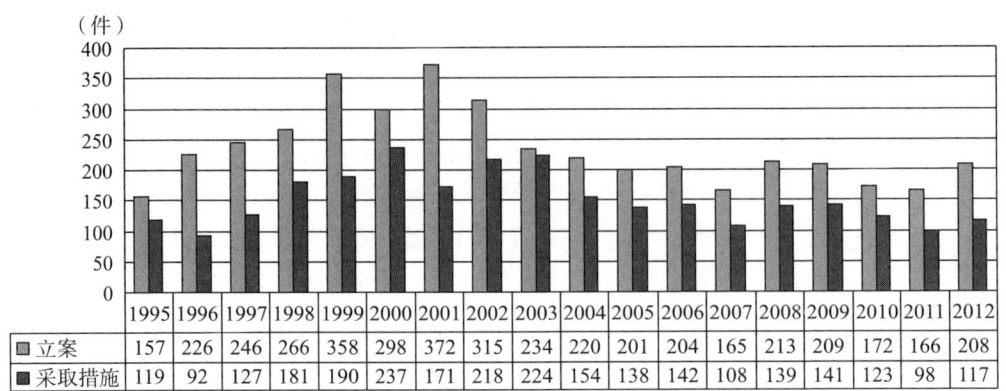

图 3-1 1995~2012 年世界反倾销案件数量变化情况

(二) 行业分析

全球反倾销立案案件涉及产品具有行业集中性，从表 3-2 可以看出，1995~2012 年，案件涉及行业主要集中在贱金属及其制品 (1181 件，占 27.9%)；化学工业及其相关产品 (858 件，占 20.3%)；塑料、橡胶及其制品 (553 件，占 13.1%)；机械电子设备 (369 件，占 8.7%)；纺织原料及其制品 (317 件，占 7.5%)；纸制品 (214 件，占 5.1%)。根据表中计算，前四类属于农产品行业，1995~2012 年案件共 180 件，占总案件数量的 4.3%。

农产品立案案件数量波动情况比较剧烈 (见图 3-2)，案件数量和占总案件比例变化趋势相似，不断出现案件数量增加和减少相互交替的情形，2007 年较前 3 年出现较大幅度下降，之后有所回升，2012 年案件数量和占总案件比例达到历史最低值，分别为 1 件和 0.5%。

全球反倾销采取措施反倾销案件与立案案件一样具有行业集中性。从表 3-3 可以看出，1995~2012 年，案件涉及行业主要集中在贱金属及其制品 (769 件，占 28.3%)；化学工业及其相关产品 (585 件，占 21.5%)；塑料、橡胶及其制品 (338 件，占 12.4%)；纺织原料及其制品 (239 件，占 8.8%)；机械电子设备 (229 件，占 8.4%)；纸制品 (121 件，占 4.5%)。根据表中计算，前四类属于农产品行业，1995~2012 年采取措施案件共 101 件，占总案件数量的 3.7%。

农产品采取案件数量和占总案件比例变化趋势相似 (见图 3-3)，不断出现案件数量增加和减少相互交替的情形，2001 年农产品采取措施案件数达到最大值 14 件，占总案件数量的比例为 8.2%，之后一直呈现下降趋势，到 2004 年为

第三章 反倾销发展情况与特征分析

表3-2 1995~2012年立案反倾销案件涉及行业情况

单位：件

年份 产品分类	1995	1996	1997	1998	1999	2000	2001	2002	2003	2004	2005	2006	2007	2008	2009	2010	2011	2012	合计	占比（%）
其他																	1		1	0.0
Ⅰ 活动物产品（Live animals and products)	1	2	2	6	8	3	2	11	2	10			1	1	3		2		54	1.3
Ⅱ 植物制品（Vegetable products)		5	2	4	1	7	9	3	1	6	4	4	1	5	1	1	1	1	56	1.3
Ⅲ 动物和植物脂肪、油脂和蜡类产品（Animal and vegetable fats, oils and waxes)							4	2	2	1	2	3							14	0.3
Ⅳ 食品；饮料、酒及醋；烟草及烟草代用品的制品（Prepared foodstuff; beverages, spirits, vinegar; tobacco)	13	6	4	8	2	3	1	3		1	1	6			2	1	5		56	1.3
Ⅴ 矿产品（Mineral products)	1	4	3	4	9	9	16	8	5	1		2	2	2	1	4	2	2	75	1.8
Ⅵ 化学工业及其相关工业的产品（Products of the chemical and allied industries)	31	42	21	24	74	63	67	96	73	49	37	37	56	34	47	44	29	34	858	20.3
Ⅶ 塑料及其制品；橡胶及其制品（Resins, plastics and articles; rubber and articles)	20	26	36	33	40	24	56	42	24	44	37	27	16	21	31	23	13	40	553	13.1
Ⅷ 生皮、皮革、毛皮及其制品；鞍具及挽具；旅行用品、手提包及类似容器（Hides, skins and articles; saddlery and travel goods)		3									2								5	0.1

续表

产品分类 \ 年份	1995	1996	1997	1998	1999	2000	2001	2002	2003	2004	2005	2006	2007	2008	2009	2010	2011	2012	合计	占比(%)
Ⅸ木及木制品：软木及软木制品；稻草、秸秆、针茅或其他编结材料制品；篮筐及柳条编结品（Wood, cork and articles; basketware）	1	4	11	3		5	4	1	11	11	3	2	1	9	7	5	13	1	92	2.2
Ⅹ木浆及其他纤维状纤维素浆；回收（废碎）纸或纸板；纸、纸板及其制品（Paper, paperboard and articles）	3	14	36	7	18	5	7	7	20	8	6	17	19	2	8	20	11	6	214	5.1
Ⅺ纺织原料及纺织制品（Textiles and articles）	1	23	8	28	36	17	27	7	14	21	27	17	11	39	20	7	2	12	317	7.5
Ⅻ鞋、帽、羽毛制品、人造花、风扇（Footwear, headgear; feathers, artif. flowers, fans）	6	1		4	2	3	2	3			4	3		1	3				32	0.8
XIII石料、石膏、陶瓷产品、玻璃及其制品（Articles of stone, plaster; ceramic prod.; glass）	3	11	11	12	8	6	6	11	11	8	10	12	3	4	11	12	14	13	166	3.9
XIV珍珠、宝石及贵金属、硬币（Pearls, precious stones and metals; coin）							1												1	0.0

续表

产品分类\年份	1995	1996	1997	1998	1999	2000	2001	2002	2003	2004	2005	2006	2007	2008	2009	2010	2011	2012	合计	占比(%)
XV 贱金属及其制品(Base metals and articles)	43	39	64	111	111	109	137	96	53	38	37	32	24	65	45	43	58	76	1181	27.9
XVI 机械和电子设备(Machinery and electrical equipment)	24	33	34	10	30	30	24	9	12	16	17	29	28	16	21	10	8	18	369	8.7
XVII 车辆、航空器、船舶设备(Vehicles, aircraft and vessels)	3	3	1	2	4	7		2	2	2	4	2	1	3	3	1	6	4	50	1.2
XVIII 仪器设备、钟表、录音机以及场声器(Instruments, clocks, recorders and reproducers)	1	5	9	5	2		3	3	2	1	1	5		6	3	1	1		48	1.1
XX 杂项制品(Miscellaneous manufactured articles)	6	5	4	5	13	7	6	11	2	3	9	6	2	5	3	1		1	88	2.1
合计	157	226	246	266	358	298	372	315	234	220	201	204	165	213	209	172	166	208	4230	100
农产品占案件比例(%)	8.9	5.8	3.3	6.8	3.1	4.4	4.3	6.0	2.1	8.2	3.5	6.4	1.2	2.8	2.9	1.2	4.8	0.5	4.3	4.3

表3-3 1995~2012年采取反倾销措施案件涉及行业情况

单位：件

产品分类\年份	1995	1996	1997	1998	1999	2000	2001	2002	2003	2004	2005	2006	2007	2008	2009	2010	2011	2012	合计	占比（%）
I 活动物产品（Live animals and products）	2		1	2	1	3	7		1	2	6	1				1		1	28	1.0
II 植物制品（Vegetable products）	4	1	1	4	3	1	4	3	1		2	6	3	1	2	2		1	39	1.4
III 动物和植物脂肪、油脂和蜡类产品（Animal and vegetable fats, oils and waxes）								1			1								2	0.1
IV 食品；饮料、酒及醋；烟草及烟草代用品的制品（Prepared foodstuff; beverages, spirits, vinegar; tobacco）	6	6	1	3	1	1	3	1	1			4	3				2		32	1.2
V 矿产品（Mineral products）		1	2	3	1	5	11	8	2	7			1	1	2		3		47	1.7
VI 化学工业及其相关工业的产品（Products of the chemical and allied industries）	19	12	22	15	15	49	38	57	68	46	31	27	26	46	18	32	28	36	585	21.5
VII 塑料及其制品；橡胶及其制品（Resins, plastics and articles; rubber and articles）	10	11	13	14	27	26	11	25	48	22	23	28	7	25	13	15	12	8	338	12.4

续表

年份 产品分类	1995	1996	1997	1998	1999	2000	2001	2002	2003	2004	2005	2006	2007	2008	2009	2010	2011	2012	合计	占比（%）
Ⅷ 生皮、皮革、毛皮及其制品；鞍具及挽具；旅行用品、手提包及类似容器（Hides, skins and articles; saddlery and travel goods）			1									1							2	0.1
Ⅸ 木及木制品；软木及软木制品；稻草、秸秆、针茅或其他编结材料制品；篮筐及柳条编结品（Wood, cork and articles; basketware）	1		1	6	7			3	1	4	5	5	4	3	6	2	2	1	45	1.7
Ⅹ 木浆及其他纤维状纤维素浆；回收（废碎）纸或纸板；纸、纸板及其制品（Paper, paperboard and articles）	2	8	2	29	5	10	2	6	10	4	10	7	4	11			4	13	121	4.5
Ⅺ 纺织原料及纺织制品（Textiles and articles）	4		9	2	21	26	9	30	2	14	13	23	17	10	29	17	2	3	239	8.8
Ⅻ 鞋、帽、羽毛制品、人造花、风扇（Footwear, headgear; feathers, artif. flowers, fans）	1		3	3		7	2	1				2	1		1	2			23	0.8
ⅩⅢ 石料、石膏、陶瓷产品、玻璃及其制品（Articles of stone, plaster, ceramic prod.; glass）	3	3	1	6	5	7	1	2	10	4	5	7	5	4	4	5	13	8	93	3.4

续表

年份 产品分类	1995	1996	1997	1998	1999	2000	2001	2002	2003	2004	2005	2006	2007	2008	2009	2010	2011	2012	合计	占比（%）
XV 贱金属及其制品（Base metals and articles）	49	24	46	61	85	83	65	59	65	39	24	15	10	29	28	29	21	37	769	28.3
XVI 机械和电子设备（Machinery and electrical equipment）	8	17	16	28	4	14	11	15	8	6	12	9	19	8	27	14	6	7	229	8.4
XVII 车辆、航空器、船舶设备（Vehicles, aircraft and vessels）	1	5	1	2	1		3		2	2	1		5		1	2	2	1	29	1.1
XVIII 仪器设备、钟表、录音机以及扬声器（Instruments, clocks, recorders and reproducers）	2	1			11		1		1	1	3		4		5	1	3	1	34	1.3
XX 杂项制品（Miscellaneous manufactured articles）	7	3	7	3	3	5	3	7	4	3	2	7	3	1	5	1			64	2.4
合计	119	92	127	181	190	237	171	218	224	154	138	142	108	139	141	123	98	117	2719	100
农产品案件数量	12	7	3	9	5	5	14	5	3	2	9	11	6	1	2	3	2	2	101	3.7
农产品占案件比例（%）	10.1	7.6	2.4	5.0	2.6	2.1	8.2	2.3	1.3	1.3	6.5	7.7	5.6	0.7	1.4	2.4	2.0	1.7	3.7	3.7

2件（占1.3%），然后上升到2006年的11件（占7.7%），随后下降到2008年的1件（占0.7%），2009～2012年基本在2件（占2%）左右。

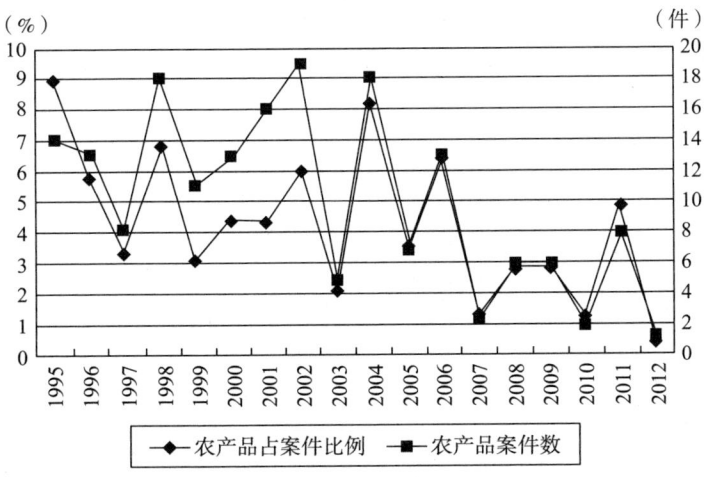

图3-2　1995～2012年世界立案农产品反倾销调查案件数量

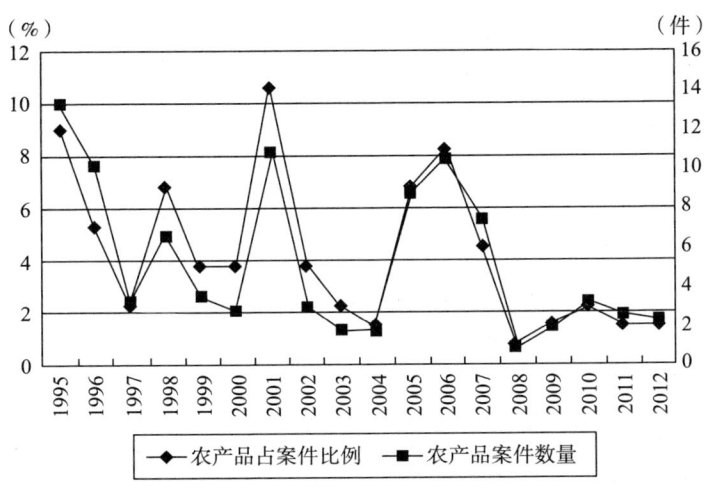

图3-3　1995～2012年世界农产品采取反倾销措施案件数量

值得注意的是，WTO统计的均为当年立案案件和采取反倾销措施的案件数量，具有短期性（当年），并没有体现出反倾销案件的时间持续性，即每年处于反倾销措施阶段的案件数量。由于反倾销案件均体现出一定的时间期限，从立案调查开始，会经历调查期，以此确定是否存在倾销损害，并制定相应的反倾销措施；如果最终确定存在倾销损害，即肯定性终裁，那么反倾销税征收期限一般为5年，5年到期后会继续进行产业损害的调查，如若仍然存在倾销损害，那么会继续征收，以此进入下一轮反倾销税的征收，依此类推。因此，某农产品反倾销案件持续期往往会很长，如中国大蒜等产品持续时间长达十几年。所以不能仅从当年的案件数量来判断农产品或者总的产品案件数量处于下降趋势。

（三）国别分析

倾销与反倾销斗争始终存在于国际贸易中，整体上看，在20世纪90年代之前，倾销与反倾销的斗争在西方发达国家中较为常见，如美日之间、欧日之间、美欧之间等。特别是日本，是西方国家最为重要的反倾销对象国。而在此期间，西方发达国家的国际贸易也有所发展，其针对发展中国家的反倾销有所扩大，特别是针对中国提起的反倾销诉讼。其中，美、欧、加、澳四地对他国提起的反倾销诉讼最多，被称为反倾销起诉"四大国"（田国强，2003）。但是在90年代后，尤其是90年代中后期，世界反倾销格局发生了极大的变化，发展中国家逐渐成为反倾销领域内的重要发起国。

1. 发达国家与发展中国家

表3-4列出了1995～2012年发达国家与发展中国家之间立案案件数量。从被诉国家和地区的角度看，发达国家和地区遭到总起诉案件数为1768件，占总案件数的42%，发展中国家和地区遭到总起诉案件数为2462件，占总案件数的58%。其中，发达国家遭受发达国家起诉的案件有637件，占遭到总起诉案件的36%，遭到发展中国家起诉的有1131件，占64%；发展中国家遭到发达国家起诉的案件为928件，占遭到总起诉案件数量的37.7%，遭到同样是发展中国家起诉案件数为1534件，占遭到总起诉案件数的62.3%。可见，发展中国家遭受到的起诉案件数大于发达国家，发达国家和发展中国家所遭受到的反倾销案件中超过60%均来自发展中国家的起诉。

从申诉国家和地区的角度看，发达国家总起诉案件数为1565件，占总案件数的37%，发展中国家起诉案件数为2665件，占总案件数的63%。其中，发达国家起诉发达国家的案件数占发达国家总起诉案件数比例为40.7%，发达国家起诉发展中国家占发达国家总起诉案件数的59.3%；发展中国家起诉发达国家占发展中国家总起诉案件数的42.4%，起诉发展中国家占发展中国家总起诉案件数的57.6%。可见，发达国家与发展中国家起诉发展中国家的案件数量均超过起诉发达国家的案件数量。

由此可知，1995～2012年根据反倾销立案数量的情况，发展中国家一方面是反倾销案件主要申诉国，另一方面也是反倾销案件的主要被诉国，其中发展中国家之间的反倾销案件数量最多（1534 件）。

根据 1995~2012 年采取反倾销措施案件的数量来看（见表 3-5），与采取立案案件数量的情况一致，发展中国家既是起诉主要方，又是被诉主要方，发展中国家之间案件数量 1040 件，为最多。

表 3-4　1995~2012 年发达国家与发展中国家间立案反倾销案件情况

单位：件

被诉国家和地区	申诉国家和地区		
	发达国家	发展中国家	合计
发达国家	637	1131	1768
发展中国家	928	1534	2462
合计	1565	2665	**4230**

表 3-5　1995~2012 年发达国家与发展中国家间采取措施反倾销案件情况

单位：件

被诉国家和地区	申诉国家和地区		
	发达国家	发展中国家	合计
发达国家	337	740	1077
发展中国家	602	1040	1642
合计	939	1780	**2719**

2. 主要反倾销国家

从主要遭到反倾销的国家和地区来看（见表 3-6），位于前十位的国家和地区是中国、韩国、美国、中国台湾、泰国、日本、印度尼西亚、印度、俄罗斯和巴西，其中发达国家和地区 4 个、发展中国家和地区 6 个；中国遭到的反倾销反倾销案件数量最多，为 916 件，是位于第二位韩国的 306 件的约 3 倍，而其余国家和地区间案件数量差异均不大。可以看到，中国是最大的反倾销被诉国，遭到反倾销国家中发达国家如韩国、美国均排在前位，发展中国家如印度、印度尼西亚、巴西等排在后位。

从主要反倾销申诉国和地区来看（见表 3-6），位于前十位的是印度、美国、欧盟、阿根廷、巴西、澳大利亚、南非、中国、加拿大和土耳其，其中，发达国家和地区 4 个、发展中国家和地区 6 个；印度发起的反倾销调查案件最多，为677件，比位于第二位的美国多出200件。美国、欧盟等发达国家和地区排在前位，中国也在发起案件大国中占一席之地。

表3-6 主要反倾销国家涉及案件数（前十位）　　　　　单位：件

序号	被诉国	案件数	申诉国	案件数
1	中国	916	印度	677
2	韩国	306	美国	469
3	美国	244	欧盟	451
4	中国台湾	234	阿根廷	303
5	泰国	174	巴西	279
6	日本	171	澳大利亚	247
7	印度尼西亚	171	南非	217
8	印度	166	中国	200
9	俄罗斯	127	加拿大	166
10	巴西	116	土耳其	162
	合计	2625	合计	3171
	占总案件数量比例（%）	62.1	占总案件数量比例（%）	75.0

由此可见，除了传统的发达国家和地区如美国、欧盟等仍属于反倾销大国，中国、印度、巴西等发展中国家也逐渐步入反倾销大国行列。

二、中国反倾销发展和特征分析

（一）案件数量

中国是世界上遭受反倾销起诉案件数量最多的国家，截止到2012年底，中国共受到来自传统发达国家和地区如美国、欧盟以及新兴国家和地区如墨西哥等发起的反倾销案件916起，占到全球总反倾销案件数量的21.7%，是被诉的第一大国。与此同时，中国相对于遭受到的反倾销案件数量来说，中国对外发起的反倾销数量较少，中国的反倾销立案数量为200起，占全球反倾销数量的4.7%，主要集中在化工、塑料及橡胶、造纸行业。中国1997年颁布并实施了首部反倾销条例，从此加入了反倾销使用国的行列，开始运用反倾销措施来保护本国受损产业，维护产业安全。

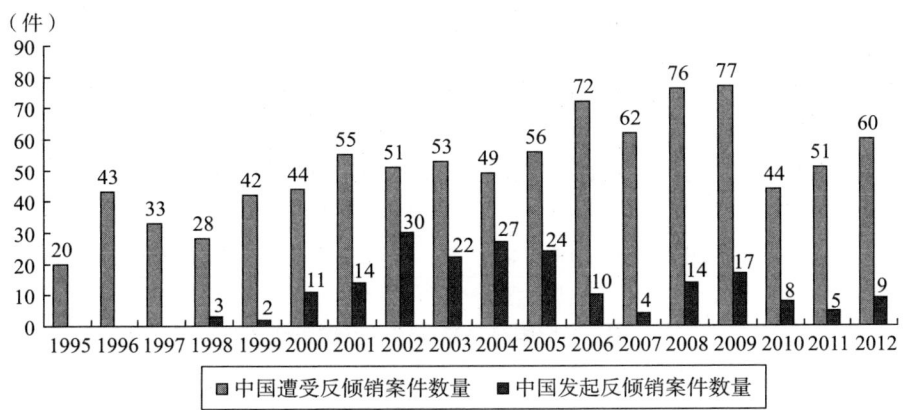

图3-4 1995~2012年中国涉及反倾销立案案件数量变化情况

中国是世界上遭到最多反倾销案件起诉的国家，自1995年开始，可以从图3-4看到，每年被起诉反倾销案件呈逐年递增趋势，并且被起诉的案件并没有因为加入WTO而有所减少，2009年中国被起诉案件达到最大值77件，2010年减少到44件，之后逐年增加，2012年为60件。1995~2012年年均约有51件起诉中国倾销的案件。

截至2012年中国共发起反倾销调查案件200起，列全球第8位，与加入WTO之前相对稀少的案件相比，在2001年之后可以看到，中国发起的反倾销调查快速增长，2007年下降到4件，之后继续增长，2012年发起反倾销调查的案件数为9件。1995~2012年年均约有13件中国发起的反倾销案件。1995~2000年年均案件数量为5.3件，2001~2012年年均案件数为15.3件，可见，加入WTO后中国年均发起反倾销案件数约为未加入之前的5倍。

根据对中国1995~2012年涉及反倾销采取措施案件数量的分析（见图3-5），中国已遭到反倾销采取最终措施的案件数量为664件，占全球采取措施案件数的24.4%，且呈逐年递增态势，2009年为56件，达到最大值。1995~2012年年均遭受最终反倾销措施案件数量为36.8件，加入WTO之前为25件，加入WTO之后为42.8件。中国对外反倾销最终采取措施案件数量为156件，占全球采取反倾销措施案件数的5.7%，2003年采取措施案件数量最多，为33件，1995~2012年年均采取最终反倾销措施案件数量为11.1件，加入WTO之前为3.3件，加入WTO之后为13.3件。

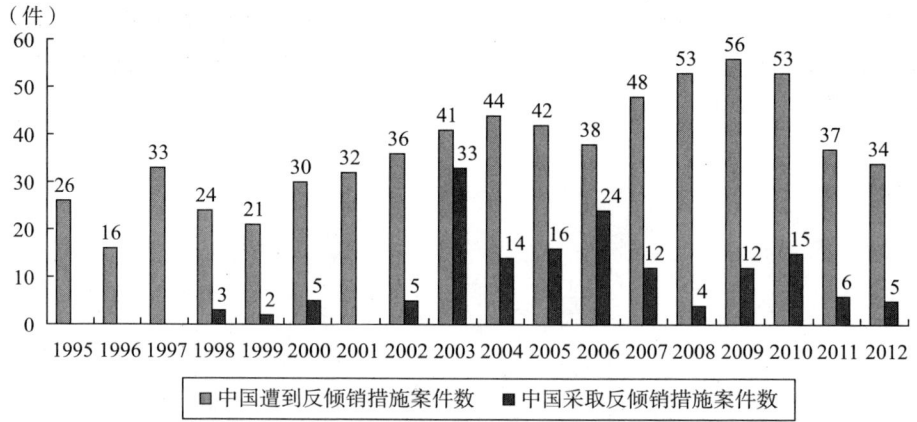

图 3-5 1995~2012 年中国涉及反倾销采取措施案件数量变化情况

(二) 反倾销强度

本节使用指标"反倾销强度指数",以此来反映并分析中国遭受反倾销强度和中国对外反倾销强度的状况。反倾销强度指数(Anti-Dumping Index)是反倾销领域研究中常用的一个指标,缩写为 ADI。Finger (1993) 提出了反倾销强度指数的定义,即一国被指控倾销相对其出口绩效的强度指数[①]。如果一国遭受到的反倾销强度指数大于1,则该国或地区相对其在世界出口市场份额强烈地受到反倾销行动的影响;如果等于1,则反倾销指控与该国或地区的出口份额成比例;如果小于1,则该国相对其出口市场份额较少受到反倾销影响。

同理,从中国作为反倾销申诉国的角度来讲,利用反倾销强度指数可以考察中国对外发起反倾销强度的情况,需要将中国遭受反倾销数量换成发起反倾销数量,同时将中国以及世界出口额替换成进口额,考察中国发起反倾销措施对于其在世界进口市场份额受到的影响如何。

对中国 1995~2012 年遭受的反倾销强度指数进行计算分析如图 3-6 所示,从中可以看到中国遭到的反倾销强度很大,均大于1,说明中国相对其在世界出口市场份额强烈地受到反倾销行动的影响。1996 年是历年来反倾销强度最强的年份,ADI 值达到 7.8;随着 2001 年加入 WTO 后,反倾销强度不断增加,2008

---

① 对于一国或地区,反倾销强度指数可表示为:$ADI_i = [AD_i(t, t+n)/AD_w(t, t+n)]/[EX_i(t, t+n)/EX_w(t, t+n)]$。其中,$AD_i(t, t+n)$ 表示在 $[t, t+n]$ 时期内针对 i 国或地区反倾销调查或最终反倾销措施的数量,$AD_w(t, t+n)$ 表示在同时期,世界进行的反倾销调查或最终反倾销措施的总量,$EX_i(t, t+n)$ 表示在同时期 i 国或地区的出口额,$EX_w(t, t+n)$ 表示在同时期内世界出口总额。

年出现下降，2010 年的 ADI 值最小，为 2.9；2012 年上升到 3.0。因此，中国遭受的反倾销起诉案件强度很大，1995～2012 年的 18 年中遭到反倾销总强度指数为 2.1，平均强度指数为 4.9。

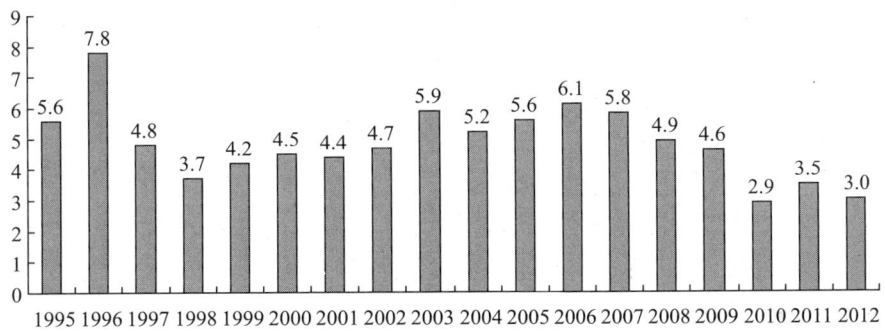

图 3-6　1995～2012 年中国遭受反倾销强度指数（ADI）情况

对中国 1995～2012 年对外反倾销强度指数进行计算分析如图 3-7 所示，从中可以看到中国对外反倾销强度较小，均小于 0.5，说明中国相对其在世界进口市场份额较小受到自身反倾销行动的影响。2002 年和 2004 年是历年来中国对外反倾销强度最强的年份，ADI 值达到 0.43；1995～2012 年对外反倾销强度指数呈现先增后减趋势，近三年的反倾销强度很小，基本在 0.04 左右波动。因此，中国对外反倾销起诉案件强度很小，1995～2012 年的 18 年对外反倾销总强度指数为 0.04，平均强度指数为 0.14。

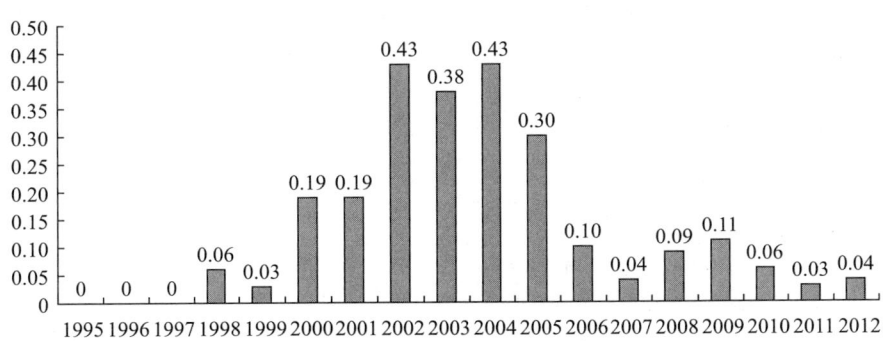

图 3-7　1995～2012 年中国对外反倾销强度指数（ADI）情况

可见，与中国遭到的反倾销强度相比，中国对外反倾销强度是很小的。

（三）行业分析

中国涉及反倾销的产品具有行业集中性，这一点类似世界涉及反倾销产品的行业分布。

中国遭到反倾销调查案件主要涉及行业为贱金属及其制品（立案232件，采取措施155件）；化学工业及其相关工业的产品（立案179件，采取措施148件）；机械和电子设备（立案114件，采取措施77件）；纺织原料及纺织制品（立案78件，采取措施66件）和塑料橡胶及其制品（立案66件，采取措施45件）。这5类产品涉及立案案件数669件，占总立案案件数量的73%；采取措施案件数491件，占采取措施案件总数的74%。涉及农产品的案件数按Ⅰ至Ⅳ类加总算，立案案件数共17件，占总立案案件数比例为1.9%，采取措施18件，占总采取措施案件数的2.7%（见表3-7）。

表3-7 1995~2012年中国遭受反倾销案件各行业分布情况

产品分类	立案 案件数（件）	立案 占比（%）	采取措施 案件数（件）	采取措施 占比（%）
ⅩⅤ 贱金属及其制品	232	25.3	155	23.3
Ⅵ 化学工业及其相关工业的产品	179	19.5	148	22.3
ⅩⅥ 机械和电子设备	114	12.4	77	11.6
Ⅺ 纺织原料及纺织制品	78	8.5	66	9.9
Ⅶ 塑料及其制品；橡胶及其制品	66	7.2	45	6.8
Ⅻ 石料、石膏、陶瓷产品，玻璃及其制品	61	6.7	35	5.3
ⅩⅩ 杂项制品	49	5.3	41	6.2
Ⅹ 木浆及其他纤维状纤维素浆；回收（废碎）纸或纸板；纸、纸板及其制品	24	2.6	14	2.1
ⅩⅦ 车辆、航空器、船舶设备	23	2.5	14	2.1
Ⅻ 鞋、帽、羽毛制品、人造花，风扇	19	2.1	16	2.4
Ⅸ 木及木制品；软木及软木制品；稻草、秸秆、针茅或其他编结材料制品；篮筐及柳条编结品	18	2.0	12	1.8
ⅩⅧ 仪器设备、钟表、录音机以及扬声器	17	1.9	13	2.0
Ⅴ 矿产品	14	1.5	8	1.2
Ⅱ 植物制品	11	1.2	12	1.8

续表

产品分类 \ 指标	立案 案件数（件）	立案 占比（%）	采取措施 案件数（件）	采取措施 占比（%）
Ⅷ生皮、皮革、毛皮及其制品；鞍具及挽具；旅行用品、手提包及类似容器	5	0.5	2	0.3
Ⅳ食品；饮料、酒及醋；烟草及烟草代用品的制品	4	0.4	3	0.5
Ⅰ活动物产品	2	0.2	3	0.5
农产品合计	17	1.9	18	2.7
合计	916	100	664	100

中国对外国发起的反倾销调查案件主要涉及化学工业及其相关工业的产品（立案116件，采取措施81件）；塑料橡胶及其制品（立案39件，采取措施36件）；木浆及纸制品（立案13件，采取措施10件）；贱金属及其制品（立案13件，采取措施13件）。这4类产品涉及立案案件数量为181件，占总立案案件数量的90.5%；采取措施案件数140件，占总采取措施案件数的89.7%。其中，化学工业及其相关工业产品的案件数占比大于总案件数的一半，具有重要地位。中国对外发起农产品案件3件，占总立案案件数的1.5%；采取措施的2件，占总采取措施案件数的1.3%（见表3-8）。

表3-8　1995～2012年中国发起反倾销案件各行业分布情况

产品分类 \ 指标	立案 案件数（件）	立案 占比（%）	采取措施 案件数（件）	采取措施 占比（%）
Ⅵ化学工业及其相关工业的产品	116	58.0	81	51.9
Ⅶ塑料及其制品；橡胶及其制品	39	19.5	36	23.1
Ⅹ木浆及其他纤维状纤维素浆；回收（废碎）纸或纸板；纸、纸板及其制品	13	6.5	10	6.4
ⅩⅤ贱金属及其制品	13	6.5	13	8.3
ⅩⅧ仪器设备、钟表、录音机以及扬声器	5	2.5	4	2.6
Ⅴ矿产品	4	2.0	4	2.6
ⅩⅠ纺织原料及纺织制品	4	2.0	3	1.9
ⅩⅦ车辆、航空器、船舶设备	2	1.0	2	1.3

续表

产品分类 \ 指标	立案 案件数（件）	立案 占比（%）	采取措施 案件数（件）	采取措施 占比（%）
Ⅰ活动物产品	1	0.5	1	0.6
Ⅱ植物制品	1	0.5	1	0.6
Ⅳ食品；饮料、酒及醋；烟草及烟草代用品的制品	1	0.5		0.0
ⅩⅣ机械和电子设备	1	0.5	1	0.6
Ⅷ生皮、皮革、毛皮及其制品；鞍具及挽具；旅行用品、手提包及类似容器		0.0		0.0
Ⅸ木及木制品；软木及软木制品；稻草、秸秆、针茅或其他编结材料制品；篮筐及柳条编结品		0.0		0.0
Ⅻ鞋、帽、羽毛制品、人造花，风扇		0.0		0.0
ⅩⅢ石料、石膏，陶瓷产品，玻璃及其制品		0.0		0.0
ⅩⅩ杂项制品		0.0		0.0
农产品合计	3	1.5	2	1.3
合计	200	100	156	100

从遭受反倾销和对外反倾销产品涉及行业看，占主要地位的行业均有贱金属及其制品、化学工业及其相关工业的产品、塑料橡胶及其制品。

根据对中国遭受反倾销案件和对外反倾销案件的行业分析可以看出，中国农产品在反倾销案件总数中所占比例较小。

三、中国涉案农产品反倾销基本特征[①]

中国既是农产品的生产和消费大国，同时也是农产品的贸易大国。根据 WTO 统计数据显示，2012 年中国已成为世界第三大农产品贸易国，第四大农产品出口国和第二大农产品进口国。2012 年中国农产品贸易额 1756.6 亿美元，同

---

① 中国农产品的案件信息主要来源于中国贸易救济信息网（China Trade Remedy Information，http://www.cacs.gov.cn/）。

比增长12.9%。其中出口额632.2亿美元，同比增长4.0%；进口额1124.4亿美元，同比增长18.5%；逆差492.1亿美元，同比增长44.3%。

在中国农产品贸易不断发展的同时，农产品出口长期受到国外各种贸易壁垒的制约，而反倾销是其中一种主要的贸易壁垒。理论上的一般分析显示，国外反倾销会对中国涉案农产品的出口贸易产生抑制作用，从而抑制中国涉案农产品的国际竞争力。与此同时，中国对外农产品反倾销案件与主要发达国家以及新兴市场国家相比都有很大差距。

（一）遭受反倾销特征分析

1. 国别基本情况

美国是对中国农产品实施反倾销措施次数最频繁、持续时间最长的国家。美国对中国采取反倾销措施的产品涉及冷冻或灌装暖水虾、小龙虾尾肉、蜂蜜、大蒜、蘑菇罐头和苹果汁6类。所有案件均进行了多次复审并仍然征税（除了苹果汁在2010年结案外）。冷冻或灌装暖水虾、小龙虾尾肉、大蒜、蘑菇罐头和苹果汁均为当年立案并采取反倾销征税措施，因此，对这5起案件按年度数据的反倾销调查效应和贸易限制效应可一并考察。

欧盟是对中国农产品反倾销的主要国家之一，对中国采取的农产品反倾销涉案产品有冷冻草莓、柑橘类罐头和浓缩大豆蛋白。冷冻草莓于2006年1月19日立案调查，当年10月初裁征收34%反倾销税，冷冻草莓的调查效应和限制效应可在同年考察，2012年4月经过日落复审裁决，取消对中国的反倾销措施。柑橘类罐头于2007年10月20日立案调查，2008年7月8日对此案作出肯定性初裁，征税幅度高达361.4%~531.2%，2013年10月开始日落复审调查。浓缩大豆蛋白于2011年开始对中国进行反倾销调查，2012年5月欧盟委员会发布终裁决定，由于欧盟浓缩大豆蛋白产业未受到实质性损害，且指控因果关系存在问题，终止对中国浓缩大豆蛋白产品的反倾销调查，且不采取反倾销措施。

澳大利亚属于较早对中国农产品进行反倾销的国家之一，涉及的农产品包括花生仁、番茄罐头、蘑菇罐头和菠萝罐头。其中花生仁于1991年9月进行反倾销立案调查，同年认定不存在倾销损害，取消案件。番茄罐头于1991年8月进行反倾销立案调查，同年认定存在10%的倾销幅度并征收反倾销税。蘑菇罐头于2005年4月立案调查，2006年1月终裁征收反倾销税。菠萝罐头于2006年4月立案调查，同年初裁征收10%~20%反倾销税。对番茄罐头和菠萝罐头调查效应和限制效应可同年考察。

可统计的其他发达国家对中国农产品进行反倾销的案件主要有加拿大大蒜、新西兰桃罐头和韩国饲料。加拿大大蒜于1996年10月立案调查，当年初裁征税，2006年1月取消有损害裁决，案件中止。新西兰桃罐头于2006年2月立案调查，当年征收385%的反倾销关税，2011年复审继续征税。韩国对中国饲料产品于2003年立案调查，2004年4月征收25.81%反倾销税，2009年11月25日经过日落复审后继续征税，2010年1月将征税额度调整到10.28%~27.55%。

可统计的其他发展中国家对中国农产品进行反倾销的案件主要有巴西蘑菇罐头和大蒜、墨西哥蘑菇罐头、印度维生素E和生丝、印度尼西亚面粉和南非大蒜。巴西蘑菇罐头于1996年立案调查，2008年12月对案件进行了撤销；大蒜于1994年立案调查，2013年8月进行第三次日落复审，至今未结案。墨西哥蘑菇罐头于2005年5月立案调查，当年征收反倾销税，2007年行政复审后继续征收，2012年11月日落复审结果仍是继续征收。印度生丝于2002年7月立案调查，维生素E产品于2002年8月立案调查，2003年肯定性终裁征收反倾销税，两个案件分别在2007年和2008年进行日落复审，结果维持原税率继续征收反倾销税。南非大蒜于1999年立案调查，2010年3月26日发布公告第二次复审提高了税率，日落复审结果仍继续征收。

2. 特征分析

农产品有其自身的特点，如附加值低、价格不高等，而且农业在世界各国都被视为社会稳定的重要因素，各个国家对本国农业保护力度极大，农产品自然也就成为反倾销的重要对象。中国作为农业大国，其农产品遭受反倾销的频率和强度在逐步增加，自从1980年美国对中国薄荷醇提出反倾销以来，截至2013年8月，美国、欧盟、澳大利亚、印度、墨西哥等国家和地区先后对中国出口农产品提起反倾销案件达33起（见表3-9和附录一），涉及蜂蜜、大蒜、小龙虾、浓缩苹果汁、食品罐头、猪鬃漆刷等多种商品。一些产品还受到多国起诉和长期起诉；部分出口产品已经连续10年被征收反倾销税，高额的税收使相关产品的出口和企业经营受到严重影响。

中国农产品遭遇国外反倾销大体上有以下几个特点：

（1）频率较高，且同一种农产品多次、反复受到反倾销调查。例如，蘑菇罐头曾遭到5次①、猪鬃毛刷5次②、大蒜5次③调查。1980~2013年的33年间，美国对中国共发起10起反倾销调查，仅1994年一年就发起了3次，是对中国进行反倾销调查最多的国家。在发达国家和地区中，欧盟对中国发起的倾销调查次数仅次于美国，共8起。澳大利亚共发起7次，仅1991年就发起4次，2月27日就对中国提起两起反倾销调查。以美国对中国蜂蜜反倾销案件为例，美国养蜂

---

① 欧盟、美国、加拿大、澳大利亚、新西兰各1次。
② 美国2次，巴西、澳大利亚、墨西哥各1次。
③ 美国、巴西、韩国、加拿大、南非各1次。

表3-9 中国遭受国外农产品反倾销国别一览

单位：件

地区\年份	美国	欧盟	加拿大	澳大利亚	新西兰	韩国	巴西	印度	南非	墨西哥	印度尼西亚	发达国家合计	发展中国家合计	合计
1980	1											1	0	1
1982	1	1										2	0	2
1983			1									1	0	1
1988				1	1							2	0	2
1991				4								4	0	4
1992		1										1	0	1
1994	3	1					1					4	1	5
1996	1		1				1					2	1	3
1998	1											1	0	1
1999		1				1						2	0	2
2000	1											1	0	1
2001	1									1		1	0	1
2002	1			1				2				0	2	2
2004											1	1	1	2
2005												1	1	2

续表

地区\年份	美国	欧盟	加拿大	澳大利亚	新西兰	韩国	巴西	印度	南非	墨西哥	印度尼西亚	发达国家合计	发展中国家合计	合计
2006		1		1	1							3	0	3
2007		2							2			2	2	4
2008	1											1	0	1
2009												0	0	0
2010												0	0	0
2011												0	0	0
2012						1	2	2	2	1	1	0	0	0
2013												0	0	0
合计	10	8	2	7	2	1	2	2	2	1	1	30	8	33
加入WTO后合计	2	3	0	2	1	0	0	2	2	1	1	8	6	14
加入WTO后占总计比例(%)	20.0	37.5	0.0	28.6	50.0	0.0	0.0	100.0	100.0	100.0	100.0	26.7	75.0	36.8

协会和蜂蜜生产者协会于 1993 年 10 月第一次对中国蜂蜜发起反倾销调查,经过协商机制,美国政府与 1994 年 4 月 21 日决定对中国蜂蜜不采取任何措施。1994 年 10 月,养蜂协会和蜂蜜生产者协会再次掀起反倾销浪潮,中国蜂蜜被裁决征收平均高达 150% 以上的反倾销税。经过努力,最终以中止协议结束了该案,但在正式签署的中止协议中,规定中国每年向美国出口 19942 吨蜂蜜,是原出口额的一半,价格不低于美国商务部的参考底价(黄军、李岳云,2002)。同一农产品多次遭到反倾销指控,给中国农产品生产、加工和出口带来巨大的经济损失,不得不引起国内对该产品出口的思考。

(2) 国外对中国农产品具有强烈的先入为主的主观特色。构成倾销必须具备三个条件:倾销成立、国内产业受到损害以及倾销与损害具有因果关系。但部分西方国家所使用的标准并不完全符合这些条件,有时甚至根本不具备任何倾销的条件,他们在倾销产品的确定上或是替代国的选择上带有强烈的主观性。在实践中,对所有出口同一产品的国家,并未有统一标准。虽然自 2004 年新西兰首次公开承认中国的市场经济地位以来,陆续有 81 个国家承认中国的市场经济地位,但是其他国家仍把中国定位于非市场经济国家。例如,中国的主要贸易伙伴国美国,1997 年美国商务部在调查中国企业小龙虾倾销时,美方认为印度、巴基斯坦、埃及以及印度尼西亚与中国相当,但这些国家均无龙虾产业,而美国商务部仍然主观地选择印度除原料虾外的其他生产要素成本作为认定中国小龙虾倾销的标准;同时龙虾仁成本参考标准选自西班牙,西班牙是发达国家,与中国发展中国家的情况相差很远,这是极不公平的(于维军,2003)。

(3) 国外对中国涉案农产品征收反倾销税幅度大。发达国家和地区如美国、欧盟对于中国涉案农产品征收的反倾销税幅度很大,从百分之十几到百分之几百不等。在如此高的税率面前,意味着中国的相关企业已经占有的市场份额面临被挤占的风险。例如,1997 年 7 月 24 日,美国商务部对中国企业淡水小龙虾终裁征收的反倾销税率平均是 122.92%,最低的是 91.5%,最高的是 156.77%。美国从 1999 年 1 月起对中国蘑菇罐头征收平均 155% 的惩罚性关税,根据美国方面最新的复审结果,大部分企业还得继续被征收 198.63% 的惩罚性关税。

(4) 国外反倾销对中国涉案农产品和企业造成巨大的损失和影响。有的商品被征反倾销税超过 10 年,如大蒜一而再、再而三地被反倾销。一些产品在美国、巴西、加拿大、墨西哥等国的市场被迫丢失。以冷冻小龙虾为例,1996 年 3 月 19 日,美国商务部初裁裁定中国出口小龙虾有倾销倾向,倾销幅度平均为 350.5%。小龙虾的主要产地在苏北、山东、安徽、湖北,而且由于小龙虾是一种野生资源,加工技术不复杂,出口成本低,发展很快,同时由于小龙虾从农业生产上讲是一种害虫,捕捞对农业有利,又能产生经济效益,解决了相当一部分劳动力的就业，对于苏北较为贫困的地区来说是一个重要的经济来源。但是遭受美国征税幅度很大的反倾销制裁使得中国小龙虾出口承受了巨大的损失，对农民增收和就业影响很大。美国对其反倾销案是在中国历史上影响最大、涉案金额最高的农产品贸易救济调查案件，该案涉案金额高达 2.48 亿美元，直接或间接影响 163 家企业、几百万虾农和专业捕虾渔民的生产和生活（王维，2007）。

（5）对中国农产品发起反倾销的趋势是由发达国家和地区逐步向发展中国家和地区延伸的，但发达国家和地区仍居于首位。改革开放初期，对中国发起反倾销调查和制裁的主要是欧盟、美国等发达国家和地区。20 世纪 90 年代以后，一些发展中国家，如巴西、韩国等，也多次对中国农产品开展反倾销调查。近年来，随着中国出口贸易的发展，印度、印度尼西亚、墨西哥、南非等发展中国家也陆续加入到对中国反倾销的队伍中来。这一方面是与发展中成员国对 WTO 反倾销措施认识加深有关，另一方面也是由于中国产业在竞争力和结构方面与部分发展中国家相似，因此更易招致其反倾销指控有关（王维，2007）。

（6）世界各国对中国农产品反倾销具有连锁效应。一方面，中国某一出口农产品在国外遭到反倾销指控后，其他国家担心这一商品会大量涌向自身，因而也采用反倾销指控进行预防，中国出口的猪鬃毛刷和大蒜都面临过此种情况。另一方面，某一农产品受到反倾销指控后，会助长对中国其他农产品的反倾销。例如，美国对中国大蒜的反倾销，起诉方的律师看到中国企业不愿应诉，又鼓动蜂蜜行业对中国提起反倾销诉讼，在蜂蜜案件进行过程中，又说服美国蘑菇罐头行业对中国提起反倾销诉讼（王维，2007）。国外反倾销所产生的连锁效应起到了示范作用，加剧了中国农产品遭受反倾销的频度和强度。

（7）针对中国农产品的反倾销诉讼已成为各国在应对中国农产品冲击的重要解决出路。按照比较优势理论，低劳动力成本是发展中国家对发达国家的一个比较优势，所以，在自由、开放的经济条件下，发展中国家以其劳动密集型产品与发达国家的技术和资本密集型产品进行市场交换，实际上属于各取所长。由于受到非价格竞争、市场依存度、贸易条件、限制条件的影响，一般来说，发展中国家常常处于劣势地位。但是实际上，存在着劳动力转移、资本沉淀等退出障碍的限制，致使部分发达国家难以退出劳动密集型产业，或者延长退出时间。由此一来，政府需要在产业结构升级完成之前提供一定程度上的贸易保护。因此，中国农产品由于具有出口价低、量大且厂商分散等特点，就极易成为国外反倾销诉讼的目标（王维，2007）。

（二）对外反倾销特征分析

相对于中国所遭受的反倾销调查而言，中国对外农产品反倾销案件数量显得极为稀少，涉及的国家和地区也仅为美国和欧盟。截止到 2013 年 8 月，中国对外发起反倾销案件 4 起，分别为对美国的白羽肉鸡（2009 年）和玉米酒糟（2011 年），对欧盟的马铃薯淀粉（2006 年）和葡萄酒（2013 年）。其中，对美国玉米酒糟案件于 2012 年 6 月 21 日取消，因此，现在正处于反倾销阶段的实际案件只有 3 件（见附录一）。

中国对国外农产品反倾销开始时间较晚，最早的案件是 2006 年 2 月 6 日中国商务部对原产于欧盟的马铃薯淀粉进行反倾销立案调查，此案件也是迄今为止最为完整的案件，经历了立案、初裁、终裁，2012 年开始复审，2013 年 2 月 5 日商务部发布公告，期终复审裁定继续征收原税率，开始进入了下一轮 5 年的反倾销税征收周期，预计到 2018 年进入第二次复审。

2009 年 9 月 27 日对美国白羽肉鸡进行反倾销立案调查是中国对外农产品反倾销的第二起案件，海关编码几乎涉及白羽肉鸡所有小类。2010 年 12 月 28 日对美国玉米酒糟反倾销立案调查是中国对外的第三起案件调查，但经过一年半的调查，最终商务部公告取消了该产品的反倾销制裁。2013 年 7 月 2 日对欧盟葡萄酒产品进行的反倾销立案调查是中国最新的一次反倾销案件，目前还未出实质性的制裁措施。因此，真正处于反倾销措施实施之下的案件仅有 2 例，即对欧盟马铃薯淀粉案和对美国白羽肉鸡案。

相对于外国，中国对外征收反倾销税率幅度较低，平均为 48.9%。例如，美国对中国涉案农产品征收反倾销税率平均幅度约为 111.88%，某些产品如大蒜征收反倾销税一度达到 376.67%、小龙虾尾肉达到 201.63%、蘑菇罐头达到 198.63%、暖水虾达到 112.81% 等。

因此，可以看到，与中国遭受国外农产品反倾销案件相比，中国涉案农产品对外反倾销涉案数量少、涉案国家少、开始时间晚、采取实质性制裁措施的比例较低、征收反倾销税率的幅度低。因此，中国农产品对外反倾销实践处于相对落后于国外的状态。

四、本章小结

本章对世界反倾销和中国反倾销情况进行了分析，内容涉及案件数量变化、涉及行业分析、国别分析等。根据以上分析可以得到以下几点结论：

第一，世界反倾销案件数量在 20 世纪 90 年代开始迅速增长，2003 年以后案件数量控制在一定范围内波动，2003~2012 年年均立案案件数量为 199 件；由于采取措施案件具有一定的时滞性,采取措施案件数量在2004年后在一定范围内波动,年均采取措施案件数量为129件。

第二,世界反倾销案件涉及行业具有集中性,主要集中在贱金属及其制品、化学工业及其相关产品、塑料橡胶及其制品等领域,农产品在世界反倾销案件中所占比例较小,立案数量平均占4.3%,采取措施案件数量占3.7%。

第三,世界反倾销案件逐渐从发达国家和地区向发展中国家扩展,发展中国家现已成为主要的申诉国与被诉国,除了传统的发达国家和地区如美国、欧盟等仍属于反倾销大国,中国、印度、巴西等发展中国家也逐渐步入反倾销大国行列。

第四,中国是遭受反倾销起诉最多的国家,同时中国对外反倾销数量也逐步攀升,2012年底排名世界第八,已成为主要对外反倾销大国。

第五,中国遭到反倾销的强度大,而与中国遭到的反倾销强度相比,中国对外反倾销强度是很小的。根据对中国遭受和对外的反倾销强度指数的测算,1995~2012年的17年遭到反倾销总强度指数为2.1,平均强度指数为4.9;对外反倾销总强度指数为0.04,平均强度指数为0.14。

第六,从中国遭受反倾销和对外反倾销产品涉及行业看,占主要地位的行业为贱金属及其制品、化学工业及其相关产品、塑料橡胶及其制品,这与世界反倾销产品涉及行业一致,农产品反倾销数量在中国总产品中比例较小,遭到反倾销案件占总立案案件数比例为1.9%,占总采取措施案件数的2.7%,对外反倾销案件占总立案案件数的1.5%,采取措施的2件,占总采取措施案件数的1.3%,低于世界反倾销案件的比例水平。

第七,中国农产品遭受反倾销频繁具有一定的特征。①反倾销次数频繁,且同一农产品多次遭到反倾销指控;②反倾销的征税幅度大,中国企业和农民受到很大损失;③反倾销申诉国和地区由发达国家和地区向发展中国家和地区延伸,但发达国家和地区仍居于主要地位;④反倾销申诉国对中国产品倾销幅度的确定带有主观色彩;⑤外国对中国进行的反倾销措施带有连锁效应。

第八,与中国农产品遭受的反倾销措施相比,中国对外反倾销措施数量少、开始时间晚、涉及国家少、强度低、征税幅度小、措施实施率低。

第四章　中国涉案农产品反倾销贸易效果描述性分析

本章将对中国涉案农产品反倾销的贸易效果进行描述性分析，分别从中国遭受世界各国反倾销以及中国对外反倾销两个角度进行分析。根据已有经验研究，在中国遭受外国反倾销的贸易效果分析中，中国作为农产品出口国也是被指控倾销的国家（简称被诉国），反倾销措施的贸易效果主要分为贸易调查效果、贸易限制效果和贸易偏转效果；在中国对外反倾销分析中，中国作为农产品进口国也是指控外国进行倾销的国家（简称申诉国），反倾销措施的贸易效果主要分为贸易调查效果、贸易限制效果和贸易转移效果。本章分析结构如图4-1所示。

本章分析基于1997~2013年立案的28起可计量案件（遭受反倾销案件数24起①，对外反倾销案件数4起），设立案当年为t，分析t-3到t+5（9年）相关农产品贸易量和贸易价格的变化情况（贸易数据范围为1988~2012年②），考察反倾销立案前是否存在贸易量增加、价格下降的倾销行为特征，同时考察反倾销措施是否起到了抑制贸易量、提升进口价格的贸易效果，以及反倾销措施后中国作为被诉国对于非被诉国的出口是否增加、中国作为反倾销申诉国是否从非被诉国的进口增加的贸易效果。

由于涉及反倾销案件的农产品具有国别和产品的差异性，因此，本章分别对不同国家涉及的反倾销农产品进行了贸易效果的描述分析，可以更为准确地把握涉及反倾销案件的国别和产品的特点。本章根据涉及产品多少和国家特征

---

① 由于早期农产品贸易数据的获得受到限制，笔者收集的相关农产品贸易数据涉及中国反倾销案件的24件，占到遭受反倾销案件数33件的72%以上，本书涉及的可计量案件代表了主要反倾销情况。不可计量的案件包括对美国薄荷醇（1980年）、美国蘑菇罐头（1982年）、欧盟糖水梨（1982年）、欧盟猪鬃毛刷（1992年）、澳大利亚猪鬃毛刷（1988年）、加拿大猪鬃毛刷（1983年）以及新西兰猪鬃毛刷（1988年）。

② 1988年部分数据缺失，具体各个国家相关农产品的数据时间跨度为：美国为1991~2012年，欧盟为2000~2012年，澳大利亚为1988~2012年，加拿大、韩国和新西兰为1989~2012年，巴西、墨西哥、印度、印度尼西亚和南非为1988~2012年。

将中国遭到农产品反倾销的国家和地区分为五组——美国、欧盟、澳大利亚、其他发达国家（加拿大、韩国和新西兰）和其他发展中国家（巴西、墨西哥、印度、印度尼西亚和南非），中国对外农产品反倾销涉及美国和欧盟两个发达国家和地区。

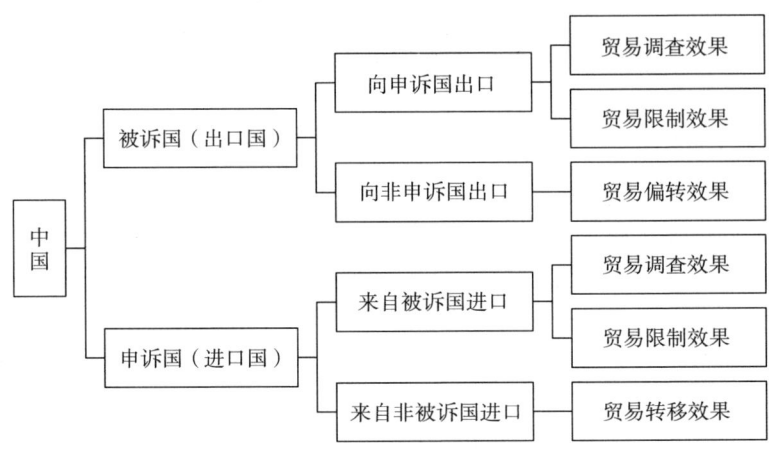

图4-1 中国作为申诉国和被诉国的农产品反倾销贸易效果结构

本章采用年度数据，如无特殊说明，数据均来源于联合国贸易统计数据库（UNCOM Trade：http：//comtrade.un.org/db/）。涉及金额和价格数据均为实际值。

一、描述分析的步骤

本章在对涉案农产品贸易效果进行描述性分析时，分为两部分考察：第一部分对反倾销立案前3年和后5年的反倾销区间中涉案农产品贸易情况进行分析；第二部分基于中国农产品频繁遭遇反倾销和持续期长的特点，考察了1988~2012年共24年间涉案农产品的长期贸易变化情况，与以往研究不同，针对中国农产品遭受反倾销的特点，从长期的角度分析频繁遭受反倾销调查农产品的持续贸易变化，观察反倾销措施是否会造成相关农产品贸易量显著减少，平均价格显著上升。

第一部分，在分国别的基础上，对不同国家和地区与中国之间涉及反倾销的农产品贸易情况进行了分析，为了观察贸易变化情况，对贸易数据对上一年的变化率进行了计算和分析。这样的描述性分析也是为后续计量分析做基础，可以从趋势的转折上对回归方程中某些偏回归系数的符号有一个初步判断。第八章和第九章关于反倾销贸易效果的实证分析是按照反倾销措施对贸易量以及平均价格的影响来区分回归方程的，因此描述性分析中按照进出口数量以及平均价格的时间变化模式分类与实证分析的过程相吻合，从宏观层面来评价反倾销政策的有效性，更侧重反倾销案件的整体特征分析。同时，根据已有研究文献，一般对于反倾销贸易效果的描述性分析区间均为立案前 2 年到立案后 3 年，本章将此研究区间拓展到反倾销立案前 3 年和反倾销后 5 年。理由有二：第一，一般当反倾销案件立案调查时，进行调查的区间是立案的前 1~2 年，以往研究考察了 2 年，基本可以观察在立案前是否出现贸易量和价格变化的简单倾销特征，本研究在此基础上拓展到 3 年，可以观察较长时期的特征；第二，如果经调查存在倾销行为，一般会在调查后 1 年内采取反倾销措施，最终反倾销税的征税期限是 5 年，因此，本章将立案后 5 年的贸易数据考察在内。为了避免文中数据罗列太多，将第一部分的数据表格放在附录二中。

第二部分，根据中国农产品遭受反倾销次数频繁、持续时间长的现实情况，基于已有研究数据，考察了 1988~2012 年共 24 年的贸易变化情况，以期从中观察出相关农产品贸易长期变化特征，探寻频繁遭遇反倾销的农产品出口的长期趋势如何，是否在不断遭受反倾销的时候仍然不断增加出口。

以下各节的贸易效果对不同国家和地区相关涉及反倾销案件的农产品的分析结构都是从上述两个方面展开的。

二、中国涉案农产品遭受反倾销贸易效果分析

（一）贸易调查和限制效果

本节主要针对中国遭到外国反倾销农产品的相关贸易情况进行分析，分别对立案前 3 年和后 5 年共 9 年的反倾销区间和 1988~2012 年相关农产品向申诉国家出口量和出口价格情况进行分析，主要目的是直观考察反倾销前中国相关农产品出口是否呈现出口量增加、价格下降的情况，反倾销立案当年是否出现出口量下降、出口价格上升的贸易调查效果，反倾销立案年之后是否出现出口量下降、出口价格上升的贸易限制效果以及其持续期的长短。

1. 反倾销区间分析

本节将所有中国遭到反倾销的农产品在反倾销区间内向申诉国出口量和出口价格变化情况进行整理,如表4-1和表4-2所示。将上一年数据作为基期,分别计算各个年份出口量和出口价格对上一年的变化率。另外涉案农产品的贸易情况实际值变化可参考附录二的附表2-1和附表2-2。

立案前3年,大多数农产品向申诉国的出口都出现了增长的态势,立案前1年,大多数农产品对申诉国出口量都有较大幅度增长,出口价格有一定幅度的下降,这说明在遭受外国反倾销立案调查之前,中国大多数农产品的出口都呈现一定程度且极易被认定为倾销的特征。其中,与立案当年相比,出现大幅出口量增加的农产品涉及美国冷冻或灌装暖水虾、美国小龙虾尾肉、美国蜂蜜(1994年)、美国大蒜、美国蘑菇罐头、美国苹果汁、欧盟浓缩大豆蛋白、澳大利亚花生仁、澳大利亚番茄罐头、澳大利亚蘑菇罐头、澳大利亚菠萝罐头、加拿大大蒜、墨西哥蘑菇罐头以及印度尼西亚面粉;出口价格出现较大幅度下降的农产品有美国苹果汁、欧盟冷冻草莓、欧盟浓缩大豆蛋白、澳大利亚花生仁、澳大利亚蘑菇罐头、澳大利亚菠萝罐头、加拿大大蒜、新西兰桃罐头、巴西蘑菇罐头、印度维生素E和印度尼西亚面粉。

反倾销立案当年,涉案农产品出口量大多数下降,而出口价格出现上升和下降的产品数量相同。因此,中国大部分涉案农产品在遭到美国反倾销措施后,调查效应和限制效应对出口量显著,但对出口价格的效果存在产品和国别的差异。立案当年出现出口量下降的产品有美国冷冻或灌装暖水虾、美国小龙虾尾肉、美国蜂蜜(1994年)、美国大蒜、美国蘑菇罐头、美国苹果汁、欧盟冷冻草莓、欧盟浓缩大豆蛋白、澳大利亚花生仁、澳大利亚番茄罐头、澳大利亚蘑菇罐头、澳大利亚菠萝罐头、加拿大大蒜、墨西哥蘑菇罐头以及印度尼西亚面粉。出现出口价格增加的农产品有美国苹果汁、欧盟冷冻草莓、欧盟柑橘类罐头、欧盟浓缩大豆蛋白、澳大利亚花生仁、澳大利亚蘑菇罐头、澳大利亚菠萝罐头、加拿大大蒜、新西兰桃罐头、巴西蘑菇罐头、印度维生素E和印度尼西亚面粉。

反倾销立案措施实施后,农产品出口量变化情况和持续时间各有不同。大部分产品出现了出口量继续下降和出口价格继续上升的情况,存在较为明显的贸易限制效果。根据立案后措施效果持续时间由短到长来看,立案后美国冷冻或灌装暖水虾、美国小龙虾尾肉、美国蜂蜜(1994)、美国蘑菇罐头、澳大利亚花生仁、澳大利亚蘑菇罐头、加拿大大蒜、墨西哥蘑菇罐头的出口量持续下降时期较短,均为1年,第二年均上升;美国蜂蜜(2000)、美国大蒜、欧盟柑橘类罐头、印度维生素E、印度生丝和印度尼西亚面粉出口量持续下降时间为2年,在第3年出现上升趋势;澳大利亚菠萝罐头出口量持续下降4年,第5年出现上升情况。

表 4-1 中国遭到外国反倾销农产品向申诉国出口量变化率（立案前 3 年后 5 年）

单位:%

产品\年份	美国冷冻或罐装暖水虾2004	美国小龙虾尾1996	美国蜂蜜1994	美国蜂蜜2000	美国大蒜1994	美国蘑菇罐头1998	美国苹果汁1999	欧盟冷冻草莓2006	欧盟柑橘类罐头2007	欧盟浓缩大豆蛋白2011	澳大利亚花生仁1991	澳大利亚番茄罐头1991
t-3												
t-2	77.47	92.72	34.34	20.50	75.70	-6.49	318.31	-17.28	-3.23	-14.47	218.65	-14.68
t-1	63.89	137.74	27.79	67.27	234.15	3.65	73.64	41.07	19.45	13.68	28.47	-43.44
t	-18.17	-22.59	-15.76	15.15	-52.31	-29.85	-23.44	-35.60	6.35	-31.84	-30.87	35.88
t+1	-31.57	-17.95	-56.37	-33.07	-34.40	-98.68	27.04	71.15	-4.51	4.98	17.66	59.51
t+2	50.23	122.12	51.74	-56.59	-24.04	1262.84	12.44	5.09	-45.41		-45.87	-83.51
t+3	-28.31	97.47	-40.91	211.01	23.17	136.06	-74.99	-12.02	38.04		9.76	20.86
t+4	-0.92	-35.02	20.50	11.86	-5.24	1.01	14.77	24.11	-19.57		-42.53	28.87
t+5	-9.45	35.25	67.27	9.10	8.30	133.97	1250.85	23.91	51.34		15.25	

产品\年份	澳大利亚蘑菇罐头2005	加拿大大蒜1996	韩国饲料2003	新西兰桃罐头2006	巴西大蒜1994	巴西蘑菇罐头1996	墨西哥蘑菇罐头2005	印度维生素E2001	印度生丝2002	印度尼西亚面粉2004	南非大蒜1999
t-3											
t-2	42.73	48.71	11.42	-0.89	148.85		42.56	-26.88	-0.85	71.28	26.22
t-1	-22.37	-27.17	72.19	9.65	-6.61		133.34	111.87	13.42	-16.27	26.99
t	-6.83	-14.82	-6.34	127.40	63.10	137.65	-22.64	82.92	53.26	-18.75	29.81
t+1	-9.11	-42.66	-45.51	81.11	32.03	55.60	-97.39	-44.20	-4.72	-30.94	1.12
t+2	11.65	-46.98	61.05	-26.15	-37.31	12.50	256.48	-21.30	-9.71	-16.92	
t+3	23.35	-32.78	8.71	63.48	-6.96	-19.03	555.52	84.45	28.44	117.93	
t+4	-42.42	-10.91	32.73	61.53	-32.07	-57.39	-72.36	52.38	-34.23	-82.30	
t+5	4.66	151.84	-63.88	174.80	-0.96	30.06	-86.93	-24.32	31.11	-91.51	

表4-2 中国遭到外国反倾销农产品向申诉国出口价格变化率（立案前3年后5年）

单位：%

产品 年份	美国冷冻或罐装温水虾2004	美国小龙虾尾1996	美国蜂蜜1994	美国蜂蜜2000	美国大蒜1994	美国蘑菇罐头1998	美国苹果汁1999	欧盟冷冻草莓2006	欧盟柑橘类罐头2007	欧盟浓缩大豆蛋白2011	澳大利亚花生仁1991	澳大利亚番茄罐头1991
t-3	-6.06	-15.43	0.93	-23.99	10.84	-20.14	-23.73	-8.92	8.34	-13.76	-9.04	7.01
t-2	-12.16	43.37	-10.10	-20.96	-1.58	-11.05	-30.98	-24.06	14.42	2.49	6.69	-5.12
t-1	-6.79	-1.01	-4.82	-7.73	-6.73	-4.62	7.14	40.22	4.37	6.20	18.37	-8.49
t	-4.58	11.61	41.44	3.43	11.64	52.75	21.73	54.56	9.66	-4.60	-12.59	-45.93
t+1	3.77	-48.27	35.47	14.80	0.71	-22.64	-21.52	8.57	2.98		7.34	13.12
t+2	0.45	3.97	10.49	43.16	-29.71	6.40	-5.41	-23.52	1.21		10.93	10.65
t+3	7.30	-17.08	-23.99	-21.56	27.51	-17.76	-1.32	1.11	16.13		-7.18	5.16
t+4	2.76	11.73	-20.96	-29.89	-17.03	12.72	20.45	32.11	30.28		67.61	
t+5												

产品 年份	澳大利亚蘑菇罐头2005	澳大利亚菠萝罐头2006	加拿大大蒜1996	韩国饲料2003	新西兰桃罐头2006	巴西大蒜1994	巴西蘑菇罐头1996	墨西哥蘑菇罐头2005	印度维生素E 2001	印度生丝2002	印度尼西亚面粉2004	南非大蒜1999
t-3	-2.40	9.46	11.81	4.06	33.51			-12.14	-40.13	10.43	10.89	
t-2	5.47	-7.27	26.40	67.51	10.40			-52.94	-52.74	-1.83	8.26	
t-1	23.96	6.26	27.48	-22.67	0.49	-7.81	42.40	98.83	162.13	-23.44	9.18	-5.00
t	21.48	37.79	108.76	0.66	-3.23	24.19	41.71	74.33	-20.51	-10.22	3.11	3.69
t+1	-10.22	3.15	-35.22	16.19	13.72	47.26	59.30	25.64	41.49	17.33	-1.76	5.45
t+2	2.53	6.13	-7.64	1.41	2.41	-31.29	34.41	-9.48	-18.78	15.70	19.39	16.07
t+3	10.26	-56.44	-30.01	-0.30	22.69	9.52	-41.88	-2.89	17.33	37.90	21.44	
t+4	-2.18	5.11	13.72	8.93	-4.71	-18.02		30.54	-10.56	-11.95	1.49	
t+5												

美国小龙虾尾肉、美国蘑菇罐头、美国苹果汁、澳大利亚蘑菇罐头和加拿大大蒜出口价格持续上升1年后下降；美国大蒜、欧盟冷冻草莓、巴西大蒜、墨西哥蘑菇罐头持续上升2年后下降；美国蜂蜜、澳大利亚菠萝罐头、韩国饲料、巴西蘑菇罐头持续上升3年后下降；欧盟柑橘类罐头和印度尼西亚面粉出口价格持续上升5年。其余产品存在反倾销贸易限制的滞后效应，不是立即在反倾销立案后第1年出现出口量下降和出口价格上升的情况。

因此，外国对中国涉案农产品发起反倾销调查后，各个产品贸易限制效果的持续时间有差异，同时，同一产品的出口量和出口价格的调查效应和贸易限制效应也不同。总体来说，在立案后5年内，反倾销措施贸易限制效果持续时间较短，一般在1~3年，而且在反倾销征税期间内波动比较明显。这与反倾销农产品采取多次反倾销复审并征税的长期持续情况相关，因此，有必要从长期效果来看外国对中国采取的反倾销措施贸易效果如何。

2. 长期趋势分析

本节将基于1988~2012年数据对申诉国对中国涉案农产品反倾销的长期趋势进行分析，同样从出口量和出口价格两个方面进行考察。趋势图整理在图4-2和图4-3中，图中相关数据整理在附录三中，具体参考附表3-1和附表3-2。

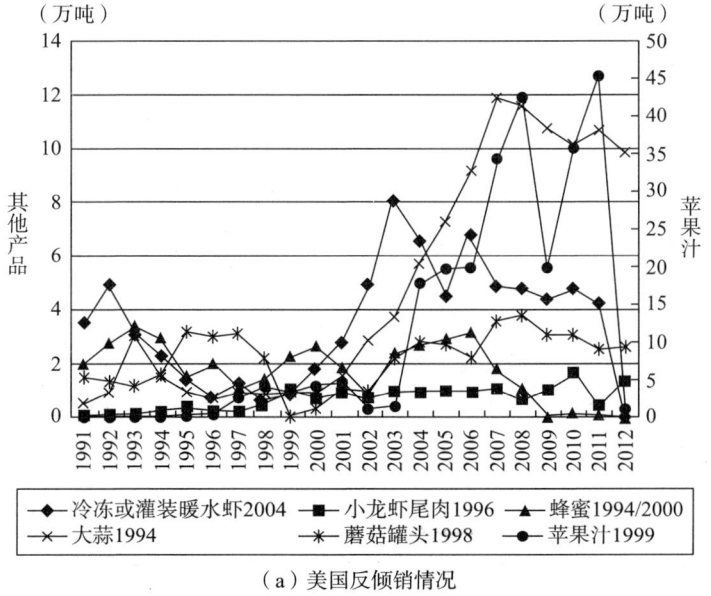

(a) 美国反倾销情况

图4-2 中国遭受外国反倾销农产品出口量变化（1988~2012年）

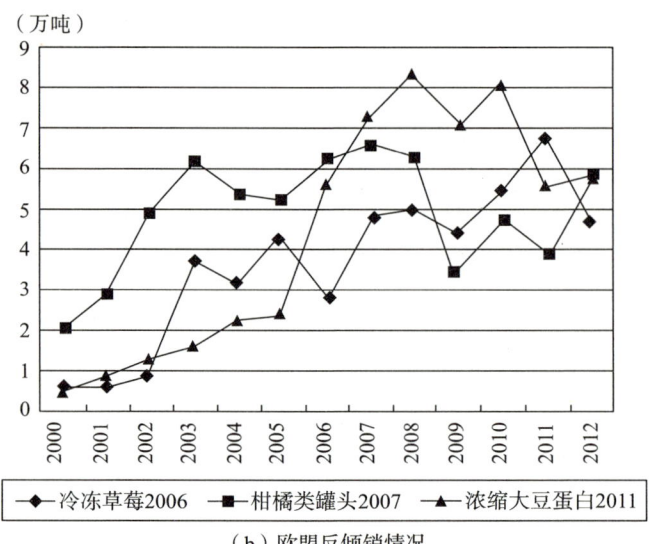

（b）欧盟反倾销情况

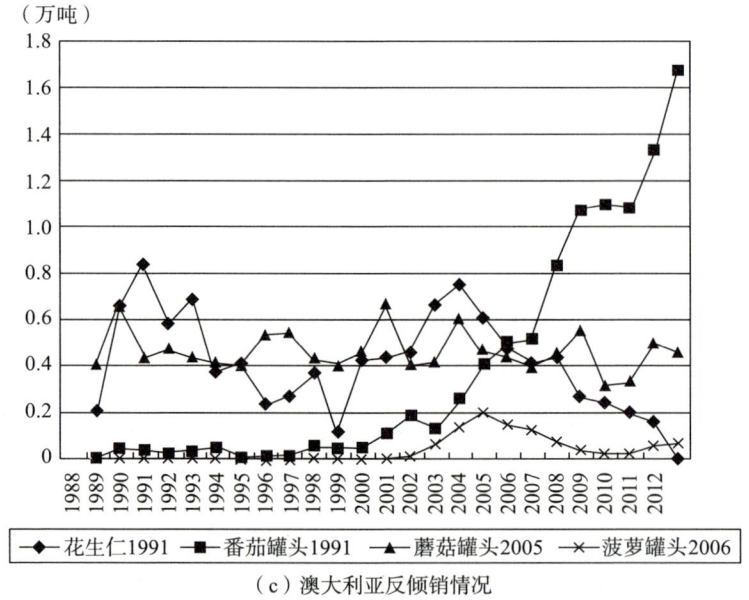

（c）澳大利亚反倾销情况

图 4-2 中国遭受外国反倾销农产品出口量变化（1988~2012 年）（续图）

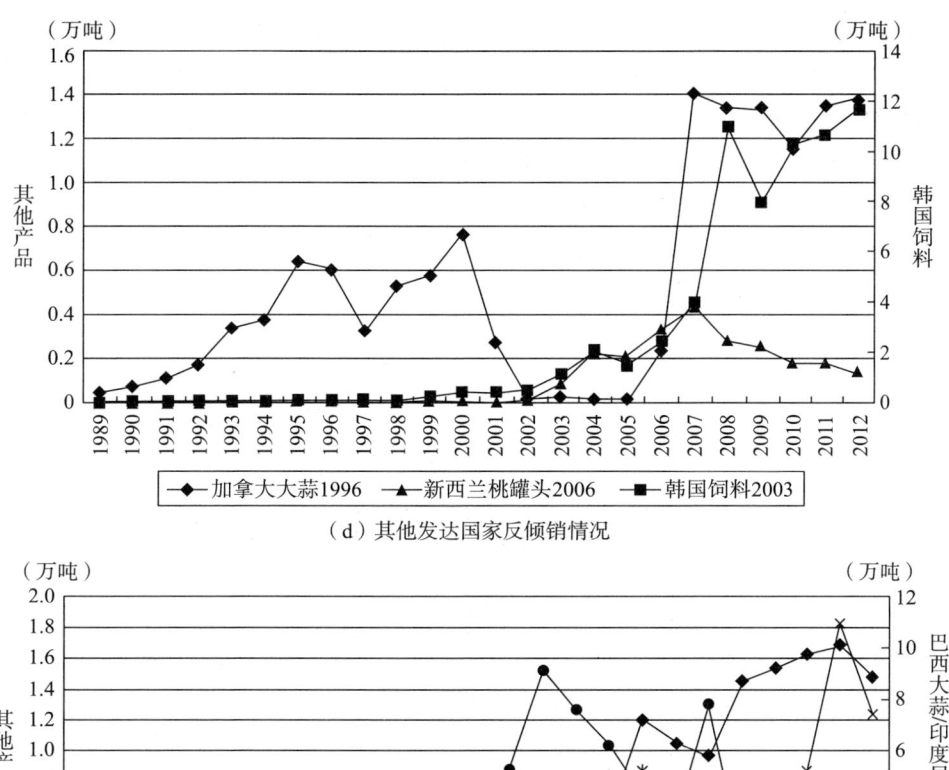

(d) 其他发达国家反倾销情况

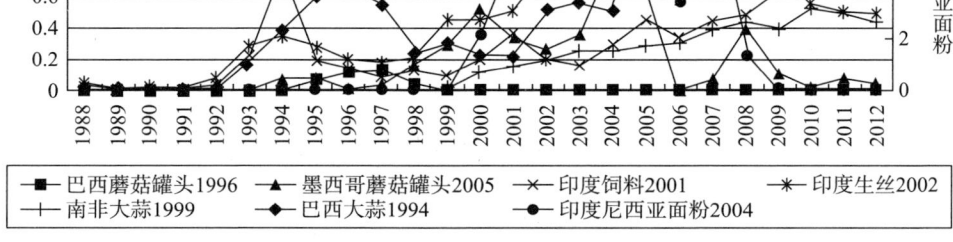

(e) 发展中国家反倾销情况

图 4-2 中国遭受外国反倾销农产品出口量变化（1988~2012 年）（续图）

从美国对中国农产品的反倾销情况来看，反倾销立案年以后（1994 年）中国对美国大蒜出口呈现持续上升趋势，在 2007 年开始逐年下降，而 2007 年恰逢美国对中国进行的新出口商复审，但仍高于反倾销立案前出口量。冷冻或灌装暖水虾在反倾销立案年（2004）之前增加幅度很大，2011 年呈现缓慢的下降趋势，但仍高于反倾销立案前出口量。苹果汁在 1999 年之前出口呈缓慢增加趋势，2004 年之后出口量大幅增加，高于反倾销立案前出口量，2004 年是第一轮反倾销复审年，复审裁决结果是反倾销税率改为 51.74%，替代国改为土耳其。蘑菇罐头遭到反倾销立案后（1998年）出口量呈现逐年上升趋势，但与立案前的出口量基本持平。小龙虾尾肉也呈逐年增加趋势，反倾销后出口量波动中上升，高于反倾销实施前的出口量。蜂蜜遭受两次反倾销，出口情况波动比较剧烈，1994年采取反倾销措施后出口在减少了1年后持续增加，2000年蜂蜜遭到第二次反倾销，持续下降3年后再次增加，出口锐减的年份均为复审当年，第三次复审后蜂蜜出口增加幅度很小。

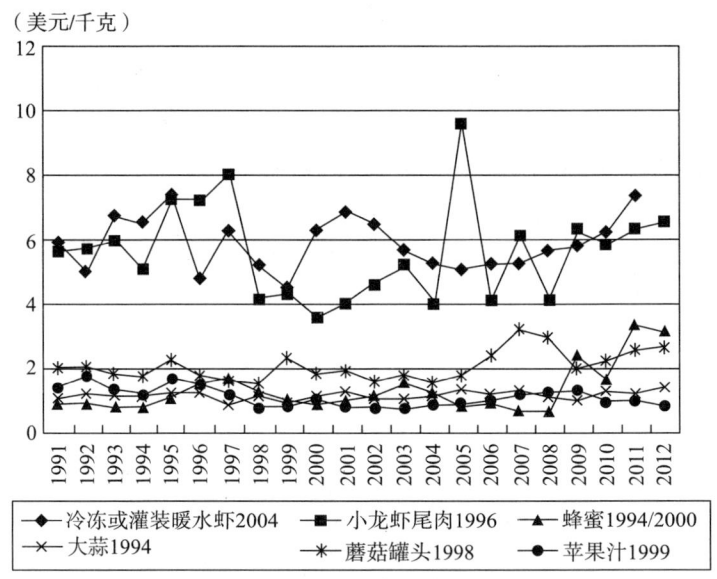

（a）美国反倾销情况

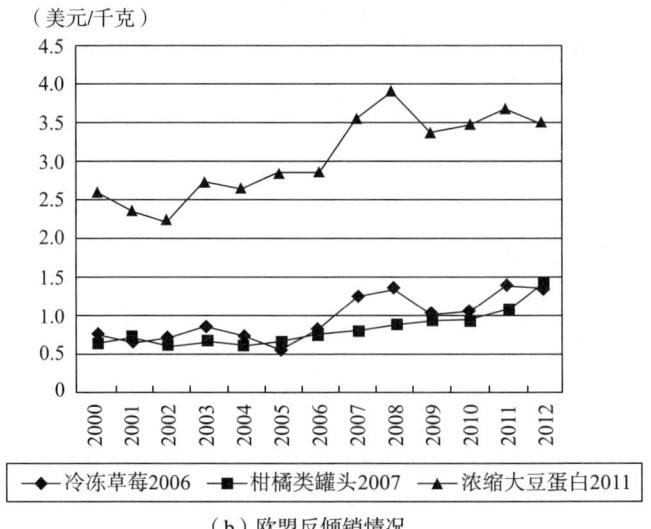

（b）欧盟反倾销情况

图4-3 中国遭受国外反倾销农产品出口价格变化（1988~2012年）

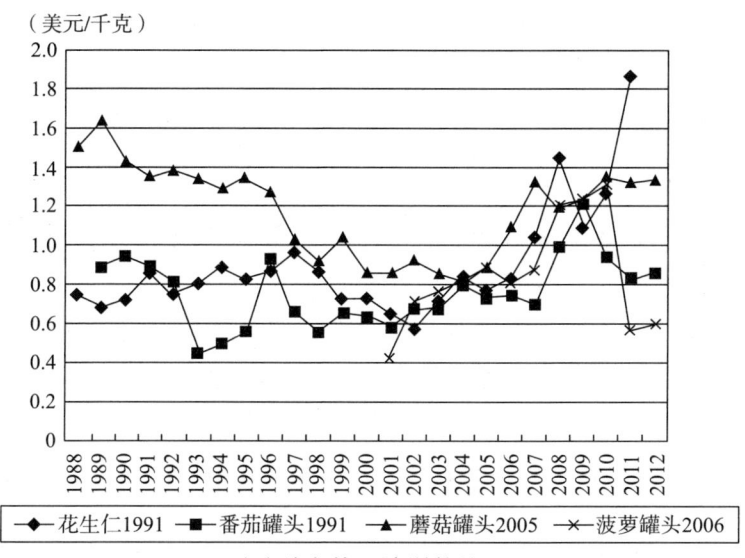

(c）澳大利亚反倾销情况

(d）其他发达国家反倾销情况

图4-3 中国遭受国外反倾销农产品出口价格变化（1988~2012年）（续图）

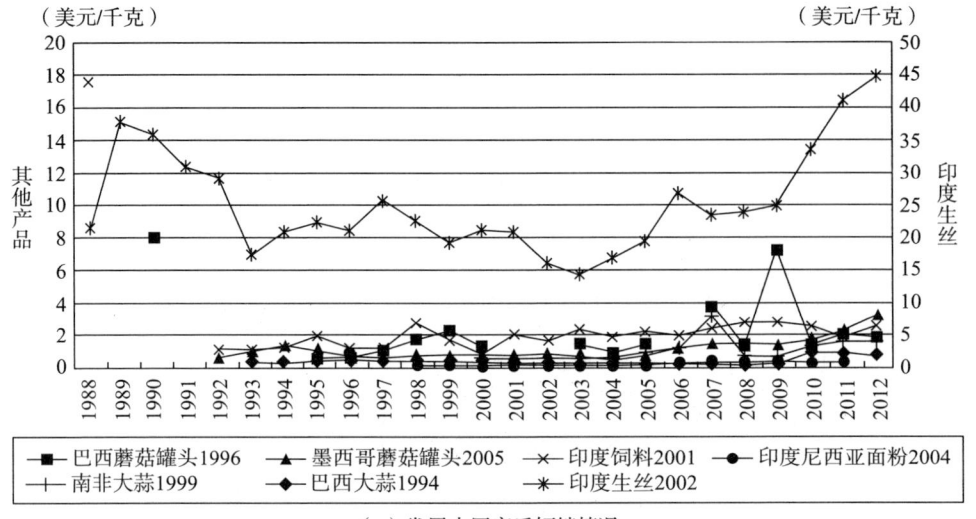

(e) 发展中国家反倾销情况

图4-3 中国遭受国外反倾销农产品出口价格变化（1988~2012年）（续图）

从欧盟对中国农产品的反倾销情况来看，冷冻草莓出口量在立案之前进口一直处于增加态势，立案后一直在波动中上升，平均高于立案前出口量；出口价格则处于不断上升趋势，平均高于立案前价格。柑橘类罐头在立案前出口量均呈上升趋势，立案后波动下降，平均出口量低于立案前；出口价格也逐年上升，平均高于立案前的出口价格。浓缩大豆蛋白出口量在立案前上升幅度较大，立案后下降；出口价格立案前波动上升，立案后下降。由此可以看出，欧盟对中国反倾销农产品的出口量限制持续时间短，且易波动，而对提升出口价格方面的效应则比较明显。

从澳大利亚对中国农产品的反倾销情况来看，花生仁出口量在立案前不断上升，立案后到1999年不断下降，之后上升到2004年，后大幅下降，与之相应的是花生仁价格在立案后呈现逐年上升趋势，1996~2002年逐年下降，后大幅上升。番茄罐头立案前呈缓慢上升趋势，2002年后出口量开始大幅上升；出口价格在立案后下降，之后十几年波动频繁。蘑菇罐头在2005年之前出口量增加，之后处于波动频繁，一般间隔两三年上升或下降；出口价格在2005年之前呈现不断下降趋势，2005年之后则不断上升。菠萝罐头出口量从2002年开始上升直到2006年反倾销立案，反倾销立案后呈逐年下降趋势，出口价格则立案前后均呈上升趋势，2011年大幅下降，这与当年进行反倾销复审相关。

加拿大大蒜在立案前出口量不断上升，出口价格不断下降；立案采取反倾销措施后，出口量波动幅度大，2007年出口激增后维持在一定高度，这与加拿大在2007年结束反倾销制裁密切相关。对新西兰桃罐头在立案前出口量增加，立案后出口量逐年下降,而出口价格在立案前后均逐年稳步上升。可见,新西兰采取反倾销措施控制了中国对其出口量,贸易限制效应明显。韩国饲料在立案前3年出口量上升,出口价格也上升,立案后出口量逐年上升且增幅较大,出口价格逐年稳步上升。可见,韩国反倾销措施贸易限制效应不大。

反倾销立案年以后(1994年)对巴西大蒜出口呈现下降趋势,立案后1年内较大幅度下降,在第一个5年征税期间出口量维持在较低水平,然而,之后出现大幅增加,每逢复审年度会出现短暂下降;出口价格在1997年之后一直处于下降趋势,2009年之后出现了大幅增加,然后又下降。巴西蘑菇罐头出口量在1996年被反倾销之后急剧下降,出口量几乎为零,直到2008年才有所回升。墨西哥蘑菇罐头出口量在2005年立案之前出现了较大幅度增加,立案后急剧减少,2008年开始增加,后减少至2010年复审年,之后轻微上升;出口价格在立案前在一定范围内波动,立案后价格不断增加。对印度饲料出口量在2001年立案之前开始增加,立案后出现了短暂的2年下降,之后一直处在持续增加态势;出口价格在立案后比较平稳,略有上升。印度生丝出口量在2002年立案之前处于持续上升阶段,在立案后出现短暂2年的下降,后处于波动阶段,2009年之后出口量不断减少,逐渐接近反倾销立案前的出口量;出口价格在立案前是出于波动下降态势,立案后则不断上升。印度尼西亚面粉出口量在2004年立案之前先上升后下降,立案后短暂下降2年后上升,2007年之后便一直处于下降的情况;出口价格在立案后不断上升。南非大蒜出口量在1999年立案之后仍然处于不断上升趋势,出口价格也在不断上升,2007年出现了大幅下降后,不断上升。

由此可见,中国频繁遭受反倾销的农产品对于申诉国出口量在长期趋势中都在不断增加,遇到反倾销日落复审年会出现短暂的下降,每一个反倾销区间的贸易限制效果持续期较短,平均1~3年,之后出口量会出现上升情况;与出口量伴随的是出口价格的变化情况,出口价格变化没有出口量那么剧烈,整体趋势也是逐步增加,在反倾销立案年份和日落复审年份会出现短暂的上升,但是持续时间也较短,与出口量一样均为1~3年。反倾销措施所产生的贸易限制效果持续时间较短,这也解释了为何中国农产品频繁遭遇外国的反倾销制裁。

(二)贸易偏转效果

中国遭受申诉国反倾销后,一方面,出口到申诉国的贸易量和贸易额减少、价格增加,即由反倾销措施导致的贸易调查效果和贸易限制效果;另一方面,中国出口到非申诉国的贸易量和贸易额可能会增加,价格可能下降,已有研究称为贸易偏转效果(或贸易转向效果)。在已有研究中,由于数据获得的难度较大,对于贸易偏转效果研究的文献较少,而在中国涉案农产品遭受的反倾销实践中,只关注来自申诉国的限制效果比较片面，不能把握中国涉案农产品在经历反倾销冲击后能否进行相应的调整，改善出口贸易结构，维持出口市场份额。因此，还需要关注中国向非申诉国家或地区的出口，而对于偏转效果的分析显得很必要，有助于从总体上考察申诉国反倾销措施对中国涉案农产品带来的贸易效果。本节分析框架按照上一节进行，分国别考察申诉国对中国采取反倾销前后，中国向非申诉国出口贸易流向变化，即是否能直接观察贸易偏转效果的存在。

1. 反倾销区间分析

本节将所有中国遭到反倾销的农产品在反倾销区间内向非申诉国出口量和出口价格变化情况进行整理，如表4-3至表4-4所示。将立案当年作为基期，分别计算了不同年份出口量和出口价格对基期的变化率。另外，涉案农产品的贸易情况的实际值变化可参考附录二，具体参考附表2-3和附表2-4。

反倾销立案前3年，向非申诉国家的出口量和出口价格变化特征并不明显，增加或者减少的情况均有发生，可见，在申诉国发起反倾销之前中国向非申诉国家出口并没有特定的规律性。反倾销申诉国对中国发起反倾销调查立案当年，大多数农产品向非申诉国出口增加，而出口价格大部分增加，贸易偏转效应对于出口量显著，对于价格不明显。立案当年出现出口量上升的产品有美国蜂蜜、美国蘑菇罐头、美国苹果汁、欧盟柑橘类罐头、欧盟浓缩大豆蛋白、澳大利亚蘑菇罐头、加拿大大蒜、新西兰桃罐头、墨西哥蘑菇罐头、印度维生素E、印度生丝、印度尼西亚面粉和南非大蒜。出口价格减少的农产品有美国小龙虾尾肉、美国蜂蜜（2000）、欧盟冷冻草莓、巴西蘑菇罐头、墨西哥蘑菇罐头、印度维生素E、印度生丝和南非大蒜。

反倾销立案年之后，大部分农产品出口量都出现增加情况，出口价格则因产品而异。美国小龙虾尾肉、美国大蒜、美国苹果汁、欧盟冷冻草莓、加拿大大蒜、韩国饲料、巴西大蒜、墨西哥蘑菇罐头、印度维生素E、印度尼西亚面粉和南非大蒜向非申诉国的出口量基本均呈现增加的趋势。美国蜂蜜、美国大蒜、美国蘑菇罐头、美国苹果汁、加拿大大蒜、巴西大蒜、巴西蘑菇罐头和南非大蒜向非申诉国的出口价格基本呈现下降趋势。部分产品的贸易偏转效果出现了滞后情况。

因此，申诉国对中国涉案农产品发起反倾销调查后，中国向非申诉国出口的大部分农产品对于出口量的贸易偏转效果明显，而对于出口价格来说，贸易偏转效果具有产品间的差异性。

2. 长期趋势分析

本节基于1992~2012年数据对中国向反倾销非申诉国涉案农产品出口情况的长期趋势分析，同样从出口量和出口价格两个方面进行考察。趋势图整理在图4-3和图4-4中，图中相关数据整理在附录三中，具体参考附表3-3和附表3-4。

表4-3 中国遭到外国反倾销农产品向非申诉国出口量变化率（立案前3年后5年） 单位：%

产品\年份	美国冷冻或罐装暖水虾2004	美国小龙虾尾1996	美国蜂蜜1994	美国蜂蜜2000	美国大蒜1994	美国蘑菇罐头1998	美国苹果汁1999	欧盟冷冻草莓2006	欧盟柑橘类罐头2007	欧盟浓缩大豆蛋白2011	澳大利亚花生仁1991	澳大利亚番茄罐头1991
t-3	-6.47	46.15										
t-2	37.53	-91.59	-4.26	76.50	62.73	-10.73	-35.56	10.40	7.94	-21.13		
t-1	55.74	-40.25	17.91	-1.22	-19.81	-17.94	305.12	20.86	2.96	43.19		
t	23.21	244.61	1.96	19.04	-3.24	5.13	72.29	-22.33	7.47	24.03		9.18
t+1	11.99	107.32	-13.68	16.51	7.45	21.26	52.45	31.44	6.48	19.63	3.77	-4.87
t+2	13.38	71.49	-42.63	-22.66	1.68	37.83	79.78	-15.21	-1.71		49.65	51.37
t+3	-5.81	140.14	76.50	-12.64	4.18	-6.30	56.18	7.60	1.11		-14.53	-10.34
t+4	-4.77	25.55	-1.22	-9.36	44.35	6.29	42.08	13.51	3.50		-14.80	
t+5				8.68		17.17	-23.63	7.20	-6.01			

产品\年份	澳大利亚蘑菇罐头2005	澳大利亚菠萝罐头2006	加拿大大蒜1996	韩国饲料2003	新西兰桃罐头2006	巴西大蒜1994	巴西蘑菇罐头1996	墨西哥蘑菇罐头2005	印度饲料2001	印度生丝2002	印度尼西亚面粉2004	南非大蒜1999
t-3	21.86	39.19	-47.96	6.40	-13.47		14.32	30.97	-29.87	6.41	-3.35	6.00
t-2	13.80	-5.96	-18.28	-22.83	9.39		29.37	4.42	13.35	-23.48	0.66	13.76
t-1	7.08	-10.45	3.43	-6.15	18.20	66.37	-10.29	5.64	5.39	11.32	21.44	40.16
t	-3.26	26.75	15.02	5.72	61.76	-35.54	-14.35	-0.46	-21.52	-5.83	23.61	24.92
t+1	24.70	-4.71	-4.95	12.87	4.47	-10.51	-1.66	23.96	-0.75	-29.84	20.36	41.95
t+2	5.03	-15.96	87.20	16.53	-13.63	5.04	3.47	5.27	11.31	-50.01	82.94	71.41
t+3	-32.13	-21.63	31.96	108.21	11.35	3.61	40.19	-31.52	7.11	-56.70	-74.15	9.82
t+4	15.68	-23.57	44.49	45.24	-2.21	7.56	-3.62	14.97	21.97	540.40	38.37	0.17
t+5						52.75						

表4-4 中国遭到外国反倾销农产品向非申诉国出口价格变化率（立案前3年后5年） 单位：%

产品 年份	美国冷冻或罐装暖水虾2004	美国小龙虾尾1996	美国蜂蜜1994	美国蜂蜜2000	美国大蒜1994	美国蘑菇罐头1998	美国苹果汁1999	欧盟冷冻草莓2006	欧盟柑橘类罐头2007	欧盟浓缩大豆蛋白2011	澳大利亚花生仁1991	澳大利亚番茄罐头1991
t-3												
t-2	23.66	36.12		-19.48		-14.52	-41.32	-5.30	10.70	14.29		
t-1	3.90	279.32	-21.63	-20.57	-29.84	-12.73	-31.25	-4.64	11.07	-1.21		
t	4.97	-52.65	6.84	-3.06	29.68	3.56	24.50	69.15	3.49	9.68		
t+1	4.74	-26.21	38.92	14.02	20.12	8.05	0.80	-4.24	3.20			
t+2	2.04	14.06	28.35	14.14	6.09	-13.70	-17.03	13.86	2.19	-2.20	-1.80	-0.02
t+3	-7.34	-50.15	-1.01	6.87	-7.22	-4.11	-34.29	-22.73	2.44		7.77	13.89
t+4	16.20	61.95	-19.48	-5.73	-7.03	29.76	-12.18	27.63	41.31		0.86	10.35
t+5	7.44	-32.87	-20.57	2.90	-22.50	-1.21	34.37	28.92	11.22	10.41		-9.72

产品 年份	澳大利亚蘑菇罐头2005	澳大利亚菠萝罐头2006	加拿大大蒜1996	韩国饲料2003	新西兰桃罐头2006	巴西大蒜1994	巴西蘑菇罐头1996	墨西哥蘑菇罐头2005	印度饲料2001	印度生丝2002	印度尼西亚面粉2004	南非大蒜1999
t-3												
t-2	1.57	1.50	30.33	-14.27	5.35		4.73	-4.55	21.62	8.77	-7.55	-4.41
t-1	-8.71	8.19	27.11	22.83	0.64	-33.47	20.14	-0.26	-8.89	1.02	-1.57	-16.81
t	-10.80	3.84	11.58	12.86	1.90	29.41	-15.70	-9.19	-13.68	-22.28	18.96	-21.17
t+1	43.99	9.77	-7.77	19.20	5.89	25.11	-10.12	40.04	24.20	-5.55	-2.72	-11.51
t+2	27.79	41.03	-10.30	33.17	15.04	2.33	-3.03	25.28	10.96	36.26	-2.29	-13.17
t+3	-9.79	-19.62	-31.81	33.78	-1.66	-12.03	-1.98	-4.65	14.51	51.14	16.35	-10.70
t+4	-23.41	16.53	-2.31	-4.2	1.02	-10.27	-12.04	-15.65	36.37	37.71	49.05	-6.04
t+5	21.59	38.65	7.26	17.27	22.72	-25.49	-0.09	7.85	29.74	-44.39	-4.92	14.66

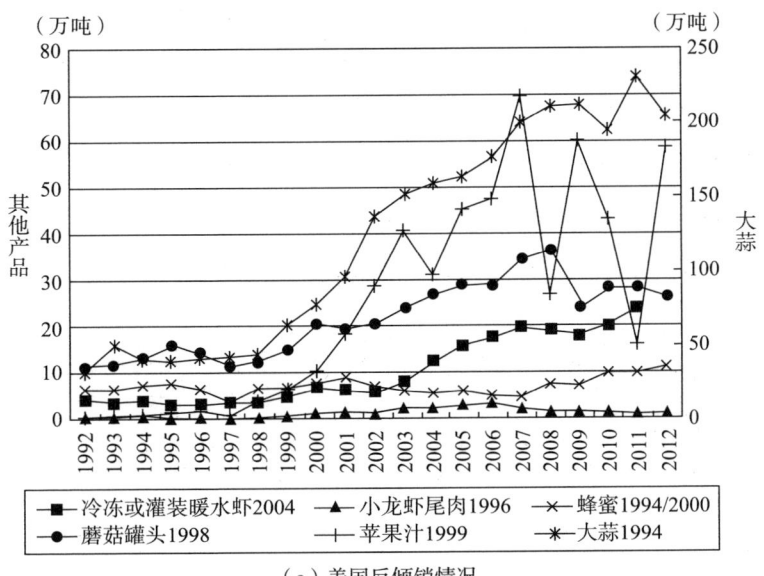

（a）美国反倾销情况

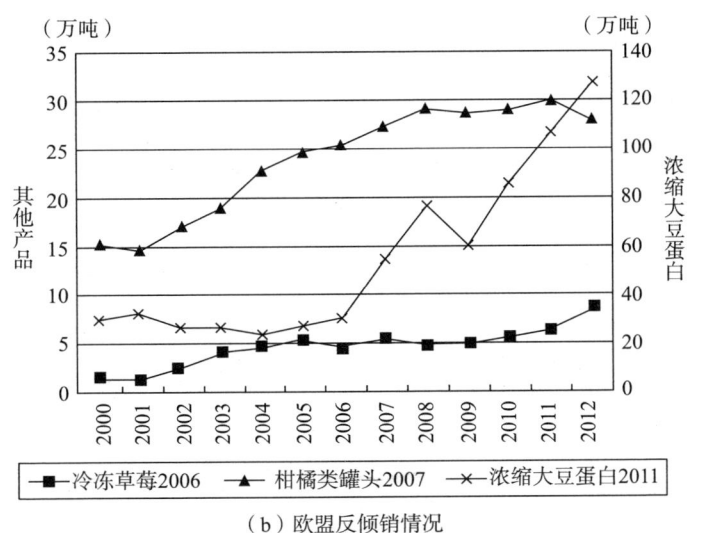

（b）欧盟反倾销情况

图 4-4 中国遭受反倾销农产品对非申诉国出口量变化（1992～2012 年）

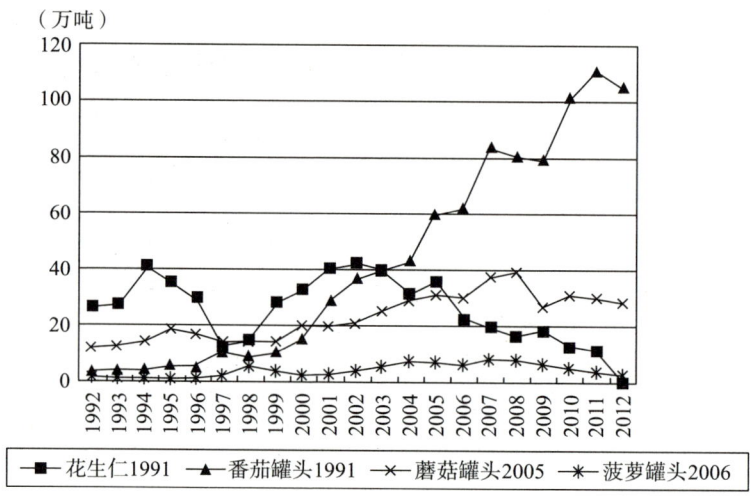

（c）澳大利亚反倾销情况

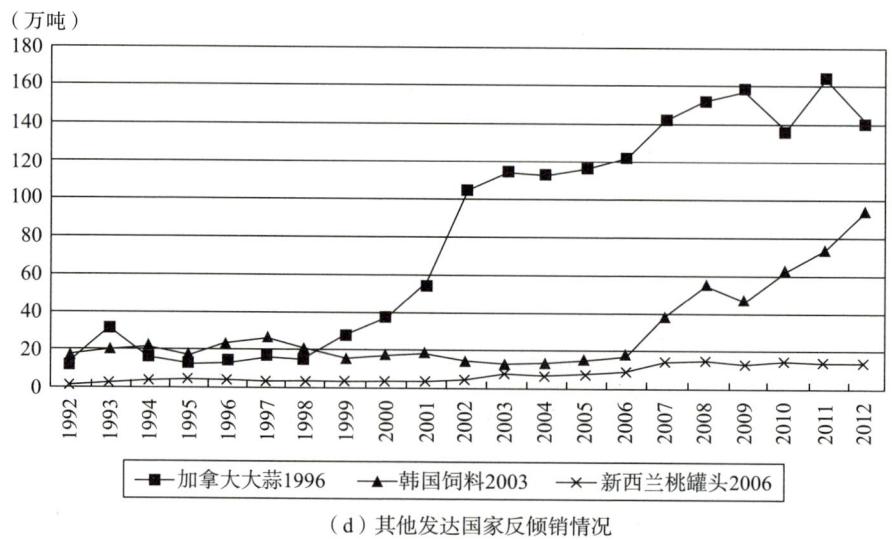

（d）其他发达国家反倾销情况

图 4-4　中国遭受反倾销农产品对非申诉国出口量变化（1992~2012 年）（续图）

第四章 中国涉案农产品反倾销贸易效果描述性分析

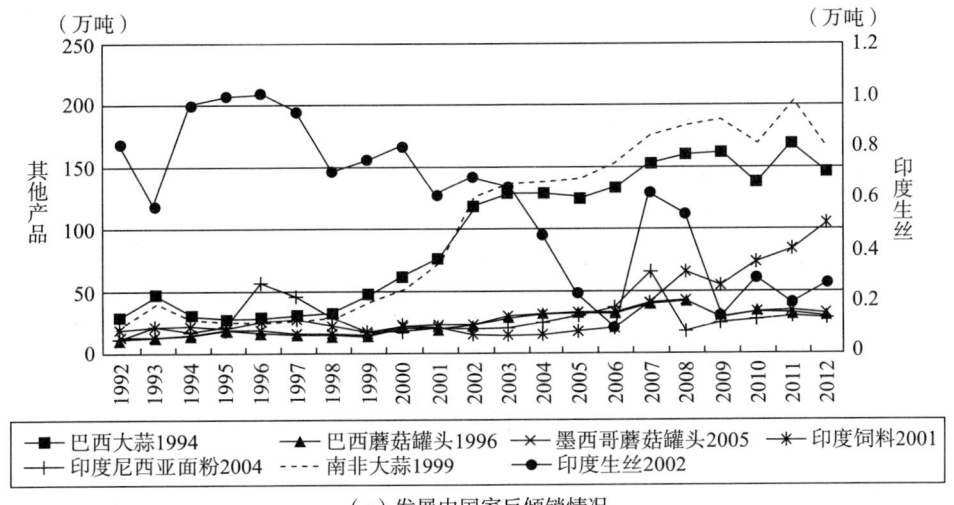

(e) 发展中国家反倾销情况

图 4-4 中国遭受反倾销农产品对非申诉国出口量变化（1992~2012 年）（续图）

从美国对中国相关农产品发起反倾销调查所引起的非申诉国出口量变化情况来看，中国向非申诉国冷冻或灌装暖水虾一直处于上升趋势，小龙虾尾肉在立案前（1996 年）出口较少，立案后逐渐增加，但是在 2006 年出现下降的情况。蜂蜜在 1994 年第一次遭到美国反倾销后向非申诉国家出口也出现了减少，1997 年逐渐增加，在 2000 年第二次遭到美国反倾销时候又出现下降情况。蘑菇罐头在 1998 年立案之前对非申诉国出口下降，之后一直增加至 2008 年第二次日落复审后出现大幅下降。中国向非申诉国大蒜出口一直处于增加态势，1994 年立案之后 5 年内基本变化不大，1999 年之后出现大幅增加并保持较高的增长率。苹果汁于 1999 年后向非申诉国大幅增加，伴随着案件征税和复审波动情况剧烈，分别在 2004 年、2008 年和 2011 年出现波动低点。

从欧盟对中国相关农产品反倾销所引起的向非申诉国出口量变化情况来看，冷冻草莓、柑橘类罐头和浓缩大豆蛋白均出现不断增加的情况，浓缩大豆蛋白增长幅度较大。

从澳大利亚对中国相关农产品反倾销引起的向非申诉国出口量变化情况来看，花生仁出口波动幅度大，1997 年为出口最低点，之后不断增加至 2002 年出口量又不断下降。蘑菇罐头在 2005 年立案之前不断上升，立案后在 2008 年出现大幅下降，之后小幅上升。菠萝罐头在 2006 年立案之前出现波动上升趋势，在 2006 年立案当年大幅下降，之后上升了一年然后又大幅下降。

· 77 ·

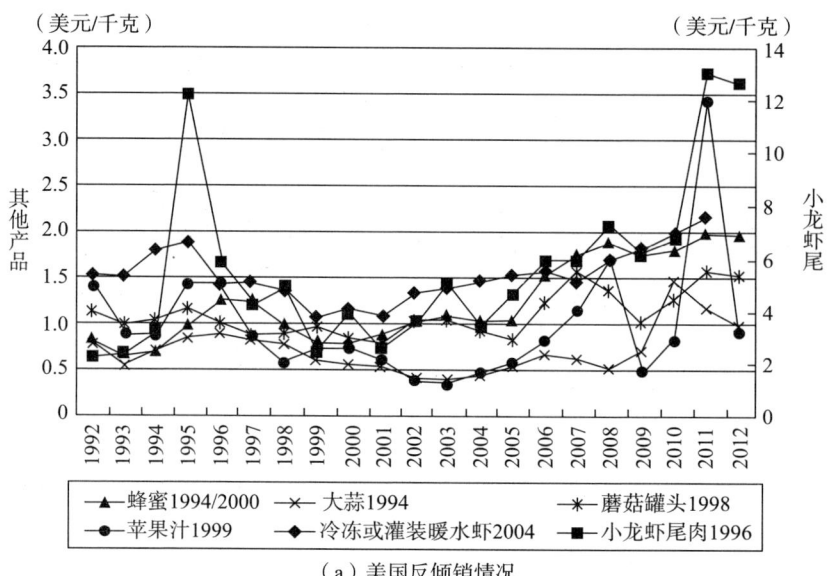

（a）美国反倾销情况

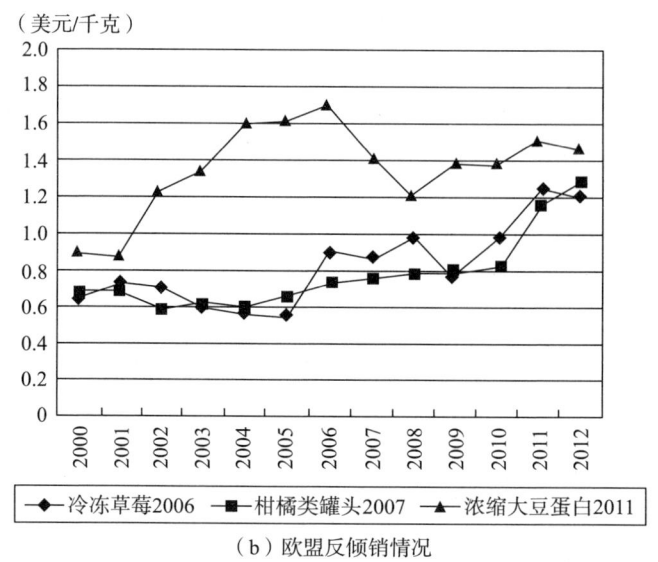

（b）欧盟反倾销情况

图4-5 中国遭受反倾销农产品对非申诉国出口价格变化（1992~2012年）

第四章 中国涉案农产品反倾销贸易效果描述性分析

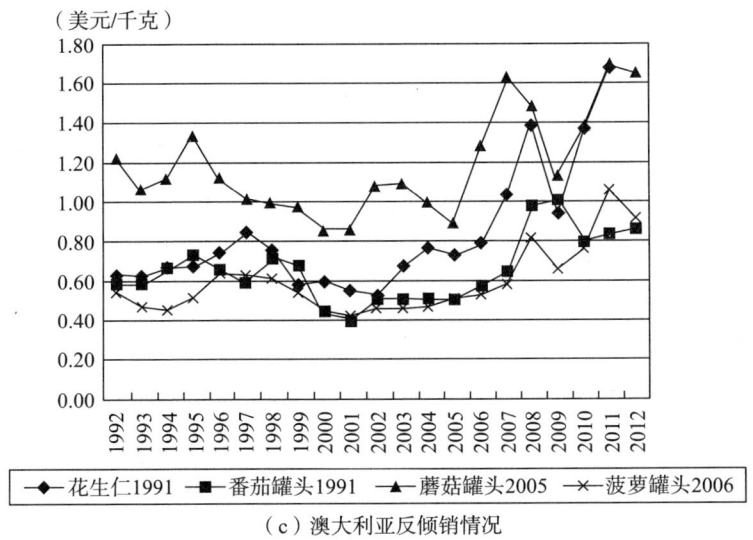

（c）澳大利亚反倾销情况

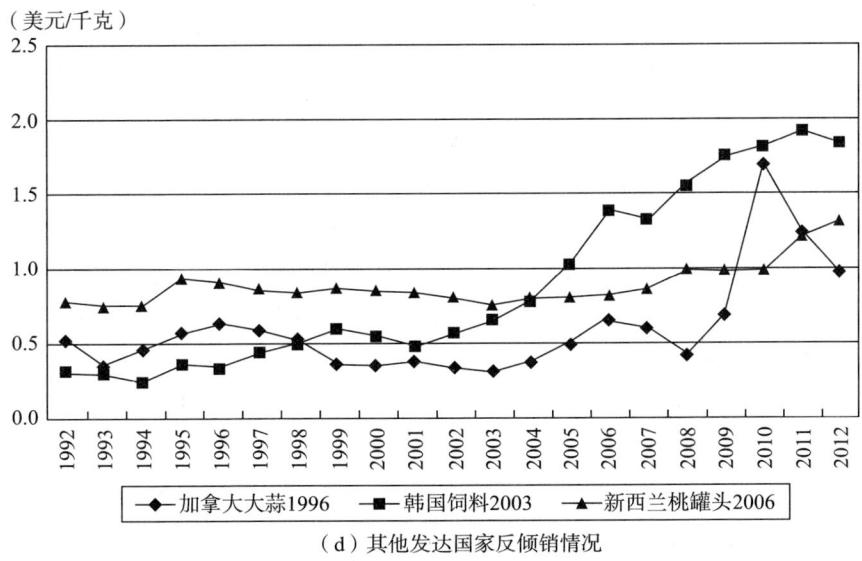

（d）其他发达国家反倾销情况

图4-5 中国遭受反倾销农产品对非申诉国出口价格变化（1992~2012年）（续图）

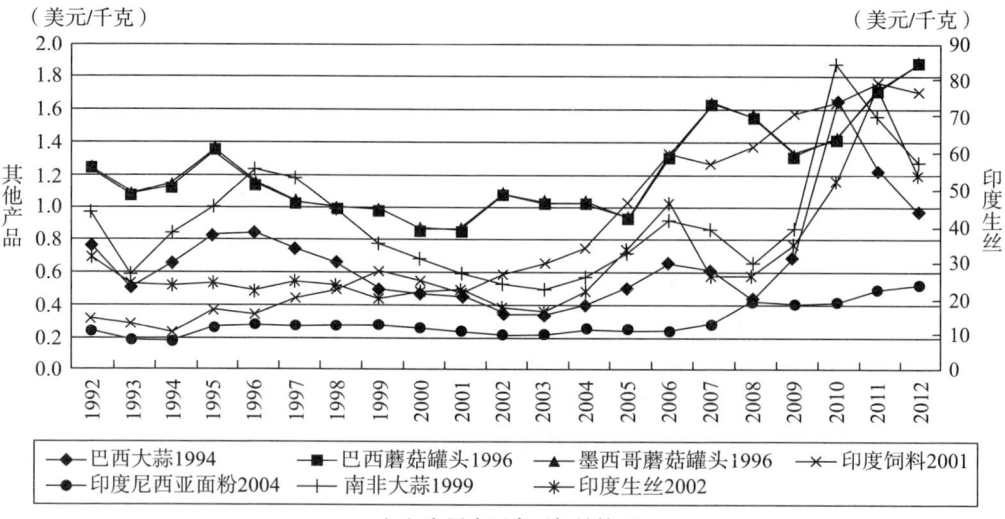

(e) 发展中国家反倾销情况

图 4-5　中国遭受反倾销农产品对非申诉国出口价格变化（1992~2012年）（续图）

1996年加拿大在对中国大蒜反倾销后，中国大蒜向非申诉国出口量不断攀升。韩国在对中国饲料进行反倾销之前，中国向非申诉国出口量小幅度下降，在2003年反倾销之后出口量开始大幅上升。新西兰在对中国桃罐头进行反倾销前后，中国对于非申诉国出口均呈上升态势，在2006年反倾销后增加幅度较大。巴西在对中国大蒜进行了反倾销后，中国向其他非申诉国出口不断增加。中国对非申诉国家（巴西和墨西哥）的蘑菇罐头出口量变动轨迹几乎重合。印度在对中国饲料进行反倾销之后，产品向非申诉国出口量在2001~2005年基本不变，从2006年之后开始大幅上涨。印度尼西亚在对中国面粉进行反倾销之后（2004年），中国向非申诉国出口大幅上升，2008年出现大幅下降，之后小幅增加。南非大蒜在对中国进行了反倾销之后，大幅上升。中国生丝出口在2002年遭到印度反倾销之后，向非申诉国出口减少，2006年开始上升，后几经波动。

可以看到，中国向反倾销非申诉国的大部分涉案农产品出口量都呈不断增加的趋势，在申诉国发起反倾销的当年和反倾销复审当年，向非申诉国的出口量普遍出现较大幅度的上升，这也直观地说明了贸易偏转效果的存在。

（三）对申诉国的出口集中度分析

根据前两节的分析发现，中国农产品在反倾销区间内反倾销措施的贸易限制效果是有限的，并不能达到理论上的5年贸易救济有效期，同时，从长期趋势来看，大多数频繁遭到反倾销的农产品对于申诉国的出口量仍然呈增加态势，而且向非申诉国出口增加的规模和幅度也较大。那么，在此过程中，对于申诉国而言，中国涉案农产品出口市场是否具有集中性、中国相关农产品是否因为反倾销原因调整了出口市场的结构，将对考量中国农产品遭受到的反倾销贸易效果起到至关重要的作用。

本节考察中国遭受反倾销前后出口市场的结构变化，计算中国出口到申诉国的出口集中度指标，计算公式为：

$$EXO_t = EX_t/(EX_t + EXUN_t)$$

其中，EXO 代表相应年份的出口集中度，EX 代表相应年份向申诉国出口量，$EXUN$ 代表相应年份向非申诉国出口量，$t = 1992, 1993, \cdots\cdots, 2012$，代表不同的年份。计算出的指标结果整理在表 4-5 中。

根据对有关遭受到申诉国反倾销农产品的出口集中度计算结果可知，平均出口集中度高的涉案农产品主要集中在美国、欧盟和印度三个国家和地区，这三个国家和地区也是主要对中国农产品发起反倾销调查和制裁的，其中，美国和欧盟是传统的对中国反倾销调查案件多的国家和地区，印度是新兴的对中国农产品发起反倾销调查和制裁的国家。

历史上频繁遭受反倾销的农产品和对申诉国的平均出口集中度分别为美国冷冻或罐装暖水虾（2004，28.62%）、美国小龙虾尾肉（1996，39.22%）、美国蜂蜜（1994/2000，20.35%）、美国大蒜（1994，3.41%）、美国蘑菇罐头（1998，9.69%）、美国苹果汁（1999，30.59%）、澳大利亚蘑菇罐头（2005，2.19%）、加拿大大蒜（1996，1.36%）、韩国饲料（2003，6.30%）、巴西大蒜（1996，0.13%）、墨西哥蘑菇罐头（2005，0.82%）、印度维生素 E（2001，1.29%）、印度生丝（2002，47.72%）和南非大蒜（1999，0.22%）。

在反倾销立案前，基本上所有产品都出现了出口集中度上升的情况，而反倾销之后出口集中度也出现了下降的趋势，但可以观察到这种下降趋势持续时间很短，基本上为 1~2 年，这也与上一节反倾销贸易限制效果的持续时间短的分析结果一致，因此，对于涉案农产品出口市场集中度来讲，其反倾销贸易限制效果显著但持续时间短。

从出口集中度较大且频繁遭受反倾销的农产品来看，在反倾销立案后，美国冷冻或罐装暖水虾（2004）出口集中度不断下降；美国小龙虾尾肉（1996）经历过一段时间下降，在 2006 年又开始上升；美国蜂蜜（1994/2000）波动比较剧烈，先在立案后下降 2 年，然后大幅上升，从 2007 年开始大幅下降，2009~2012 年则在低水平徘徊；美国大蒜（1994）经历过一段时间下降后从 2000 年开始大幅上升，2007 年开始小幅下降；美国蘑菇罐头（1998）在立案后急剧下降出口几乎为零，之后呈现不断增加趋势；美国苹果汁（1999）在立案后大幅下降，之后波动比较剧烈，但总体趋势上升；印度生丝（2002）虽然遭到了反倾销，但是出口集中度一直呈现上升态势。由此可见，中国出口集中度高且频繁遭受申诉国反倾销的农产品在遭受到反倾销后，其出口集中度长期变化呈增加态势，这也解释了为何这些农产品频繁遭受了反倾销。

表4-5 中国遭受反倾销农产品向申诉国出口量集中度变化情况（1992～2012年）

单位：%

产品 年份	美国冷冻或灌装暖水虾 2004	美国小龙虾尾 1996	美国蜂蜜 1994/2000	美国大蒜 1994	美国蘑菇罐头 1998	美国苹果汁 1999	欧盟冷冻草莓 2006	欧盟柑橘类罐头 2007	欧盟浓缩大豆蛋白 2011	澳大利亚花生仁 1991	澳大利亚番茄罐头 1991	澳大利亚蘑菇罐头 2005
1992	54.35	9.26	29.74	2.93	10.94	23.81				2.52	0.79	3.59
1993	47.32	11.43	36.06	5.87	9.15	18.37				1.34	1.20	3.18
1994	36.85	14.95	**28.70**	**3.57**	10.98	12.82				0.99	0.25	2.78
1995	30.33	82.61	14.71	2.46	16.71	10.67				0.65	0.17	2.77
1996	19.95	**85.29**	23.26	1.74	17.40	28.16				0.90	0.19	3.13
1997	26.51	60.00	23.86	2.10	21.03	71.73				2.96	0.47	2.97
1998	16.59	61.63	17.53	1.93	**15.08**	51.99				0.81	0.43	2.77
1999	15.48	65.22	26.49	1.45	0.20	**32.52**				1.47	0.47	3.08
2000	20.46	33.66	**25.85**	1.16	1.86	28.67	28.92	11.83	1.70	1.33	0.71	3.20
2001	30.55	35.38	16.70	1.48	4.61	20.05	29.25	16.08	2.66	1.10	0.64	2.03
2002	45.44	37.57	10.08	2.05	4.40	3.88	25.50	21.98	4.45	1.56	0.35	1.97
2003	49.78	28.44	28.66	2.43	8.38	3.16	47.50	24.73	5.54	1.88	0.65	2.30
2004	**34.28**	27.86	33.09	3.50	9.38	36.49	40.37	19.00	8.65	1.88	0.91	1.59
2005	22.45	24.43	33.22	4.28	8.71	30.45	44.17	17.39	8.09	1.29	0.85	1.39
2006	27.98	21.81	39.63	4.96	7.25	29.43	**39.60**	19.62	15.56	1.79	0.82	1.31
2007	19.72	31.72	27.22	5.64	9.43	33.10	46.03	**19.47**	11.72	2.15	1.00	1.16
2008	20.52	27.80	13.21	5.19	9.48	61.38	51.39	17.81	9.86	1.62	1.31	1.38
2009	19.73	39.92	0.14	4.83	11.34	25.04	46.36	10.73	10.60	1.37	1.35	1.12
2010	19.21	50.92	1.48	4.94	9.78	45.38	48.58	14.10	8.61	1.58	1.05	1.05
2011	14.97	25.90	1.50	4.42	8.32	74.04	52.24	11.32	4.92	1.38	1.18	1.62
2012		47.87	0.00	4.61	8.98	1.32	34.14	17.06	4.34		1.57	1.59
均值	28.62	39.22	20.53	3.41	9.69	30.59	41.08	17.01	7.44	1.53	0.78	2.19

续表

产品\年份	澳大利亚菠萝罐头2006	加拿大大蒜1996	韩国饲料2003	新西兰桃罐头2006	巴西大蒜1994	巴西蘑菇罐头1996	墨西哥蘑菇罐头2005	印度维生素E2001	印度生丝2002	印度尼西亚面粉2004	南非大蒜1999
1992		1.33	0.67	0.00	0.00		0.00	0.22	8.99		
1993		1.03	0.14	0.38	2.09		0.00	1.09	33.72		
1994		2.20	0.27	0.28	**7.26**		0.46	3.52	26.72		
1995		4.54	0.35	0.00	12.01	0.37	0.36	1.06	22.05		
1996		**4.13**	0.29	0.27	12.75	**0.70**	0.06	0.59	16.67	0.00	
1997		2.02	0.48	0.00	10.24	0.88	0.26	0.33	16.22		
1998		3.30	0.50	0.00	4.32	0.28	1.12	0.59	23.08	0.04	
1999		1.96	1.63	0.27	3.72	0.00	1.94	0.59	38.02	0.37	
2000		1.98	2.63	0.26	2.15		2.41	1.14	36.00	11.89	0.23
2001	0.38	0.49	2.42	1.00	1.68		1.65	**1.93**	46.02	20.62	0.21
2002	1.50	0.02	3.45	0.44	2.58		1.10	1.38	**53.74**	31.52	0.15
2003	2.35	0.02	**7.91**	1.12	2.52		1.21	1.11	53.96	27.70	0.18
2004	2.59	0.01	12.85	3.09	2.34		2.69	1.86	60.18	**20.40**	0.19
2005	2.08	0.01	8.83	2.58	5.47	0.00	**1.99**	2.58	79.82	12.52	0.21
2006	**1.86**	0.19	11.95	3.57	4.53		0.06	1.62	85.07	9.00	0.20
2007	0.87	0.97	9.53	2.96	3.66		0.15	1.06	54.74	10.53	0.23
2008	0.52	0.87	16.61	1.76	5.16	0.02	0.94	0.74	59.70	7.45	0.24
2009	0.47	0.84	14.53	1.89	5.38		0.38	1.16	84.78	0.51	0.21
2010	0.40	0.84	13.82	1.16	6.59		0.03	1.18	65.88	0.14	0.31
2011	1.53	0.81	12.47	1.19	5.63	0.03	0.24	2.13	71.83	0.00	0.25
2012	2.79	0.97	11.05	1.02	5.75	0.06	0.10	1.16	64.94	0.00	0.27
均值	1.44	1.36	6.30	1.06	5.04	0.13	0.82	1.29	47.72	9.54	0.22

注：加重表明是频繁遭受反倾销的农产品；因为取两位小数，部分数据因为取不到两位小数而显示为 0.00%，并不是空值。

三、中国涉案农产品对外反倾销贸易效果分析

本节考察中国实施对外反倾销措施前后，相关农产品的进口情况如何在年际间变化，以期考察中国涉案农产品反倾销措施的贸易调查和限制效果。本节将所

有中国对外反倾销的农产品在反倾销立案区间内从被诉国进口量和进口价格变化情况进行整理,如表 4-6 所示,表中计算的变化率为当年对上一年数据的变化率。另外涉案农产品的贸易实际值变化可参考附录二的附表 2-5。有关长期进口变化情况整理在图 4-6 至图 4-9 中,具体贸易数据参考附录三的附表 3-5。

(一) 贸易调查和限制效果

1. 反倾销区间分析

中国对美国反倾销农产品涉及白羽肉鸡和玉米酒糟,其中,白羽肉鸡 2009 年 9 月立案调查,2010 年 2 月初裁征收 43.1%~105.4%的关税税率,2010 年 9 月终裁征收 50.3%~105.4%的关税税率。而玉米酒糟 2010 年 12 月立案调查,经过两年调查之后,2012 年 6 月 21 日商务部发布公告取消对此产品的反倾销调查,此案完结。由于数据只到立案年份后 3 年,因此本节关于中国对美国反倾销农产品的立案区间为立案前后 3 年共 7 年。

反倾销立案前后几年的数据显示,立案前白羽肉鸡(0207)和玉米酒糟进口量呈递增态势,白羽肉鸡(0504)则出现下降的情况;白羽肉鸡价格是上升的,玉米酒糟的价格出现下降情况。立案当年,白羽肉鸡(0207)和玉米酒糟进口量仍在增加,这与征税滞后有关;白羽肉鸡(0504)进口量下降,进口价格上升。立案后,白羽肉鸡的两个子类产品变化不一致,0207 进口量下降持续期 2 年,进口价格先上升 1 年后下降;0504 进口量和进口价格上升 1 年后下降。玉米酒糟进口量在立案后先下降后上升,价格缓慢上升。可见,对于美国来讲,反倾销立案调查效果不明显,贸易限制效果也具有短期性。

中国对欧盟农产品进行反倾销调查涉及马铃薯淀粉和葡萄酒两类产品。马铃薯淀粉于 2006 年 2 月进行立案调查,2006 年 8 月初裁征收 35%~57.1%的反倾销税率,2007 年 2 月终裁征收 17%~35%的反倾销税率;2012 年开始复审,2013 年 2 月期终复审裁定继续征收原税率。现在处于第二轮反倾销征收期。葡萄酒 2013 年 7 月立案调查,为最新的对外农产品反倾销案例。

根据对立案前后进口数据的观察,可以看出,两类产品在反倾销前进口量均呈增加趋势,马铃薯淀粉进口价格下降,而葡萄酒则呈上升趋势。立案当年,马铃薯淀粉进口量仍然增加且进口价格增加。立案后,马铃薯淀粉进口量下降 2 年后第 3 年上升,第 5 年下降;与此相一致,进口价格上升 2 年后下降,第 5 年上升。可见,马铃薯淀粉贸易限制效果持续时间短,且立案调查和初裁在同一年,对于调查效果的验证还需要实证分析的检验。

可以直观看到,中国对外农产品反倾销的贸易调查效果并不明显,而贸易限制效果持续期也较短,但这也需要实证分析的检验。

表4-6 中国对外反倾销农产品从被诉国进口变化率(立案前3年后5年)

单位:%

	产品 年份	美国白羽肉鸡 (0207) 2009	美国白羽肉鸡 (0504) 2009	美国玉米酒糟 2010	欧盟马铃薯 淀粉 2006	欧盟葡萄酒 2013
	t-3					
	t-2	30.19	51.93	5824.03	26.61	49.48
	t-1	12.65	-1.42	10749.67	326.16	8.32
进口量	t	7.19	-1.68	385.25	31.58	
	t+1	-86.20	47.15	-46.70	-67.99	
	t+2	-38.04	-22.04	41.28	0.25	
	t+3	235.98	17.24		234.32	
	t+4				101.02	
	t+5				-77.88	
	产品 年份	美国白羽肉鸡 (0207) 2009	美国白羽肉鸡 (0504) 2009	美国玉米酒糟 2010	欧盟马铃薯 淀粉 2006	欧盟葡萄酒 2013
	t-3					
	t-2	52.56	39.12	139.30	24.97	13.35
	t-1	15.23	14.14	-43.70	-25.64	3.70
进口价格	t	-3.10	14.62	16.62	13.24	
	t+1	17.90	13.20	20.39	34.87	
	t+2	-27.73	-6.14	12.97	12.23	
	t+3	-1.49	11.34		-28.22	
	t+4				-3.33	
	t+5				139.80	

2. 长期趋势分析

根据对长期进口数据的观察,从美国进口的白羽肉鸡0207品种进口量波动比较剧烈,2004年达到最低点后逐年攀升,在立案2009年达到最高点,之后急剧下降,后小幅上涨;0504品种在2009年立案之前出现过大幅波动,2002年达到进口量最高点,之后平稳上升,立案之后仍然具有上升趋势。两者进口价格均呈逐年上升趋势。玉米酒糟在2008年出现了进口猛增的局面,这与中国对于饲料需求旺盛密切相关,2010年立案调查后可以看到进口量迅速下降,贸易限制效果明显。白羽肉鸡的两个品种进口价格变化趋势比较一致,2010年之前均上升,而在2011年出现了下降情况。玉米酒糟在反倾销立案前的平均价格也出现上涨情况。

根据对中国从欧盟进口数据来看，立案前马铃薯淀粉的进口量逐年增加，价格变化比较平稳。立案后出口量小幅下降2年后2009年开始大幅上升至2010年，2011年中国商务部调整了反倾销税率和征收反补贴税（简称"双反"）后，进口量出现了大幅下降。马铃薯淀粉进口价格变化趋势与进口量变化趋势相比滞后1年，在2011年后出现了较大幅度增加。可见，"双反"措施的实行对于马铃薯淀粉的进口限制效果很明显。葡萄酒在2013年之前进口量大幅增加，进口价格也在波动中不断增加。

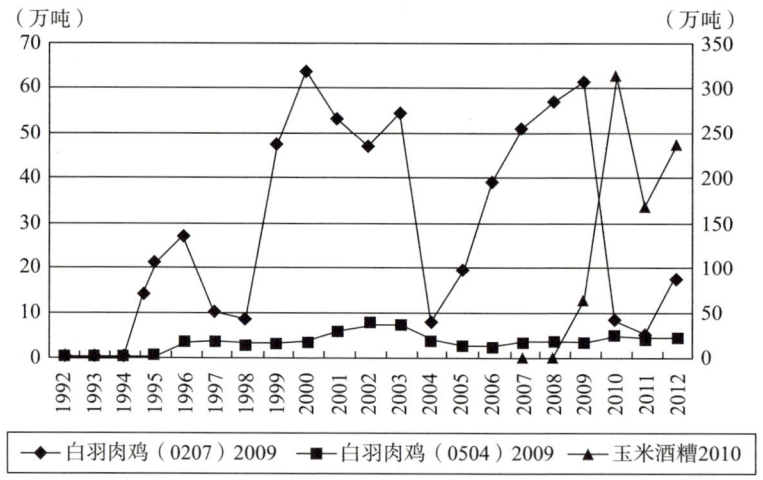

图4-6 中国对美国反倾销农产品进口量变化（1992~2012年）

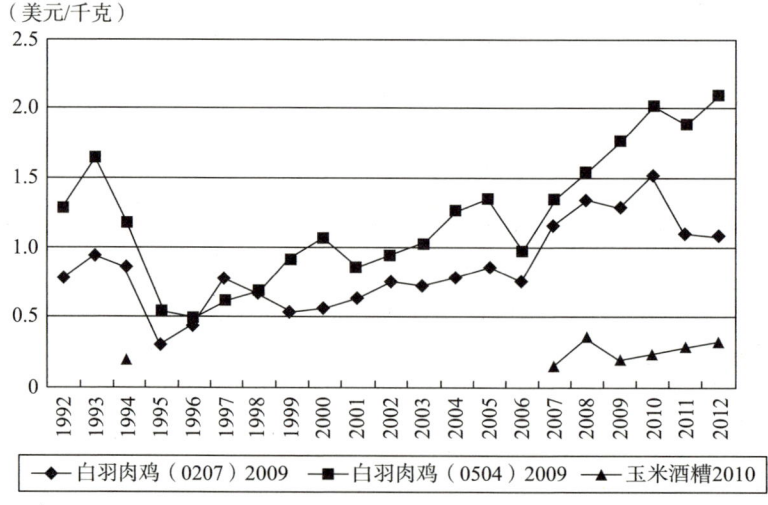

图4-7 中国对美国反倾销农产品进口价格变化（1992~2012年）

第四章 中国涉案农产品反倾销贸易效果描述性分析

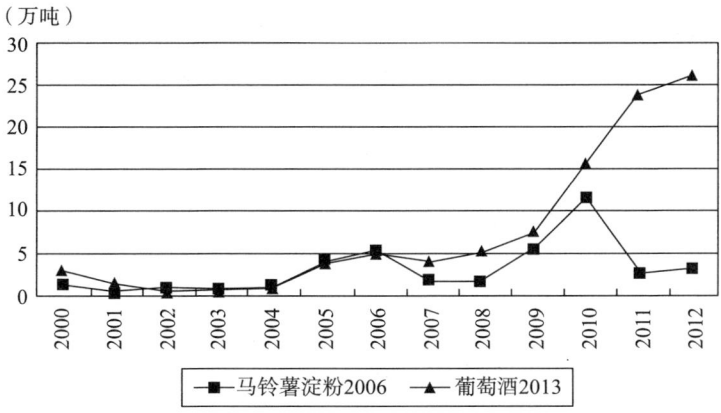

图4-8 中国对欧盟反倾销农产品进口量变化（2000~2012年）

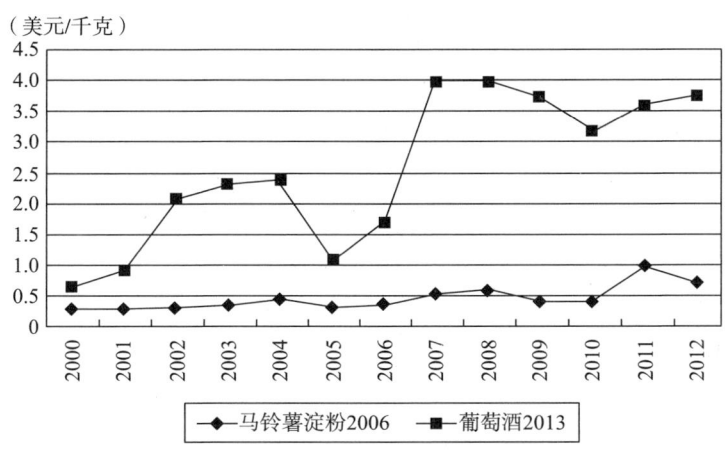

图4-9 中国对欧盟反倾销农产品进口价格变化（2000~2012年）

可见，根据中国对外反倾销涉案农产品长期进口情况的观察，玉米酒糟和葡萄酒进口趋势是上升的，这与中国需求的旺盛有关，其中，玉米酒糟的反倾销限制效果显著；白羽肉鸡和马铃薯淀粉的进口受到反倾销影响明显，具有贸易限制效果，但是反倾销的贸易限制效果持续期较短。

（二）贸易转移效果

中国在对外进行了反倾销之后，虽然会减少从被诉国的相关产品进口，但是有可能会因为反倾销的歧视性而增加从非被诉国的进口，从而削弱反倾销救济国内产业的作用，也就是贸易转移效果的存在会影响相关反倾销预期效果的实现。本节考察中国对外反倾销后涉案农产品从非被诉国的进口转移情况，相关进口量和进口价格整理在表 4-7 中。有关长期进口情况的趋势图整理在图 4-10 至图 4-13 中。具体贸易数据参考附录三的附表 3-7 和附表 3-8。

表 4-7 中国对外反倾销农产品从非被诉国进口变化率（立案前 3 年后 5 年）

单位:%

	产品 年份	美国白羽肉鸡 （0207）2009	美国白羽肉鸡 （0504）2009	美国玉米酒糟 2010	欧盟马铃薯 淀粉 2006	欧盟葡萄酒 2013
进口量	t-3					
	t-2	46.70	15.07	-64.23	-41.87	-1.17
	t-1	-18.96	4.71	371.64	236.95	6.69
	t	-49.31	5.03	-47.30	-57.60	
	t+1	295.12	41.76	-84.26	-32.81	
	t+2	-22.71	-10.15	108.99	24.44	
	t+3	-10.83	10.30		182.12	
	t+4				306.76	
	t+5				-83.74	
	产品 年份	美国白羽肉鸡 （0207）2009	美国白羽肉鸡 （0504）2009	美国玉米酒糟 2010	欧盟马铃薯 淀粉 2006	欧盟葡萄酒 2013
进口价格	t-3					
	t-2	46.42	18.14	359.43	21.29	102.08
	t-1	1.53	31.34	-72.02	-5.47	-0.10
	t	12.80	19.94	137.68	-18.36	
	t+1	29.20	15.84	228.41	1.91	
	t+2	22.21	5.72	28.31	1.46	
	t+3	2.05	-12.35		-11.22	
	t+4				96.69	
	t+5				163.69	

1. 反倾销区间分析

中国对美国进行反倾销前 3 年，白羽肉鸡（0504）产品和玉米酒糟从非申诉国家进口不断增加，而白羽肉鸡（0207）产品则进口量下降；三种产品进口价格不断增加。立案当年，白羽肉鸡（0207）产品和玉米酒糟的进口量下降，三种产品进口价格均增加。立案后，中国从非被诉国白羽肉鸡两类产品进口量增加 1 年后下降，进口价格不断增加；玉米酒糟进口量下降 1 年后增加，进口价格不断上升。中国对欧盟马铃薯淀粉进行反倾销前 1 年,中国从非被诉国进口量增加、进口价格减少;反倾销立案当年,进口量和进口价格均减少;立案后,进口量下降 1 年后连续增加 3 年,进口价格连续增加 2 年后下降 1 年,之后继续增加 2 年。关于葡萄酒产品,反倾销区间只能追溯到立案前,中国从非被诉国进口量增加,进口价格是下降的。可见,中国涉案农产品对被诉国反倾销产生贸易转移效果可能存在滞后效应,并且持续期较短。

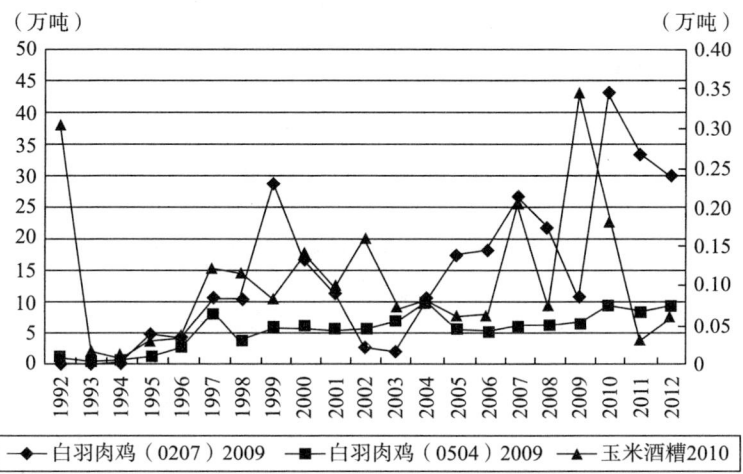

图 4-10 中国对美国反倾销农产品从非美国进口量变化（1992~2012 年）

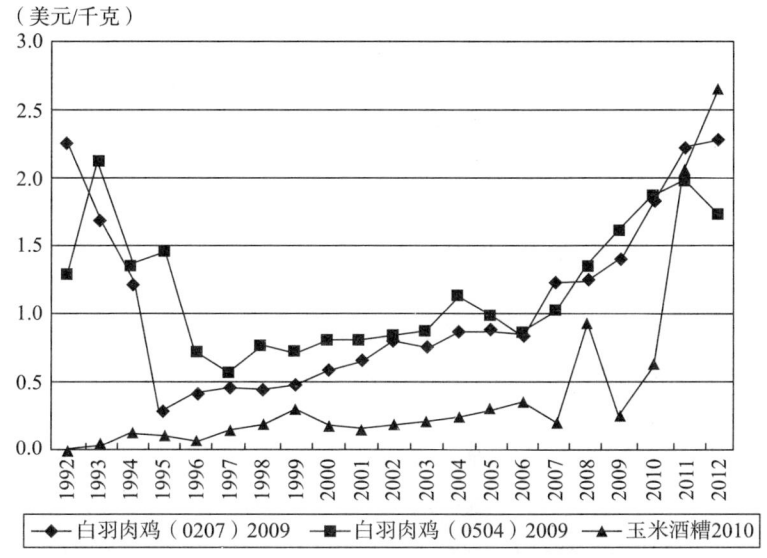

图 4-11 中国对美国反倾销农产品从非美国进口价格变化（1992~2012 年）

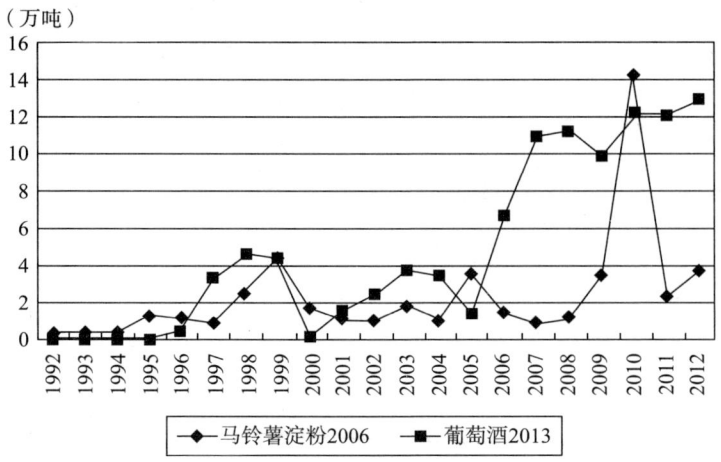

图 4-12 中国从非欧盟反倾销农产品进口量变化（1992~2012 年）

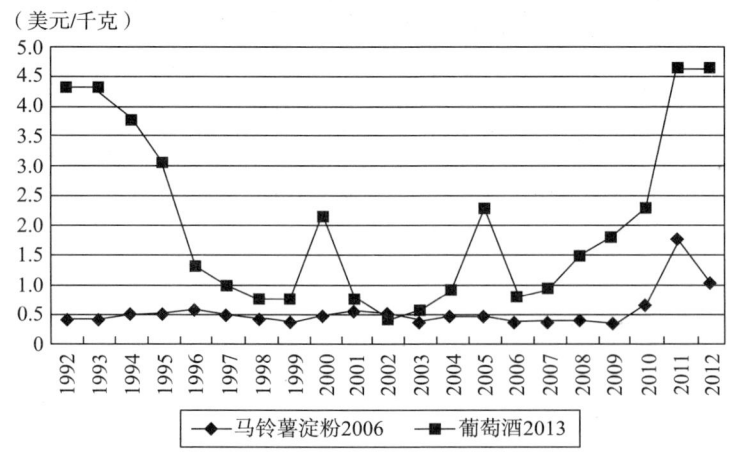

图 4-13 中国从非欧盟反倾销农产品进口价格变化（1992~2012 年）

由于中国农产品对外反倾销开始时间较晚，因此并不能取到完整的 9 年反倾销区间进行分析，需要从长期趋势观察中国从非被诉国进口的情况。

2. 长期趋势分析

根据对中国从非被诉国白羽肉鸡产品的进口情况看，均呈现出进口量增加的趋势，两者进口价格变动趋势一致，从 1995 年开始不断上升；白羽肉鸡（0207）产品波动较大，1999 年进口量达到一个高点后开始下降，2003 年不断上升，2007 年开始下降到 2009 年（对美国立案年）之后又开始增加，2010 年又下降；

白羽肉鸡（0504）产品在2009年之前进口量波动上升，2009年之后也不断上升。从中国从非被诉国进口玉米酒糟的情况看，2006年之前进口量在2000吨以内波动，2006年之后波动上升，2010年下降幅度较大，之后小幅上升。玉米酒糟进口价格不断上升，在2008年出现高点之后下降，2010年又开始上升。

中国从非被诉国进口马铃薯淀粉进口量不断增加，2009年出现大幅增加，2011年下降，进口价格在2009年之前较平稳。中国从非被诉国进口葡萄酒量2005年之前在5万吨以内波动，2005年之后大幅上涨，价格从1992年的高价格开始下降，在1997~2006年出现了两次较大的波动，2006年之后进口价格不断攀升，总体趋势为增加。

由于中国对外农产品反倾销发起的时间较晚，有关贸易效果的分析还需要进一步的实证检验。

（三）对被诉国的进口集中度分析

根据前文分析发现，中国农产品在反倾销区间内反倾销措施的贸易限制效果具有短期性，并不能达到理论上的5年有效期，同时可能存在贸易转移效果。那么，在此过程中，中国涉案农产品进口的市场是否具有集中性，中国相关农产品是否因为反倾销的原因调整了进口市场的结构，将对考量中国农产品反倾销措施的贸易效果起到至关重要的作用。

本节考察中国涉案农产品对外反倾销前后进口市场的结构变化，计算中国从被诉国的进口集中度指标，计算公式为：

$IMO_t = IM_t / (IM_t + IMUN_t)$

其中，IMO代表相应年份的进口集中度，IM代表相应年份从被诉国进口量，$IMUN$代表相应年份从非被诉国进口量，$t = 1992, 1993, \cdots\cdots, 2012$，代表不同的年份。计算出的指标结果整理，如表4-8所示。

根据对外反倾销农产品的进口集中度结果可知，五类农产品在被诉国的进口集中度很高。各个产品平均进口集中度分别达到：美国白羽肉鸡（0207）（2009, 62.4%）、美国白羽肉鸡（0504）（2009, 37.35%）、美国玉米酒糟（2010, 75.82%）、欧盟马铃薯淀粉（2006, 31.34%）和欧盟葡萄酒（2013, 28.25%）。

美国白羽肉鸡（0207）（2009）在立案前呈现先下降后上升的一定波动规律，2009年之后进口集中度迅速下降，但仍然高于15%，2011年之后进口集中度又出现上升。美国白羽肉鸡（0504）（2009）在2004年之前进口集中度较高，基本达到50%以上，2005年下降，此后一直维持在30%~40%。玉米酒糟（2010）由于数据获得的原因，可以看到2007年之后几乎全部从美国进口，进口集中度达到99%以上，尽管2010年进行了反倾销制裁，2011~2012年的进口集中度仍然接近100%，这也与一直没有采取实质性制裁措施且2012年取消了反倾销指控有关。欧盟马铃薯淀粉（2006）在立案之前进口集中度不断上升，从2000年的40%上升到2006年的接近80%，在进行了反倾销之后，来自被诉国的进口集中度虽不断下降，但在2012年仍然高于40%。欧盟葡萄酒（2013）在2007年之前进口集中度波动剧烈，2007年之后不断上升，到2012年达到66.75%。

由此可见，即便进行了反倾销，中国对外反倾销农产品进口集中度仍然很高，平均值普遍高于遭受的反倾销农产品案件的出口集中度，同时，除了白羽肉鸡（0207）和马铃薯淀粉，中国对外反倾销的其他涉案农产品对于进口来源地的结构或市场结构的调整不明显。

表4-8 中国对外反倾销农产品从被诉国进口集中度变化（1992~2012年）

单位:%

产品 年份	美国白羽肉鸡 （0207）2009	美国白羽肉鸡 （0504）2009	美国玉米酒糟 2010	欧盟马铃薯 淀粉2006	欧盟葡萄酒 2013
1992	80.93	22.99			
1993	55.00	34.99			
1994	41.89	28.91	37.52		
1995	82.11	44.30			
1996	87.80	57.47			
1997	48.51	30.11			
1998	44.72	42.26			
1999	62.31	34.48			
2000	79.64	35.78		41.16	90.15
2001	82.48	50.47		32.71	44.17
2002	94.59	58.26		47.33	17.02
2003	96.44	51.77		29.62	13.37
2004	42.23	26.64		47.83	21.74
2005	52.99	31.68		53.69	74.42
2006	68.31	30.37		78.25	41.37
2007	65.67	36.55	4.71	63.15	25.90

续表

产品 年份	美国白羽肉鸡 （0207）2009	美国白羽肉鸡 （0504）2009	美国玉米酒糟 2010	欧盟马铃薯 淀粉 2006	欧盟葡萄酒 2013
2008	72.67	35.16	89.11	57.99	32.29
2009	**84.90**	**33.67**	99.47	62.07	43.08
2010	16.42	34.51	**99.94**	44.71	56.66
2011	13.60	31.38	99.98	52.38	66.41
2012	37.24	32.70	99.97	45.06	66.75
均值	62.40	37.35	75.82	31.24	28.25

四、本章小结

本章以 1988～2013 年中国农产品涉及反倾销的 30 起可计量案件作为研究对象，分别从中国作为反倾销被诉国和反倾销申诉国两个角度，对不同情况下反倾销措施的贸易效果进行了描述性分析，直观观察是否存在相应的贸易效果，为第八章和第九章的贸易效果实证分析提供了初步的分析基础。本章分国别和分产品进行了深入分析，分析涉及中国作为反倾销被诉国的贸易调查、贸易限制和贸易偏转效果，以及中国作为反倾销申诉国的贸易调查、贸易限制和贸易转移效果，从描述性分析的角度初步证实反倾销具有相关贸易效果，但结果均表明相关效果的持续期较短，为 1～3 年。研究结果表明：

第一，中国涉案农产品遭受反倾销具有贸易调查效果和贸易限制效果。从反倾销区间来看，立案当年，涉案农产品出口量大多数下降，可观察到贸易调查效果。反倾销立案措施实施后，大部分产品出现了出口量继续下降和出口价格继续上升的情况，存在较为明显的贸易限制效果。总体来说，在立案后 5 年内，反倾销措施贸易限制效果持续时间较短。从长期趋势来看，如果恰逢复审年份，存在和反倾销立案及采取措施相似的贸易限制效果，但是，与反倾销区间分析一致，每一个反倾销区间的贸易限制效果持续期较短，这也能解释为何大部分农产品频繁且持续遭遇申诉国反倾销的指控和制裁。

第二，中国遭受反倾销的农产品具有贸易偏转效果。从反倾销区间来看，在立案前 3 年，申诉国发起反倾销之前，中国向非申诉国家出口并没有特定的规律性；反倾销申诉国对中国发起反倾销调查立案当年，大多数农产品向非申诉国出口增加；反倾销立案年之后，大部分农产品出口量出现增加情况，出口价格则因产品而异。部分产品的贸易偏转效果出现了滞后情况，这也与相关产品征收反倾销税与立案调查期间出现的时间差有关。从长期趋势观察，中国向反倾销非申诉国的大部分农产品出口呈不断增加的趋势，在申诉国发起反倾销的当年和反倾销复审当年，向非申诉国的出口量普遍会出现较大幅度的上升，这也证实了贸易偏转效果的存在。

第三，反倾销会降低涉案农产品对申诉国的出口集中度，但持续期较短。中国遭到美国、欧盟和印度反倾销农产品对于这三个国家的出口集中度较高，其余涉案农产品对于申诉国的出口集中度较低。在反倾销立案前，基本上所有产品都出现了出口集中度上升的情况，而反倾销之后出口集中度出现了下降的趋势，因此，可以看到反倾销贸易限制效果比较显著，但持续期较短。中国出口集中度高且频繁遭受申诉国反倾销的农产品大部分出口集中度长期趋势依然在增加，而不是下降，中国涉案农产品出口市场结构会因为反倾销而进行调整，但在调整后仍然观察到长期趋势在增加，这也解释了为何这些农产品频繁遭受了反倾销。

第四，中国涉案农产品对外反倾销具有贸易限制效果。从反倾销区间来看，反倾销立案当年，并没有立即出现进口量下降的情况，即没有观察到贸易调查效果；立案后，出现了进口量下降、进口价格上升的情况，存在贸易限制效果，但是其持续期较短。从长期趋势观察，中国对于玉米酒糟和葡萄酒长期进口是增加趋势，这与国内需求不断攀升有密切关系，而白羽肉鸡和马铃薯淀粉受反倾销影响，贸易限制效果比较明显。

第五，从反倾销区间观察，中国对外反倾销农产品贸易转移效果持续期较短，且可能存在滞后效应。由于中国对外农产品反倾销发起的时间较晚，有关贸易效果的分析还需要进一步的实证检验。

第六，中国对外反倾销农产品从被诉国进口的集中度很高，反倾销立案后进口集中度会出现短暂的下降情况，但是持续期也很短，与遭受的反倾销农产品案件相比，即便是进行了反倾销措施，中国对外反倾销农产品进口集中度仍然很高，同时，除了白羽肉鸡（0207）和马铃薯淀粉，中国对外反倾销的其他农产品对于进口来源地结构或市场结构的调整不明显。

本章从描述性分析和直观观察的角度对反倾销措施对中国涉案农产品贸易产生的相关效果进行了初步分析，但仍然需要从计量模型实证分析角度检验反倾销措施与所产生的贸易效果之间的关系是否存在。

第五章 农产品反倾销与比较优势、竞争优势关联度分析

国际贸易理论主要研究国际贸易发生和发展的基础，也就是国家间产生贸易的原因，这个原因就是只有当产品在国家间存在价格差异时才会发生贸易。李嘉图的比较优势贸易理论认为，只要国家间存在劳动生产率上的相对差别，就会出现生产成本和产品价格的相对差别，从而使得各国在不同产品上具有比较优势，使国际分工和国际贸易成为可能。倾销是国际贸易中一种不公平的价格歧视行为，一般倾销产品也被认为是出口国具有比较优势的产品（克鲁格曼，2001）。因此，反倾销涉及的农产品对于遭到反倾销的国家来说一般是具有比较优势的产品，对于发起反倾销的国家来说一般是具有比较劣势的产品（Jiang 和 Ellinger，2003；Bown 和 Mcculloch，2005；殷秀玲和范爱军，2009）。

然而比较优势理论在解释国际贸易实践过程中出现了比较优势陷阱[①]，这引发了学者对于比较优势理论与竞争优势理论之间的争论和探讨，主要分为两派观点。一是主张用竞争优势理论代替比较优势理论，认为比较优势理论过分强调静态的贸易利益，忽略了动态的、综合的贸易竞争力，在国际贸易中，具有比较优势的产品并不一定具有竞争优势（洪银兴，1997；李晓钟，2004；孙文远，2005）；二是认为一般具有比较优势的产品，也同样具有竞争优势，竞争优势的建立离不开比较优势的发挥（邵润堂、张华，1999；林毅夫、李永军，2003；庄丽娟，2004）。本章分别对比较优势和竞争优势与反倾销之间的关联度进行考察，以验证两者之间对于反倾销的影响是否具有一致性。

本章考察农产品的比较优势和竞争优势是否影响中国农产品涉及反倾销，分别从中国遭受反倾销和中国对外反倾销两个角度，对与其对应的比较优势指标和竞争优势指标进行了关联度检验。待检验的假说是：中国越具有比较优势和竞争

[①] 比较优势陷阱是指一国按照比较优势生产并出口初级产品和劳动密集型产品，在与技术和资本密集型产品出口为主的经济发达国家的国际贸易中，虽能获得贸易利益，但总处于不利地位的状态（洪银兴，1997）。

优势的农产品越容易遭到国外反倾销，越具有比较劣势和竞争劣势的农产品越容易对外进行反倾销。本章主要采用农产品的显性比较优势指标和贸易竞争指数来分别代表中国农产品的比较优势和竞争优势。数据涉及中国所有海关编码前6位的农产品共656种，时间跨度为1992~2012年共21年，总样本量为10908，为非平衡面板数据。采用二元选择模型进行定量分析，考察中国农产品比较优势和竞争优势对于涉及反倾销的概率影响的大小，同时检验显性比较优势指标和贸易竞争指数的结果是否一致。

一、模型形式和数据来源

（一）模型形式和变量选择

本章研究中国农产品涉及反倾销是否与其比较优势和竞争优势相关，被解释变量设定为农产品是否遭到反倾销或对外反倾销，为虚拟变量。因此，本章涉及二元选择模型的估计。具体模型形式如下：

$$ADDUM_{ikt} = \alpha_0 + \alpha_1 RCA_{ikt} + \beta_1 TARIFF_{ikt} + \beta_2 GDP_t + \beta_3 UNEM_t + \beta_4 REER_t + \beta_5 WTO_t + \beta_6 MAR_t + \beta_7 RISK_t + \beta_8 YEAR_t + \mu_{ikt} \tag{5-1}$$

$$ADDUM_{ikt} = \alpha_0 + \alpha_1 RCAAG_{ikt} + \beta_1 TARIFF_{ikt} + \beta_2 GDP_t + \beta_3 UNEM_t + \beta_4 REER_t + \beta_5 WTO_t + \beta_6 MAR_t + \beta_7 RISK_t + \beta_8 YEAR_t + \mu_{ikt} \tag{5-2}$$

$$ADDUM_{ikt} = \alpha_0 + \alpha_1 TCI_{ikt} + \beta_1 TARIFF_{ikt} + \beta_2 GDP_t + \beta_3 UNEM_t + \beta_4 REER_t + \beta_5 WTO_t + \beta_6 MAR_t + \beta_7 RISK_t + \beta_8 YEAR_t + \mu_{ikt} \tag{5-3}$$

在式（5-1）~式（5-3）中，被解释变量为 $ADDUM_t$，代表在时间 t 农产品是否遭受国外反倾销或对外反倾销。i 取值为0和1，分别代表遭受反倾销和对外反倾销，用来衡量中国作为反倾销被诉国和申诉国两个角色时，受农产品比较优势和竞争优势的影响。k 代表海关编码前6位的农产品，t 代表时间（年度）。μ 为模型的随机误差项。式（5-1）和式（5-2）代表的是农产品比较优势与反倾销之间关联度检验的实证模型，式（5-3）代表的是农产品竞争优势与反倾销之间关联度检验的实证模型。

模型的设定是为了检验农产品比较优势和竞争优势是否会影响其涉及反倾销，因此，共包括两组回归模型。第一组模型的被解释变量为中国农产品是否遭受了国外反倾销，说明中国农产品的比较优势和竞争优势是否会影响中国受到外国反倾销制裁；第二组模型的被解释变量为中国农产品是否对外进行了反倾销，说明中国农产品的比较优势和竞争优势是否会影响中国对外进行反倾销。

本章选择的解释变量主要涉及三个方面。

第一部分是比较优势和竞争优势变量，为 RCA、RCAAG 和 TCI，分别表示显性比较优势指标、在农产品中显性比较优势指标和贸易竞争指数。第一，显性比较优势（Revealed Comparative Advantage，RCA）指数（Balassa，1965）是指用一国某种产品出口占该国总出口的份额与世界该种产品出口占世界总出口的份额的比率来表示。计算公式为 $RCA_{ij} = (x_{ij}/x_{wj})/(x_i/x_w)$，其中，$x_{ij}$ 表示 i 国 j 产品的出口额，x_{wj} 表示世界 j 产品的出口额总和，x_i 表示 i 国所有产品的出口总额，x_w 表示世界所有产品的出口总额总和。显性比较优势指标的意义是，如果一个国家的某种产品在本国出口所占份额大于世界上该产品出口在世界出口总额中所占比重，则该国在该产品上就具有比较优势；反之，则该国具有比较劣势。此指标取值介于 $0 \sim +\infty$ 之间，数值越大，表明该国在此种产品上具有更明显的比较优势。第二，基于显性比较优势指标的计算公式，本章将其关于所有产品的部分（RCA 计算公式中的 x_i 和 x_w）替换成所有农产品（变量表示成 xag_i 和 xag_w），计算出农产品显性比较优势指标，记为 RCAAG，计算公式为 $RCAAG_{ij} = (x_{ij}/x_{wj})/(xag_i/xag_w)$，其中，$x_{ij}$ 表示 i 国 j 产品的出口额，x_{wj} 表示世界 j 产品的出口额，xag_i 表示 i 国所有农产品的出口总额，xag_w 表示世界所有农产品的出口总额。使用农产品的显性比较优势指标，考察在整体农产品中的各个农产品的比较优势，从而更具有针对性。第三，贸易竞争指数（Trade Competitive Index，TCI）是指一国某种产品净出口额与该产品进出口总额之比，其计算公式为 $TCI_i = (x_{ij} - m_{ij})/(x_{ij} + m_{ij})$，其中，$x_{ij}$ 表示 i 国 j 产品的出口额，m_{ij} 表示 i 国 j 产品的进口额。该指数是贸易总额的相对值，它的取值范围在 -1 与 1 之间，越接近 1 表明出口竞争力越强，越接近 -1 表明出口竞争力越弱。根据对上述三个指标与中国农产品是否涉及反倾销进行关联度分析，可以对比这三个指标实证结果之间的异同。

第二部分变量是关税变量，$TARIFF_{kt}$ 表示产品 k 在时间 t 上征收的关税税率，在当前的世界贸易进程中，WTO 谈判促使各个国家和地区关税水平大幅下降，与此同时非关税措施使用增多，关税的下降和反倾销规模的增加呈现出一种此降彼升的替代关系（胡俊和朱晶，2010；杨仕辉、谢雨池和邓莹莹，2011）。本章引入了关税变量，可以考察关税与反倾销之间的替代关系是否存在，分别对平均关税税率（TARIFFM）、最小关税税率（TARIFFMIN）和最大关税税率（TARIFFMAX）进行回归，用来衡量不同水平关税对于是否涉及反倾销的影响。按照 WTO 对于关税数据的统计，分为最惠国关税（Most - Favored Nation Tariffs，MFN）、特惠制关税（Preferential Tariffs，AHS）和普通关税（Bound Tariffs，BND），一般来说，普通关税水平最高，特惠制关税水平最低，最惠国关税水平在两者之间。本研究采用最惠国关税水平的数据进行分析,在中国遭受反倾销的模型中,关税数据采用世界此种农产品的平均关税税率,平均关税税率、最小关税税率和最大关税税率分别记为 TARIFFMW、TARIFFMINW 和 TARIFFMAXW。在中国对外进行反倾销的模型中,采用中国此种产品的关税税率,考虑到 2001 年之前中国未加入 WTO,2001 年之前的关税数据采用普通关税的税率进行分析,以期更为准确地验证关税与反倾销之间的关系,平均关税税率、最小关税税率和最大关税税率分别记为 TARIFFMC、TARIFFMINC 和 TARIFFMAXC。

第三部分为宏观经济控制变量,一是中国国内生产总值指数可比价(GDP),GDP 是衡量一国宏观经济运行状况的最重要变量之一,如果中国国内宏观经济状况较好,那么国内生产能力扩张,从而使得出口产品价格的竞争力增强,比较容易遭到其他国家或地区对中国发起反倾销调查和制裁,而不容易对外进行反倾销。二是中国城镇登记失业率(UNEM),当社会失业率偏高时,来自国外较低价格的进口商品会对进口国国内的失业产生进一步的压力,更多的来自国内同类产品厂商及政治集团加大向政府对于反倾销指控的申诉强度,此时国内同类产品厂商提出的反倾销诉讼申请会更容易得到批准。三是人民币兑美元汇率(REER),采用间接标价法,汇率升高代表人民币贬值,当人民币汇率贬值时,经过汇率换算后的中国出口产品的人民币价格高于国内的市场价格的可能性会增加,抑制反倾销调查的发起;同时,中国的出口量将上升,使得国外相关产品面临更为激烈的竞争,提高了国外对中国农产品反倾销的可能性,这两个效果相反,因此对于汇率上升是否能影响反倾销调查的考察有待实证检验。四是加入 WTO 的虚拟变量(WTO),加入世界贸易组织是中国贸易自由化进程重要的一步,在此过程中关税等贸易壁垒下降,非关税壁垒上升,反倾销可能性上升,但是加入 WTO 也会增强中国解决贸易摩擦的能力,降低反倾销发生的可能,所以综合来看加入 WTO 的影响并不确定。五是中国是否获得市场经济地位,自从 2004 年 4 月 14 日新西兰率先承认中国的市场经济地位,目前共有 81 个国家和地区承认中国的市场经济地位,这种变化会使中国面临比之前更为公平的反倾销裁决环境,降低反倾销案件发生的可能性,在此利用 2004 年作为分界点,因此,如果处于 2004 年及之后 MAR = 1,否则 MAR = 0。六是代表金融危机的虚拟变量(RISK),在分析区间内,1998 年亚洲金融危机和 2008 年美国次级贷款危机均对世界经济产生了很大影响,会对各个国家经济产生冲击,各个国家为了保护本国产业,很有可能会加大贸易保护力度,对于中国遭受反倾销的概率可能增加,如果时间是 1997 年、1998 年、2007 年和 2008 年,则 RISK = 1,否则 RISK = 0。

根据被解释变量,模型采用二元选择模型,二元选择模型估计方法有三种,线性概率模型(Linear Probability Model,LPM),Logit 模型和 Probit 模型。其中,由于线性概率模型在估计的时候存在缺陷,一般采用后两种模型进行估计和分析。

(二) 数据来源和变量预期

本章数据为中国农产品 1992~2012 年共 21 年的出口和进口年度数据,涉及所有海关编码前 6 位的农产品共 656 种,由于部分数据缺失,因此为非平衡面板数据,样本数为 10908。

计量模型中被解释变量为是否涉及反倾销调查,采取虚拟变量表示,如果某个农产品涉及反倾销调查记为 1,不涉及则为 0,反倾销调查数据根据第三章统计的案件情况,数据来源于商务部中国贸易救济信息网。解释变量中显性比较优势指数和贸易竞争指数均通过相关贸易额计算得出,贸易数据来源于联合国贸易统计数据库(UNCOM Trade:http://comtrade.un.org/db/),其中,对出口额和价格进行处理剔除了通货膨胀因素,均为实际值。关税税率来自 WTO 关税数据库。宏观经济变量的 GDP、失业率和人民币兑美元汇率均来源于中经网统计数据库(http://db.cei.gov.cn/page)。

实证分析分为两组模型:第一组考察农产品比较优势和竞争优势与中国农产品遭受反倾销可能性之间的关联度,涉及被解释变量为此种农产品是否遭受反倾销;第二组考察农产品比较优势和竞争优势与中国对外反倾销可能性之间的关联度,涉及被解释变量为中国是否对此种农产品进行了反倾销。

在第一组涉及中国农产品是否遭受反倾销的模型中,对显性比较优势指数(RCA)、农产品显性比较优势指数(RCAAG)和贸易竞争指数(TCI)的预期为正,即中国农产品越具有比较优势和竞争优势,则越容易遭到国外的反倾销指控和制裁。世界平均关税税率(TARIFFMW)、最小关税税率(TARIFFMINW)、最大关税税率(TARIFFMAXW)的预期为负,即反倾销的实施和关税之间存在替代性,其他国家对于中国农产品征收关税税率的提高会降低其遭受反倾销的可能性;对 GDP 的预期为正,中国经济运行良好对于国内产业生产率提高有利,更容易遭到反倾销;失业率(UNEM)的预期为负,国内失业率增加代表经济不景气,会降低国外对于中国反倾销的可能性;人民币兑美元汇率的预期为不确定;加入 WTO 对于能否增加反倾销可能性的预期是不确定的;承认市场经济地位(MAR)对于中国遭受反倾销可能性的预期为负;如果遭遇了金融危机,那么会对一国贸易产生不利影响,此时容易发生别国对中国进行反倾销,因此 RISK 预期为正。有关变量的描述性指标和预期结果整理,如表 5 - 1 所示。

表 5-1　相关变量统计指标及预期（遭受反倾销）

变量名	变量解释	预期符号	均值	标准差
被解释变量				
ADEX	是否遭到反倾销，是=1，否=0		0.05	0.22
解释变量				
RCA	显性比较优势指数	+	1.89	22.60
RCAAG	显性比较优势指数（农产品）	+	2.66	59.60
TCI	贸易竞争指数	+	0.23	0.76
TARIFFMW	世界平均关税率（%）	-	29.40	21.40
TARIFFMINW	世界最小关税率（%）	-	0.64	3.78
TARIFFMAXW	世界最大关税率（%）	-	169.50	274.10
GDP	国内生产总值指数（可比价，上年=100）	+	110.30	2.08
UNEM	失业率（%）	+	3.58	0.64
REER	美元加权平均汇率（人民币/1美元）	?	7.63	0.94
WTO	是否加入WTO，是=1，否=0	?	0.57	0.50
MAR	非市场经济地位承认，是=1，否=0	-	0.42	0.49
RISK	是否经历金融危机，是=1，否=0	+	0.19	0.39
YEAR	年份	+	2002	5.99

在第二组涉及中国农产品是否对外反倾销的模型中，对显性比较优势指数（RCA）、农产品显性比较优势指数（RCAAG）和贸易竞争指数（TCI）的预期为负，即中国农产品越具有比较优势和竞争优势，越不容易使中国对外进行反倾销指控和制裁。中国对外征收平均关税税率（TARIFFMC）、最小关税税率（TARIFFMINC）、最大关税税率（TARIFFMAXC）的预期为负，即预期反倾销措施的实施和关税税率之间存在替代性，中国农产品对外国征收关税税率提高会降低对外反倾销的可能性；对 GDP 的预期为负，中国经济运行良好有利于国内产业生产率提高，增强产品竞争力，因而不容易对外进行反倾销；失业率（UNEM）的预期为正，国内失业率增加代表经济不景气，可能增加中国对外反倾销的可能性；人民币兑美元汇率的预期为不确定；加入 WTO 对于能否增加反倾销可能性的预期是不确定的；承认市场经济地位（MAR）对于中国对外反倾销可能性的预期为负；如果遭遇了金融危机，那么会对一国贸易产生不利影响，此时也有可能容易使得中国对外进行反倾销，因此 RISK 预期为正。有关变量的描述性指标和预期结果整理如表 5-2 所示。

表 5-2　相关变量统计指标及预期（对外反倾销）

变量名	变量解释	预期符号	均值	标准差
被解释变量				
ADIM	是否对外反倾销，是=1，否=0		0.01	0.11
解释变量				
RCA	显性比较优势指数	−	1.89	22.60
RCAAG	显性比较优势指数（农产品）	−	2.66	59.60
TCI	贸易竞争指数	−	0.23	0.76
TARIFFMC	中国平均关税率（%）	−	24.38	21.31
TARIFFMINC	中国最小关税率（%）	−	23.64	21.65
TARIFFMAXC	中国最大关税率（%）	−	25.03	21.31
GDP	国内生产总值指数（可比价，上年=100）	−	110.35	2.08
UNEM	失业率（%）	+	3.58	0.64
REER	美元加权平均汇率（人民币/1 美元）	?	7.63	0.94
WTO	是否加入 WTO，是=1，否=0	?	0.57	0.50
MAR	非市场经济地位承认，是=1，否=0	−	0.42	0.49
RISK	是否经历金融危机，是=1，否=0	+	0.19	0.39
YEAR	年份	+	2002	5.99

二、中国农产品遭受反倾销与比较优势、竞争优势关联度分析

本节主要分析中国遭到反倾销措施可能性与农产品比较优势、竞争优势之间的关联度，即分析被解释变量为中国农产品是否遭受了反倾销。依据研究数据和式（5-1）至式（5-3）的模型形式估计得到的结果整理如表 5-3 至表 5-8 所示。计量模型分别针对 RCA、RCAAG 和 TCI 估计了线性概率模型、Logit 模型和 Probit 模型三种模型。

从估计结果来看，宏观经济变量模型中，宏观经济变量的回归系数均不显著，这可能与宏观经济变量不随农产品品种的变化有关，为了考察模型删除宏观经济变量后是否具有稳健性，本章在剔除了不显著的宏观经济解释变量后重新进行了估计，发现回归系数与带宏观经济变量的模型回归结果相比，并没有显著的变化，同时加入的年度变量回归系数由带宏观经济变量模型估计中的统计上不显著变为统计上显著，一种可能的解释是宏观经济变量是随时间变化的变量，因此加入年度变量可以控制这些随时间变化的因素，以便于考察农产品比较优势和竞

表 5-3 中国农产品遭到反倾销与显性比较优势（RCA）关联度分析结果（包括宏观经济变量）

变量	世界平均关税			世界最小关税			世界最大关税		
指标	LPM	LOGIT	PROBIT	LPM	LOGIT	PROBIT	LPM	LOGIT	PROBIT
RCA	0.0079***	0.0949***	0.0525***	0.0079***	0.0938***	0.0519***	0.0079***	0.0961***	0.0532***
TARIFFM	-0.0004**	-0.0078**	-0.0040***						
TARIFFMIN				-0.0003*	-0.0050*	-0.0025*			
TARIFFMAX							-0.0006***	-0.0106***	-0.0055***
GDP	0.0010	0.0234	0.0106	0.0009	0.0199	0.0088	0.0012	0.0271	0.0125
UNEM	-0.0018	-0.0445	-0.0215	-0.0013	-0.0333	-0.0158	-0.0023	-0.0568	-0.0279
REER	0.0021	0.0595	0.0244	0.0017	0.0511	0.0200	0.0025	0.0684	0.0290
WTO	0.0042	0.0748	0.0349	0.0027	0.0435	0.0183	0.0057	0.1059	0.0504
MAR	-0.0007	-0.0067	-0.0047	-0.0009	-0.0111	-0.0072	-0.0005	-0.0024	-0.0022
RISK	0.0037	0.0816	0.0387	0.0032	0.0702	0.0325	0.0043	0.0936	0.0453
YEAR	0.0012	0.0278	0.0128	0.0011	0.0255	0.0115	0.0014	0.0303	0.0142
常数项	-2.3606	-57.1424	-26.6282	-2.1603	-52.5969	-24.1828	-2.5794	-61.9268	-29.2062
统计量									
AIC	-1771	3755	3742	-1765	3761	3748	-1780	3746	3732
BIC	-1699	3826	3813	-1693	3832	3820	-1708	3817	3803

注：***、**、*分别表示1%、5%、10%的统计显著性水平。下同。

表 5-4 中国农产品遭到反倾销与显性比较优势（RCA）关联度分析结果

指标	变量	世界平均关税			世界最小关税			世界最大关税		
		LPM	LOGIT	PROBIT	LPM	LOGIT	PROBIT	LPM	LOGIT	PROBIT
模型估计结果	RCA	0.0078***	0.0914***	0.0511***	0.0078***	0.0909***	0.0508***	0.0078***	0.0920***	0.0516***
	TARIFFM	-0.0003*	-0.0065**	-0.0034**	-0.0002*	-0.0040*	-0.0020*			
	TARIFFMIN									
	TARIFFMAX							-0.0005***	-0.0090***	-0.0047***
	YEAR	0.0017***	0.0357***	0.0170***	0.0015***	0.0309***	0.0144***	0.0020***	0.0406***	0.0195***
	常数项	-3.4477***	-74.6505***	-35.7714***	-2.9918***	-65.0652***	-30.6556***	-3.9368***	-84.6575***	-40.9962***
统计量	AIC	-1780	3747	3733	-1775	3752	3739	-1788	3740	3725
	BIC	-1751	3775	3762	-1746	3780	3767	-1759	3768	3753
边际影响	RCA	0.0078***	0.0042***	0.0051***	0.0078***	0.0042***	0.0051***	0.0078***	0.0042***	0.0051***
	TARIFFM	-0.0003**	-0.0003**	-0.0003*	-0.0002*	-0.0002*	-0.0002*			
	TARIFFMIN									
	TARIFFMAX							-0.0005***	-0.0004***	-0.0005***
弹性	RCA	0.2355***	0.1359***	0.1661***	0.2348***	0.1352***	0.1649***	0.2359***	0.1368***	0.1677***
	TARIFFM	-0.1641**	-0.1517**	-0.1731**	-0.0991*	-0.0889*	-0.1002*			
	TARIFFMIN									
	TARIFFMAX							-0.2350***	-0.2152***	-0.2468***

表5-5 中国农产品遭到反倾销与农产品显性比较优势（RCAAG）关联度分析结果（包括宏观经济变量）

指标/变量	世界平均关税			世界最小关税			世界最大关税		
	LPM	LOGIT	PROBIT	LPM	LOGIT	PROBIT	LPM	LOGIT	PROBIT
RCAAG	0.0110***	0.1244***	0.0677***	0.0110***	0.1233***	0.0670***	0.0110***	0.1257***	0.0684***
TARIFFM	-0.0004***	-0.0086***	-0.0044***						
TARIFFMIN				-0.0003*	-0.0058*	-0.0029*			
TARIFFMAX							-0.0006***	-0.0112***	-0.0059***
GDP	0.0009	0.0195	0.0098	0.0007	0.0157	0.0077	0.0011	0.0234	0.0119
UNEM	-0.0045	-0.1245	-0.0489	-0.0048	-0.1304	-0.0522	-0.0042	-0.1177	-0.0452
REER	0.0012	0.0233	0.0112	0.0009	0.016	0.0073	0.0016	0.0308	0.0152
WTO	0.0048	0.0958	0.0434	0.0033	0.064	0.0259	0.0063	0.1267	0.0595
MAR	-0.0022	-0.0547	-0.0273	-0.0019	-0.0497	-0.0243	-0.0024	-0.0595	-0.0302
RISK	0.0023	0.0505	0.0238	0.0018	0.0402	0.0179	0.0028	0.061	0.0298
YEAR	0.0007	0.0189	0.0077	0.0006	0.0163	0.0063	0.0009	0.0215	0.0092
常数项	-1.3706	-38.912	-16.2657	-1.146	-33.9288	-13.5994	-1.6126	-43.9545	-18.9707
统计量 AIC	-1837	3511	3494	-1831	3517	3502	-1846	3501	3484
BIC	-1766	3582	3565	-1760	3588	3573	-1775	3573	3555

表5-6 中国农产品遭到反倾销与农产品显性比较优势（RCAAG）关联度分析结果

指标	变量	世界平均关税 LPM	世界平均关税 LOGIT	世界平均关税 PROBIT	世界最小关税 LPM	世界最小关税 LOGIT	世界最小关税 PROBIT	世界最大关税 LPM	世界最大关税 LOGIT	世界最大关税 PROBIT
模型估计结果	RCAAG	0.0110***	0.1237***	0.0674***	0.0109***	0.1227***	0.0668***	0.0110***	0.1249***	0.0680***
	TARIFFM	-0.0004***	-0.0080***	-0.0041***						
	TARIFFMIN				-0.0003*	-0.0055*	-0.0027*			
	TARIFFMAX							-0.0005***	-0.0105***	-0.0055***
	YEAR	0.0005	0.0102	0.0044	0.0003	0.005	0.0016	0.0008	0.0155	0.0071
	常数项	-1.0184	-23.8506	-10.6374	-0.5307	-13.2899	-4.978	-1.531	-34.4999	-16.2043
统计量	AIC	-1848	3500	3484	-1842	3506	3491	-1856	3492	3474
	BIC	-1819	3528	3512	-1813	3534	3519	-1828	3520	3503
边际影响	RCAAG	0.0110***	0.0054***	0.0064***	0.0109***	0.0054***	0.0065***	0.0110***	0.0055***	0.0065***
	TARIFFM	-0.0004***	-0.0004***	-0.0004***						
	TARIFFMIN				-0.0003*	-0.0002*	-0.0003*			
	TARIFFMAX							-0.0005***	-0.0005***	-0.0005***
弹性	RCAAG	0.3641***	0.2030***	0.2431***	0.3630***	0.2012***	0.2406***	0.3650***	0.2049***	0.2459***
	TARIFFM	-0.1949***	-0.1899***	-0.2138***						
	TARIFFMIN				-0.1279*	-0.1249*	-0.1353*			
	TARIFFMAX							-0.2663***	-0.2538***	-0.2913***

表5-7 中国农产品遭受反倾销与贸易竞争指数（TCI）关联度分析结果（包括宏观经济变量）

指标 变量	世界平均关税			世界最小关税			世界最大关税		
	LPM	LOGIT	PROBIT	LPM	LOGIT	PROBIT	LPM	LOGIT	PROBIT
TCI	0.0501***	1.7648***	0.7787***	0.0504***	1.7643***	0.7799***	0.0499***	1.7680***	0.7799***
TARIFFM	-0.0002	-0.0045	-0.002						
TARIFFMIN				<-0.0001	-0.0014	-0.0004			
TARIFFMAX							-0.0003**	-0.0076**	-0.0038**
GDP	0.0011	0.0274	0.0126	0.001	0.0233	0.0104	0.0013	0.032	0.015
UNEM	-0.0005	-0.0033	-0.0089	-0.0008	-0.0148	-0.015	-0.0007	-0.0105	-0.0015
REER	0.0005	0.0104	0.003	0.0002	0.0026	0.0012	0.0009	0.0189	0.0077
WTO	0.0057	0.1193	0.0622	0.0043	0.0919	0.0466	0.0073	0.1482	0.0788
MAR	-0.0007	-0.0179	-0.0083	-0.0005	-0.0129	-0.0055	-0.0009	-0.023	-0.0113
RISK	0.0004	0.0018	0.0083	0.0009	0.0135	0.0149	0.0002	0.011	0.001
YEAR	0.0005	0.0117	0.0063	0.0005	0.0094	0.0051	0.0007	0.0142	0.0077
常数项	-0.9328	-24.5984	-13.3868	-0.7609	-20.1954	-11.0271	-1.1367	-29.3043	-15.9891
统计量									
AIC	-1942	3488	3484	-1941	3491	3486	-1947	3482	3477
BIC	-1871	3560	3555	-1869	3562	3558	-1876	3554	3549

表 5-8 中国农产品遭受反倾销与贸易竞争指数（TCI）关联度分析结果

指标 变量	世界平均关税			世界最小关税			世界最大关税		
	LPM	LOGIT	PROBIT	LPM	LOGIT	PROBIT	LPM	LOGIT	PROBIT
模型估计结果									
TCI	0.0500***	1.7603***	0.7771***	0.0503***	1.7608***	0.7785***	0.0497***	1.7619***	0.7778***
TARIFFM	-0.0001	-0.0037	-0.0017						
TARIFFMIN				<-0.0001	-0.0009	-0.0002			
TARIFFMAX							-0.0003**	-0.0065**	-0.0033**
YEAR	0.0009*	0.0201*	0.0100*	0.0007	0.0152	0.0074	0.0012**	0.0254**	0.0130**
常数项	-1.8118*	-44.2132*	-22.2044*	-1.4007	-34.4351	-16.8747	-2.2908**	-55.0407**	-28.1389**
统计量									
AIC	-1953	3478	3473	-1952	3480	3475	-1957	3473	3468
BIC	-1924	3506	3502	-1923	3509	3504	-1929	3501	3496
边际影响									
TCI	0.0500***	0.0503***	0.0548***	0.0503***	0.0505***	0.0551***	0.0497***	0.0500***	0.0545***
TARIFFM	-0.0001	-0.0001	-0.0001						
TARIFFMIN				<-0.0001	<-0.0001	<-0.0001			
TARIFFMAX							-0.0003*	-0.0002**	-0.0002**
弹性									
TCI	0.2351***	0.4149***	0.4248***	0.2362***	0.4151***	0.4254***	0.2338***	0.4154***	0.4258***
TARIFFM	-0.0654	-0.0871	-0.0927						
TARIFFMIN				-0.0057	-0.0209	-0.009			
TARIFFMAX							-0.1360*	-0.1591**	-0.1858**

争优势指标以及农产品关税对于农产品涉案的可能性。因此，后续分析采用简化后包括比较优势和竞争优势指标以及农产品关税税率两类核心解释变量的模型，来验证比较优势和竞争优势与反倾销发生可能性之间的关联度。相关结果整理在表5-4、表5-6和表5-8中。可以看到，有关比较优势和竞争优势指标的回归系数均为显著，且符合预期。线性概率模型只是作为参考结果放入表中，主要对比Logit和Probit之间的AIC和BIC值来进行模型选择，发现Probit模型估计结果的AIC和BIC值要小于Logit模型的估计结果，因此Probit模型估计结果模拟效果更好，接下来将采用Probit模型的估计结果进行分析。

表5-4显示的是显性比较优势指数RCA为比较优势解释变量的估计结果。分别考察了世界平均关税税率、最小关税税率和最大关税税率的估计结果，共涉及9个模型。根据表5-4的估计结果可知：第一，中国农产品的显性比较优势指数RCA回归系数为正且在统计上显著，与预期符号相同，说明中国农产品越有比较优势，遭到反倾销的可能性越大；以平均关税税率模型为例，若其他条件不变，中国农产品的显性比较优势指数每增加1%，遭到反倾销的可能性会增加0.1661%。第二，在分别含有平均关税、最小关税和最大关税税率的模型回归结果中，关税变量回归系数均为负且显著，符合变量预期，说明中国出口农产品被征收的关税税率提高，会降低中国遭到反倾销的可能性，验证了反倾销与关税税率之间具有此消彼长的替代性关系；在其他条件不变的情况下，世界平均关税税率每提高1%，中国遭到反倾销的可能性降低0.1731%；最小关税税率每提高1%，中国遭到反倾销的可能性降低0.1002%；最大关税税率每提高1%，中国遭到反倾销的可能性降低0.2152%。

表5-6显示的是农产品显性比较优势指数RCAAG为比较优势解释变量的估计结果。同样分别涉及世界平均关税税率、最小关税税率和最大关税税率共9个模型。根据表5-6的估计结果可知：第一，中国农产品在总体农产品中的显性比较优势指标RCAAG对于是否遭受外国反倾销具有统计上显著的正向影响，这与预期相符合，说明中国农产品在整体农产品中越具有比较优势，遭到国外反倾销的可能性越大；以平均关税税率模型为例，在其他变量不变的情况下，农产品显性比较优势指数每增加1%，遭到反倾销的可能性会增加0.2431%，变量弹性大于RCA模型，说明相关农产品在整体农产品越具有比较优势，越能增加中国遭受外国反倾销的可能性，并且这种增加幅度是大于在整体产品中的显性比较优势的。第二，三个关税税率的回归系数均为负且显著，回归结果符合预期，说明中国农产品出口被征收关税税率提高，会降低其遭到外国反倾销的可能性，同样验证了反倾销与关税税率之间的替代性关系；在其他条件不变的情况下，世界平均关税税率每提高1%，中国遭到反倾销的可能性降低0.2138%；最小关税税率

每提高1%，中国遭到反倾销的可能性降低0.1353%；最大关税税率每提高1%，中国遭到反倾销的可能性降低0.2913%。

表5-8显示的是贸易竞争指数TCI为竞争优势解释变量的估计结果。对世界平均关税税率、最小关税税率和最大关税税率分别进行了估计，共9个模型。根据表5-8的估计结果可知：第一，TCI回归系数为正且显著，符合预期，说明中国农产品越有贸易竞争优势，遭到反倾销的可能性越大；以平均关税税率模型为例，贸易竞争指数每增加1%，遭到反倾销的可能性会增加0.4248%，TCI对遭受反倾销可能性的弹性大于显性比较优势指标模型RCAAG和RCA。第二，最大关税税率的回归系数为负且显著，说明中国农产品出口时被其他国家征收的最大关税税率提高，会降低中国遭到反倾销的可能性，验证了反倾销与关税税率之间具有此消彼长的替代性。世界平均最大关税税率每提高1%，中国遭到反倾销的可能性降低0.1858%。而平均关税税率和最小关税税率并不显著。

综合上文中国遭受反倾销可能性与比较优势、竞争优势之间关联度的实证分析结果可以得出：

首先，中国农产品的比较优势和竞争优势增加，会增加其遭受外国反倾销的可能性。验证了待检验假说：中国越具有比较优势和竞争优势的农产品越容易遭到国外反倾销。这与已有研究对于产品显性比较优势与反倾销间关系的研究结论一致（Jiang和Ellinger，2003；Bown和Mcculloch，2005；殷秀玲和范爱军，2009）。已有研究多关注化学品、钢铁等工业行业，对于农产品的比较优势和竞争优势与反倾销之间的关联性进行实证分析较少，本章对已有关于反倾销和产业竞争性的研究进行了农产品领域的拓展，并且验证了理论上的假说。对于中国出口农产品的国际竞争力研究普遍认为，在目前中国人口增加、耕地资源紧张的农业资源禀赋条件下，大宗农产品如小麦、大豆、棉花等土地密集型农产品的比较优势已经基本丧失、不再具有竞争优势，而畜产品、水产品及园艺类（水果、蔬菜）等劳动密集型农产品和部分深加工农产品具有明显的比较优势和竞争优势，并且预计这种出口优势还将持续相当长的时间（黄季焜和马恒运，2000；杨睿等，2002；帅传敏等，2003；程国强，2005；李岳云等，2007；屈小博和霍学喜，2007；刘汉成和夏亚华，2010；尹宗成和田甜，2013）。因此，在未来反倾销实践过程中，需要较多地关注中国出口劳动密集型和深加工农产品领域。

其次，显性比较优势指数和贸易竞争指数对于中国农产品遭受外国反倾销可能性的影响方向是一致的。中国农产品显性比较优势增加、在整体农产品中的显性比较优势增加以及贸易竞争力增加，都会增加中国遭受外国反倾销的可能性。已有研究对于产品比较优势和竞争优势的争论在于：具有比较优势的产品是否一定也具有竞争优势，两者是一致的还是相互矛盾的。本章的实证结果表明，对于影响中国农产品遭受国外反倾销的可能性而言,两者具有一致性。

再次,对比显性比较优势指标 RCA、在整体农产品中的显性比较优势指标 RCAAG 和贸易竞争指数 TCI 对于中国遭到反倾销可能性的弹性大小,TCI 的弹性最大,RCAAG 次之,RCA 最小。贸易竞争指数的弹性大于两个显性比较优势指标,一种可能的解释是,贸易竞争指数所代表的竞争优势要比显性比较优势指数所代表的比较优势的含义更为广泛。农业比较优势是在生产过程中形成的低成本优势,主要与土地、劳动力、资本、自然资源等基本生产要素有关,仅是构成竞争优势的一部分;而且农业竞争优势不仅与基本生产要素有关,更与农业产业组织与制度、农产品品牌与营销能力、技术进步和政策支持等高级要素相关(庄丽娟,2004)。因此,农产品竞争优势的大幅提升,更能够代表此种农产品的生产能力大幅提升,从而在国际贸易过程中更具有竞争力,也更加容易遭受外国的反倾销。同时随着中国国内劳动力成本上升,中国农产品所具有的劳动力成本低的比较优势的发展趋势是下降的。因此,在研究中国农产品遭受国外反倾销活动时,不能单纯地依靠资源禀赋优势来指导和参与国际竞争和面对贸易摩擦,要谨防比较优势陷阱,将农产品的比较优势和竞争优势综合考虑在内,合理评价其对于中国农产品遭受外国反倾销的影响。另一种可能的解释是,在整体农产品中显性比较优势指数估计弹性大于在整体产品中的显性比较优势指标,这与 RCAAG 比 RCA 更具有针对性有关,也就是说,在整体农产品市场上中国的出口农产品越占据比较优势,要比在所有产品市场上占据比较优势,对于中国遭受外国反倾销的影响更敏感。因此,在考虑比较优势时,应适当拓展比较优势指标所代表的含义和范围,从而在实践中更具有指导意义。

最后,中国农产品出口被征收关税与遭受的反倾销措施之间具有此消彼长的替代关系。在国际贸易自由化发展趋势、多边和双边贸易谈判逐渐深入以及自贸区不断深入发展的过程中,关税壁垒不断削减①,非关税措施诸如反倾销不断增

---

① **GATT/WTO 贸易谈判关税削减**

回合	年份	地点与名称	谈判重点	关税降低程度(%)	累计降低关税(%)	参与方个数
1	1947	日内瓦	关税	35	35	23
2	1949	安纳西	关税	35	58	33
3	1951	托基	关税	26	69	39
4	1956	日内瓦	关税	15	73	28
5	1960~1961	日内瓦(狄龙回合)	关税	20	79	45
6	1964~1967	日内瓦(肯尼迪回合)	关税与反倾销	35	86	54
7	1973~1979	日内瓦(东京回合)	关税、非关税及"框架"协议	35	91	102
8	1986~1993	日内瓦(乌拉圭回合)	全面而广泛的贸易谈判	40	95	124

注:引用自杨仕辉(2011)对于关税与贸易总协定关税谈判情况表。

加 (参见第三章), 本章对于中国农产品关税与反倾销之间的替代关系进行了实证检验, 与国内学者杨仕辉 (2011) 和李磊 (2013) 对于世界反倾销和关税之间替代关系研究一致。杨仕辉 (2011) 检验了关税水平和反倾销虚拟变量对于全世界涉及反倾销案件农产品的贸易数据进行了回归, 实证结果表明关税和反倾销变量的回归系数均在统计水平上显著为负并且反倾销措施对于贸易的弹性大于关税, 从而得出反倾销替代关税的结论, 作者认为这样的实证分析并不能明显支撑关税与反倾销之间存在替代关系, 而只能支撑反倾销措施对于贸易的限制效果要大于关税对于贸易的限制作用。李磊 (2013) 验证了 1981~2009 年发展中国家涉及反倾销案件产品的关税水平与反倾销申诉数量之间的替代关系, 说明反倾销制度作为自由贸易的"安全阀"(Safety Valve), 能够为国内相关产业提供暂时的保护。本章对中国所有农产品的关税水平与其是否遭受反倾销之间进行了替代关系的检验, 证明在中国参与国际贸易自由化进程中, 中国农产品遭受的反倾销与其关税削减存在替代关系。目前, 随着世界贸易组织第八轮贸易谈判的结束, 世界各国对于国内产品关税削减的幅度已经达到了原有水平的 5%, 可以说, 关税对于限制一国贸易的作用已经很有限, 反倾销是世界贸易组织允许的贸易保护措施, 成为一种各国都普遍采用的贸易保护措施。

三、中国农产品对外反倾销与比较优势、竞争优势关联度分析

本节主要分析中国农产品对外反倾销可能性与农产品比较优势、竞争优势之间的关联度, 即分析被解释变量为中国农产品是否对外进行了反倾销。依据研究数据和式 (5-1) 至式 (5-3) 的模型形式估计得到的结果整理如表 5-9 至表 5-14 所示。计量模型分别针对 RCA、RCAAG 和 TCI 估计了线性概率模型、Logit 模型和 Probit 模型三种。

同样, 宏观经济变量的模型其回归系数也不显著, 在剔除了不显著的宏观经济解释变量后重新进行了估计, 发现回归系数与带宏观经济变量的模型回归结果相比, 并没有显著的变化, 同时加入的年度变量回归系数由带宏观经济变量模型估计中的统计上不显著变为统计上显著。因此, 分析采用剔除宏观经济变量后只包括比较优势、竞争优势指标和中国农产品关税税率这 3 个核心解释变量的模型, 来验证农产品比较优势和竞争优势与中国农产品对外反倾销发生可能性之间的关联度。相关结果整理在表 5-10、表 5-12 和表 5-14 中。可以看到, 有关

表 5-9　中国农产品对外反倾销与显性比较优势（RCA）关联度分析结果（包括宏观经济变量）

变量\指标	中国平均关税			中国最小关税			中国最大关税		
	LPM	LOGIT	PROBIT	LPM	LOGIT	PROBIT	LPM	LOGIT	PROBIT
RCA	-0.0004*	-0.0545*	-0.0195*	-0.0004*	-0.0527*	-0.0187*	-0.0005*	-0.0563*	-0.0202*
TARIFFMC	-0.0004***	-0.0188***	-0.0074***						
TARIFFMINC				-0.0004***	-0.0189***	-0.0075***			
TARIFFMAXC							-0.0003***	-0.0183***	-0.0071***
GDP	-0.0002	-0.0115	-0.0057	-0.0002	-0.0115	-0.0057	-0.0002	-0.0111	-0.0054
UNEM	0.001	0.0564	0.0265	0.0009	0.0547	0.0261	0.001	0.058	0.0267
REER	-0.0001	-0.0027	-0.0006	-0.0001	-0.0023	-0.0005	-0.0001	-0.0041	-0.0001
WTO	0.0036	0.2716	0.1015	0.0036	0.2766	0.1043	0.0033	0.2584	0.0956
MAR	-0.0008	-0.0518	-0.0197	-0.0008	-0.0518	-0.0197	-0.0008	-0.0517	-0.0195
RISK	0.0011	0.0555	0.0244	0.001	0.055	0.0243	0.001	0.0549	0.0238
YEAR	0.0003	0.0176	0.0072	0.0003	0.0177	0.0072	0.0003	0.0172	0.007
常数项	-0.5607	-39.0146	-16.3265	-0.5529	-39.2455	-16.3709	-0.5482	-38.3566	-15.9659
统计量									
AIC	-14258	1304	1305	-14260	1302	1303	-14255	1306	1307
BIC	-14187	1375	1376	-14188	1374	1375	-14184	1377	1378

第五章 农产品反倾销与比较优势、竞争优势关联度分析

表5-10 中国农产品对外反倾销与显性比较优势（RCA）关联度分析结果

指标		中国平均关税			中国最小关税			中国最大关税		
	变量	LPM	LOGIT	PROBIT	LPM	LOGIT	PROBIT	LPM	LOGIT	PROBIT
模型估计结果	RCA	-0.0005*	-0.0554*	-0.0200*	-0.0004*	-0.0537*	-0.0193*	-0.0005*	-0.0571*	-0.0207*
	TARIFFMC	-0.0003***	-0.0181***	-0.0071***						
	TARIFFMINC				-0.0003***	-0.0182***	-0.0072***			
	TARIFFMAXC							-0.0003***	-0.0175***	-0.0068***
	YEAR	0.0006*	0.0377*	0.0152*	0.0006*	0.0380*	0.0154*	0.0006*	0.0367*	0.0146*
	常数项	-1.1515*	-80.3180*	-32.7883*	-1.1329*	-80.9191*	-33.1684*	-1.1149*	-78.2142*	-31.7062*
统计量	AIC	-14269	1292	1294	-14271	1291	1292	-14266	1294	1296
	BIC	-14241	1321	1322	-14242	1320	1321	-14238	1323	1324
边际影响	RCA	-0.0005*	-0.0007*	-0.0006*	-0.0004*	-0.0006*	-0.0006*	-0.0005*	-0.0007*	-0.0007*
	TARIFFMC	-0.0003***	-0.0002***	-0.0002***						
	TARIFFMINC				-0.0003***	-0.0002***	-0.0002***			
	TARIFFMAXC							-0.0003***	-0.0002***	-0.0002***
弹性	RCA	-0.0559*	-0.0856*	-0.0815*	-0.0537*	-0.0829*	-0.0783*	-0.0578*	-0.0882*	-0.0841*
	TARIFFMC	-0.6374***	-0.4353***	-0.4486***						
	TARIFFMINC				-0.6179***	-0.4259***	-0.4422***			
	TARIFFMAXC							-0.6248***	-0.4342***	-0.4424***

表5-11 中国农产品对外反倾销与农产品显性比较优势（RCAAG）关联度分析结果（包括宏观经济变量）

变量	指标	中国平均关税			中国最小关税			中国最大关税		
		LPM	LOGIT	PROBIT	LPM	LOGIT	PROBIT	LPM	LOGIT	PROBIT
RCAAG		-0.0005*	-0.0631*	-0.0235*	-0.0005*	-0.0615*	-0.0228*	-0.0005*	-0.0647*	-0.0242*
TARIFFMC		-0.0004***	-0.0192***	-0.0076***						
TARIFFMINC					-0.0004***	-0.0193***	-0.0077***			
TARIFFMAXC								-0.0004***	-0.0187***	-0.0073***
GDP		-0.0003	-0.0144	-0.007	-0.0003	-0.0143	-0.007	-0.0003	-0.0141	-0.0068
UNEM		0.001	0.0591	0.0264	0.0009	0.0569	0.0258	0.001	0.0615	0.0271
REER		-0.0001	-0.001	-0.0014	-0.0001	-0.0008	-0.0012	-0.0001	-0.002	-0.0009
WTO		0.0038	0.2865	0.1081	0.0038	0.291	0.1106	0.0035	0.2736	0.1023
MAR		-0.0007	-0.0404	-0.0149	-0.0007	-0.0406	-0.0151	-0.0007	-0.0401	-0.0146
RISK		0.0011	0.0601	0.0264	0.0011	0.0592	0.0261	0.0011	0.06	0.026
YEAR		0.0004	0.0231	0.0094	0.0004	0.0231	0.0094	0.0004	0.0229	0.0093
常数项		-0.7136	-49.8533	-20.6987	-0.6987	-49.7749	-20.6085	-0.7029	-49.4781	-20.4294
统计量	AIC	-13686	1239	1240	-13688	1238	1239	-13683	1241	1242
	BIC	-13615	1310	1311	-13617	1309	1310	-13612	1312	1313

表 5-12 中国农产品对外反倾销与农产品显性比较优势（RCAAG）关联度分析结果

指标	变量	中国平均关税			中国最小关税			中国最大关税		
		LPM	LOGIT	PROBIT	LPM	LOGIT	PROBIT	LPM	LOGIT	PROBIT
模型估计结果	RCAAG	-0.0005*	-0.0634*	-0.0238*	-0.0005*	-0.0618*	-0.0231*	-0.0005*	-0.0650*	-0.0244*
	TARIFFMC	-0.0004***	-0.0185***	-0.0073***						
	TARIFFMINC				-0.0004***	-0.0186***	-0.0074***			
	TARIFFMAXC							-0.0003***	-0.0180***	-0.0070***
	YEAR	0.0007**	0.0470**	0.0189**	0.0007*	0.0471*	0.0190*	0.0007	0.0461	0.0184*
	常数项	-1.4053**	-98.8445**	-40.2548**	-1.3752*	-98.9572*	-40.4135*	-1.3726*	-97.1033*	-39.3038*
统计量	AIC	-13697	1228	1229	-13699	1227	1228	-13694	1230	1231
	BIC	-13669	1257	1258	-13670	1255	1256	-13666	1258	1260
边际影响	RCAAG	-0.0005*	-0.0007*	-0.0007*	-0.0005*	-0.0007*	-0.0007*	-0.0005*	-0.0008*	-0.0008*
	TARIFFMC	-0.0004***	-0.0002***	-0.0002***						
	TARIFFMINC				-0.0004***	-0.0002***	-0.0002***			
	TARIFFMAXC							-0.0003***	-0.0002***	-0.0002***
弹性	RCAAG	-0.0708*	-0.1078*	-0.1065*	-0.0687*	-0.1051*	-0.1034*	-0.0727*	-0.1106*	-0.1092*
	TARIFFMC	-0.6698***	-0.4526***	-0.4688***						
	TARIFFMINC				-0.6478***	-0.4422***	-0.4613***			
	TARIFFMAXC							-0.6577***	-0.4524***	-0.4635***

表 5-13 中国农产品对外反倾销与贸易竞争指数（TCI）关联度分析结果（包括宏观经济变量）

指标/变量	中国平均关税			中国最小关税			中国最大关税		
	LPM	LOGIT	PROBIT	LPM	LOGIT	PROBIT	LPM	LOGIT	PROBIT
TCI	-0.0092***	-0.6583***	-0.2585***	-0.0091***	-0.6554***	-0.2574***	-0.0092***	-0.6598***	-0.2589***
TARIFFMC	-0.0004***	-0.0200***	-0.0080***						
TARIFFMINC				-0.0004***	-0.0201***	-0.0081***			
TARIFFMAXC							-0.0004***	-0.0196***	-0.0078***
GDP	-0.0001	-0.0022	-0.0004	-0.0001	-0.0023	-0.0003	-0.0001	-0.0022	-0.0002
UNEM	0.0015	0.0789	0.0318	0.0014	0.0758	0.0311	0.0016	0.0796	0.0325
REER	-0.0001	-0.0082	-0.0004	-0.0001	-0.0085	<-0.0001	-0.0001	-0.0095	-0.0001
WTO	0.0031	0.2666	0.1002	0.003	0.2719	0.1027	0.0028	0.2601	0.0944
MAR	-0.0007	-0.0356	-0.0131	-0.0007	-0.0351	-0.013	-0.0007	-0.0263	-0.0131
RISK	0.0016	0.0862	0.04	0.0015	0.0848	0.0395	0.0016	0.0876	0.0398
YEAR	0.0003	0.0142	0.0052	0.0003	0.014	0.0051	0.0003	0.013	0.0051
常数项	-0.5381	-33.879	-12.8882	-0.5221	-33.5473	-12.6728	-0.5316	-31.1623	-12.7877
统计量									
AIC	-14324	1275	1276	-14325	1274	1275	-14321	1275	1278
BIC	-14252	1347	1348	-14254	1345	1346	-14249	1340	1350

· 116 ·

第五章 农产品反倾销与比较优势、竞争优势关联度分析

表5-14 中国农产品对外反倾销与贸易竞争指数（TCI）关联度分析结果

指标/变量	中国平均关税			中国最小关税			中国最大关税		
	LPM	LOGIT	PROBIT	LPM	LOGIT	PROBIT	LPM	LOGIT	PROBIT
模型估计结果									
TCI	-0.0092***	-0.6563***	-0.2582***	-0.0091***	-0.6534***	-0.2571***	-0.0092***	-0.6579***	-0.2585***
TARIFFMC	-0.0004***	-0.0193***	-0.0077***						
TARIFFMINC				-0.0004***	-0.0194***	-0.0078***			
TARIFFMAXC							-0.0004***	-0.0189***	-0.0074***
YEAR	0.0006**	0.0359*	0.0136*	0.0006*	0.0358*	0.0136*	0.0006*	0.0352*	0.0132
常数项	-1.1570*	-76.6195*	-29.6511*	-1.1231*	-76.5608*	-29.7056*	-1.1285*	-75.3264*	-28.8797*
统计量									
AIC	-14335	1264	1265	-14336	1263	1264	-14332	1266	1267
BIC	-14306	1293	1294	-14307	1291	1292	-14303	1295	1296
边际影响									
TCI	-0.0092***	-0.0069***	-0.0075***	-0.0091***	-0.0069***	-0.0073***	-0.0092***	-0.0070***	-0.0074***
TARIFFMC	-0.0004***	-0.0002***	-0.0002***						
TARIFFMINC				-0.0004***	-0.0002***	-0.0002***			
TARIFFMAXC							-0.0002***	-0.0002***	-0.0002***
弹性									
TCI	-0.1706***	-0.1577***	-0.1652***	-0.1695***	-0.1570***	-0.1645***	-0.1705***	-0.1581***	-0.1653***
TARIFFMC	-0.6969***	-0.4657***	-0.4938*						
TARIFFMINC				-0.6702***	-0.4536***	-0.4836***			
TARIFFMAXC							-0.6871***	-0.4673***	-0.4906***

比较优势和竞争优势指标的回归系数均为显著，且符合预期。线性概率模型只是作为参考结果放入表中，主要对比 Logit 和 Probit 之间的 AIC 和 BIC 值大小来进行模型拟合优度的选择，对比发现 Logit 的 AIC 和 BIC 值略小于 Probit 模型，因此 Logit 模型模拟效果更好一些，接下来将采用 Logit 模型的估计结果进行分析。

表 5-10 显示的是显性比较优势指数 RCA 为比较优势解释变量的估计结果。分别考察了中国农产品平均关税税率、最小关税税率和最大关税税率的估计结果，共涉及 9 个模型。根据表 5-10 的估计结果可知：第一，中国农产品的显性比较优势指数 RCA 回归系数为负并在统计上显著，说明中国农产品越具有比较优势，对外反倾销的可能性越小，或者说中国农产品越有比较劣势，对外反倾销的可能性越大；在其他条件不变时，以平均关税税率模型为例，中国农产品的显性比较优势指数每减少 1%，对外反倾销的可能性会增加 0.0856%。第二，在分别含有中国农产品平均关税、最小关税和最大关税税率的模型回归结果中，关税变量回归系数均为负且显著，符合变量预期，说明中国农产品关税税率提高，会降低对外反倾销的可能性，从中国作为反倾销发起国的角度验证了反倾销与关税税率之间具有此消彼长的替代性；在其他条件不变的情况下，平均关税税率每提高 1%，中国对外反倾销的可能性降低 0.4353%；最小关税税率每提高 1%，中国对外反倾销的可能性降低 0.4259%；最大关税税率每提高 1%，中国对外反倾销的可能性降低 0.4424%。

表 5-12 显示的是农产品显性比较优势指数 RCAAG 为比较优势解释变量的估计结果。同样涉及 9 个模型，根据表 5-12 的估计结果可知：第一，中国农产品在总体农产品中的显性比较优势指标 RCAAG 对于是否对外反倾销具有统计上显著的负向影响，这与预期相符合，说明中国农产品在整体农产品中越具有比较劣势，对外反倾销的可能性越大；在其他条件不变的情况下，以平均关税税率模型为例，农产品显性比较优势指数每减少 1%，对外反倾销的可能性会增加 0.1078%，弹性大于 RCA 模型，说明相关农产品在整体农产品越具有比较劣势，那么越能增加中国对外反倾销的可能性，并且这种增加幅度是大于在整体产品中的显性比较优势的模型估计结果的。第二，三种关税税率的回归系数均为负且显著，符合预期，说明中国农产品的关税税率提高，会降低中国对外反倾销的可能性，验证了中国对外反倾销与中国农产品关税税率之间的替代性；在其他条件不变的情况下，中国农产品平均关税税率每提高 1%，中国对外反倾销的可能性降低 0.4526%；最小关税税率每提高 1%，中国对外反倾销的可能性降低 0.4424%；最大关税税率每提高 1%，中国对外反倾销的可能性降低 0.4524%。

表 5-14 显示的是贸易竞争指数 TCI 为竞争优势解释变量的估计结果。分别考察了中国农产品平均关税税率、最小关税税率和最大关税税率的估计结果，共

涉及9个模型。根据表5-14的估计结果可知：第一，中国农产品的贸易竞争指数TCI回归系数为负且在统计上显著，符合预期，说明中国农产品越具有贸易竞争劣势，对外反倾销的可能性越大；在其他变量不变的情况下，以平均关税税率模型为例，贸易竞争指数每减少1%，对外反倾销的可能性会增加0.1577%。第二，中国农产品平均关税、最小关税和最大关税税率的回归系数为负且在统计上显著，验证了中国农产品对外反倾销与中国农产品关税税率之间的替代关系。在其他条件不变的情况下，中国农产品平均关税税率每提高1%，中国对外反倾销的可能性降低0.4657%；最小关税税率每提高1%，中国对外反倾销的可能性降低0.4536%；最大关税税率每提高1%，中国对外反倾销的可能性降低0.4673%。

综合上文中国农产品对外反倾销可能性与比较优势、竞争优势之间关联度的实证分析结果，可以得出：

首先，中国农产品的比较劣势和竞争劣势增加，会增加中国农产品对外反倾销的可能性。验证了待检验假说：越具有比较劣势和竞争劣势的农产品越容易对外进行反倾销。随着中国农业关税削减、农业开放程度不断提高，传统意义上具有比较优势和竞争优势的农产品会随着贸易环境的变化而变化，原来具有比较优势和竞争优势的产品也许会变成比较劣势和竞争劣势的产品，在此过程中，为了保护国内弱势农业产业遭受国外竞争力产品的冲击，中国可以利用反倾销这种WTO框架下允许的贸易保护手段，为国内农业争取一定的产业恢复和发展期，积极调整和升级产业结构，使得中国相关产业逐渐获得竞争优势，实现产业发展和农民增收。

其次，显性比较优势指数和贸易竞争指数对于中国农产品对外反倾销可能性的影响方向是一致的。中国农产品显性比较劣势增加、在整体农产品中的显性比较劣势增加以及贸易竞争劣势增加，都会增加中国对外反倾销的可能性。

再次，与上一节中国遭受外国反倾销模型估计结果相类似，对比显性比较优势指标RCA、在整体农产品中的显性比较优势指标RCAAG和贸易竞争指数TCI对于中国对外反倾销可能性的弹性大小，TCI的弹性最大，RCAAG次之，RCA最小。贸易竞争指数的弹性最大也与其所代表的竞争优势要比显性比较优势指数所代表的比较优势的含义更为广泛有关，中国农产品贸易竞争劣势越明显，其所代表的生产力发展水平越差，从而对于中国对外反倾销可能性的影响越大。在整体农产品中显性比较优势指数估计弹性大于在整体产品中的显性比较优势指标，这也与RCAAG比RCA更具有针对性有关。从而，在中国农产品对外反倾销实践过程中，综合考虑比较优势和竞争优势以及考虑多方面的优势指标，更能够全面、多方位地指导反倾销政策的实行和中国农产品进口贸易政策的选择。

最后，中国对外反倾销与中国农产品关税之间具有此消彼长的替代关系。这也与已有研究对于关税与反倾销之间关系的分析结果一致。中国在加入WTO后履行关税削减承诺，农产品关税经历了大规模的自主降税，目前，中国农产品的平均关税低于发展中国家的平均水平，甚至低于部分发达国家，2011年农产品简单平均实施税率仅为15.6%，农业已经成为中国开放程度较高的部门（王琦，2014）。在中国农业逐步开放、关税限制作用逐渐下降的过程中，中国应合理使用反倾销措施，在激烈的国际贸易竞争环境中，保护国内弱质、易受国外冲击的农业产业。

四、本章小结

本章以中国所有海关编码前6位农产品共656种，1992～2012年共21年间的数据为研究对象，通过构建非平衡面板数据，采用二元选择模型进行实证分析，考察中国农产品的比较优势和竞争优势是否影响其涉及反倾销、涉及反倾销调查的影响有多大，以及显性比较优势指标和贸易竞争指数的结果对于影响涉及反倾销可能性是否一致。同时引入了关税税率的变量，验证了关税与反倾销之间具有此消彼长的替代性关系。主要采用中国农产品的显性比较优势指标（RCA）和在整体农产品中的显性比较优势指标（RCAAG）代表比较优势，贸易竞争指数（TCI）代表竞争优势，来分析中国农产品涉及反倾销是否与产品的比较优势和竞争优势相关。经过实证分析得出以下结论：

第一，中国农产品比较优势和竞争优势越大，则越容易遭受外国反倾销。显性比较优势指标（RCA及RCAAG）和贸易竞争指数（TCI）对于中国遭受反倾销可能性的实证结果均表明，中国农产品的比较优势和竞争优势越强，则使得外国对中国农产品进行反倾销指控和制裁的可能性增加。从中国农产品遭受外国反倾销的角度，验证了理论上比较优势和竞争优势与反倾销之间的关联性。

第二，中国农产品比较劣势和竞争劣势越大，则容易对外进行反倾销。也可表述为，中国农产品比较优势和竞争优势越大，则中国对外进行反倾销的可能性降低。显性比较优势指标（RCA及RCAAG）和贸易竞争指数（TCI）对于中国对外反倾销可能性的实证结果均表明，中国农产品的比较劣势和竞争劣势越强，中国对外进行反倾销指控和制裁的可能性增加。从中国农产品对外反倾销的角度验证了理论上竞争劣势与反倾销之间的关联性。

第三，对于中国农产品是否涉及反倾销而言，比较优势和竞争优势的实证分析结果具有一致性。对比显性比较优势指标 RCA、在整体农产品中的显性比较优势指标 RCAAG 和贸易竞争指数 TCI 对于中国涉及反倾销可能性的弹性大小，TCI 的弹性最大，RCAAG 次之，RCA 最小。这与竞争优势代表的含义更广泛和 RCAAG 比 RCA 更具有针对性有关。

第四，中国农产品遭受外国反倾销与被征收关税之间、中国农产品对外反倾销与进口关税之间具有此消彼长的替代关系。验证了关税与反倾销之间的替代性。

第六章 反倾销涉案农产品的产业竞争力分析

上一章对于反倾销和竞争优势之间的关联度的实证分析,结果表明越具有比较优势和竞争优势的农产品越容易遭受外国反倾销,具有比较劣势和竞争劣势的农产品容易对外发起反倾销。上一章只是对于两者之间的关联度进行了分析,那么中国涉及反倾销的农产品的比较优势和竞争优势大小如何,中国遭受外国反倾销的农产品是否具有较强的比较优势和竞争优势,中国对外进行反倾销的农产品是否具有比较劣势和竞争劣势。反倾销前后,涉案农产品的产业竞争力是否发生了变化,这些都是本章需要解决的问题。

本章着重分析中国涉及反倾销农产品的产业竞争力指标,考察涉案农产品产业竞争力的大小,反倾销前后相关农产品的产业竞争优势如何变化,中国遭受反倾销农产品是否在对外出口过程中受到反倾销影响而竞争力下降,中国采取的反倾销措施是否提升了本国相关产品的竞争力、对国内产业起到了救济作用。已有研究多采用显性比较优势指数和相关贸易竞争指数进行产业竞争力测算,本章在上一章贸易竞争指数和显性比较优势指数的基础上,加入了国际市场占有率和对申诉国的市场渗透率两个指标,以期能更为全面地分析涉案农产品的产业竞争力变化。各个竞争力指标的变化率整理在附录四中。

一、指标选取与说明

目前,国际通用的衡量产业竞争力的指标主要有两种。

第一种是比较优势指标,主要指显性比较优势(Revealed Comparative Advantage,RCA)指数(Balassa,1965)。该指数用一国某种产品出口占该国总出口份额与世界该种产品出口占世界总出口份额的比率来表示。其计算公式为:

$$RCA_{ij} = (x_{ij}/x_{wj})/(x_i/x_w)$$

其中，x_{ij}表示i国j产品的出口额、x_i表示i国所有产品的出口总额、x_{wj}表示世界j产品的出口额、x_w表示世界所有产品的出口总额。显性比较优势指标的意义是，如果一个国家的某种产品在本国出口所占份额大于世界上该产品出口在世界出口总额中所占比重，则该国在该产品上就具有竞争优势；反之，则该国具有竞争劣势。此指标取值介于 0 与 + ∞ 之间，数值越大，表明该国在此种产品上具有更明显的比较优势。如果某一产业的产品显性比较优势指数 RCA ≥ 2.5，则该产品具有极强的显性比较优势和竞争力；当 1.25 ≤ RCA < 2.5 时，该产品具有比较强的显性比较优势和竞争力；当 0.8 ≤ RCA < 1.25 时，该产品具有平均比较优势和中等竞争力但不强；而当 RCA < 0.8 时，该产品处于显性比较劣势和较差的竞争力（沈国兵，2007，2012①）。同上一章一样，本章也分析农产品市场的比较优势指数 RCAAG，具体计算过程不再赘述。

第二种为竞争优势指标，分为国际市场占有率、贸易竞争力指数以及市场渗透率三个指标。

国际市场占有率（International Market Share，IMS），也称出口市场占有率（Export Market Share），表示该国产品在国际市场上所占份额的大小，其计算公式为：

$$IMS_{ij} = x_{ij}/x_{wj}$$

其中，x_{ij}表示i国j产品的出口额、x_{wj}表示世界j产品的出口额。

贸易竞争指数（Trade Competitive Index，TCI）是指一国某种产品净出口额与该产品进出口总额之比，其计算公式为：

$$TCI_i = (x_{ij} - m_{ij})/(x_{ij} + m_{ij})$$

其中，x_{ij}表示i国j产品的出口额、m_{ij}表示i国j产品的进口额。该指数是贸易总额的相对值，它的取值范围始终在 -1 与 1 之间，越接近 1 表明出口竞争力越强，越接近 -1 表明出口竞争力越弱。

市场渗透率（Market Penetration，MP），能反映一国产品在特定市场的竞争能力，其计算公式为：

$$MP_{ij} = x_j/m_j$$

其中，x_j表示目标国从本国进口产品j的总额、m_j表示目标国从世界市场进口产品j的总额。在本章中，分析的是涉案农产品对于反倾销申诉国市场的渗透率。市场渗透率指标体现双边贸易关系，在分析反倾销对于涉案农产品产业竞争力影响时，市场渗透率是一个较好的衡量指标，原因在于，市场渗透率能够表现

---

① 沈国兵（2007，2012）参考的是日本贸易振兴会（Japan External Trade Organization，JETRO，网址 www.jetro.go.jp）的设定标准。

出被采取反倾销措施的农产品在反倾销申诉国的市场占有情况，而这个指标往往是反倾销调查机构参考的主要指标之一。

比较优势和竞争优势反映出来的国际竞争力内涵有一定差异，不同学者对于两类指标是否具有一致性进行了很多探讨，分为两种观点：主张具有比较优势的产品并不一定具有竞争优势（洪银兴，1997；李晓钟，2004；孙文远，2005）；或者认为一般具有比较优势的产品，也同样具有竞争优势，竞争优势的建立离不开比较优势的发挥（邵润堂、张华，1999；林毅夫、李永军，2003；庄丽娟，2004）。上一章的实证结果表明，比较优势和竞争优势指标对影响中国农产品是否涉及反倾销具有一致性，即越具有比较优势和竞争优势的农产品，中国在对外贸易过程中越容易遭受外国反倾销，越具有比较劣势和竞争劣势的农产品，在中国对外贸易过程中越容易对外发起反倾销。本章考察，就中国目前涉案农产品来讲，遭受反倾销的农产品是否都是具有比较优势和竞争优势的产品，对外进行反倾销的农产品是否都是具有比较劣势和竞争劣势的产品，一方面验证同一种农产品的比较优势和竞争优势是否一致或是否具有差异，另一方面考察反倾销对涉案农产品产业竞争力的影响，从而验证反倾销措施的贸易救济效果。

一方面，为了考察中国涉及反倾销案件的农产品在反倾销措施实施前后产业竞争力指标的大小和变化，本章分别针对涉案的 26 种（共 17 类）① 农产品计算了上述四个指标，以便进一步考察反倾销措施的贸易效果；另一方面，在分别计算比较优势指标和竞争力指标后，可以比较两者之间的数值和变化趋势，进而验证两者对于考察涉案农产品竞争力效果方面的一致性。

为了分析中国农产品竞争力在遭受反倾销前后的情况，本章测算了 1992～2012 年共 21 年农产品竞争力指标的变化情况。值得说明的是，本章指标分析与已有研究不同点之一就是分析区间。已有研究多集中在测算反倾销立案前后几年的区间，本章认为其只能考察短期效果。由于中国遭到反倾销起诉的一些农产品案件（如大蒜、灌装暖水虾等）持续时间很长，从 20 世纪 90 年代一直持续并且至今并未结束，而只分析立案前后短区间的产业竞争力变化，并不能从整体发展变化趋势上进行全面把握。因此，考虑到现有农产品反倾销案件发生时间持续性长的特点，本章采用长区间测算，即基于 1992～2012 年（部分扩展到 1988 年）的涉案农产品贸易数据进行产业竞争力分

---

① 本章在测算时对产品进行了细分，由于某些反倾销案件会包括 2 个及其以上涉案 8 位 HS 编码产品，本章在对一起案件计算加总产业竞争力指数的同时，也对一起案件中的各个产品进行细类产业竞争力指数测算和分析。由于中国遭受反倾销农产品中，大蒜和蘑菇罐头被不止一个国家的反倾销，本章将涉及不同国家的相同产品进行了合并分析，因此，在本章分析的产品为 17 类。

析，考虑了反倾销措施的长期效果，能够更为全面地评估反倾销对于涉案农产品产业竞争力的影响。

二、中国遭受反倾销农产品的产业竞争力分析

本节分析中国相关农产品在遭到国外反倾销措施前后产业竞争力指标的变化情况，考察涉案农产品是否具有较强的竞争力，外国在对中国实施反倾销措施后相关农产品竞争力是否下降，下降幅度以及持续时间长度等问题。

（一）显性比较优势

本章计算了两类显性比较优势，一是采用传统计算公式，利用中国以及世界全部产品出口额，二是采用中国以及世界农产品出口额进行计算，以比较两者之间的差异，考察在世界总体贸易中涉案产品的显性比较优势和在农产品大类中涉案产品的显性比较优势是否有区别。第一类显性比较优势指标如表6-1所示，第二类显性比较优势指标如表6-2所示。

1. RCA

根据表6-1的计算结果，从显性比较优势指标来看，几乎所有遭受反倾销的农产品年平均RCA都大于1，即都具有比较优势，而且除了饲料和浓缩大豆蛋白，大部分都是频繁遭受外国反倾销的农产品。具体来讲，在17类农产品中，有14类农产品的年平均RCA均大于2.5，说明中国遭受外国反倾销82%以上的农产品具有极强的显性比较优势；介于1.25和2.5之间的只有1类产品，是面粉（RCA为1.53），说明面粉存在较强的比较优势和竞争力；介于0.8和1.25之间的只有1类产品，是浓缩大豆蛋白（RCA为0.87），说明浓缩大豆蛋白存在比较优势，但是竞争力不强；小于0.8的只有一类产品，是饲料（RCA为0.70），说明饲料具有显性比较劣势，竞争力较差。从细分的26种农产品来看，有21种农产品年平均RCA大于2.5，说明中国遭受外国反倾销80%以上的农产品具有极强的显性比较优势；介于1.25和2.5之间的有2种产品，为面粉和番茄罐头200210产品（RCA为2.13）；介于0.8和1.25之间的只有1种产品，为浓缩大豆蛋白；小于0.8的有2种产品，分别为饲料和蜂蜜210690产品（RCA为0.62）。

根据1992~2012年遭受外国反倾销农产品RCA指数来看，在26种农产品的21年数据中，有20种农产品超过一半以上年份的RCA指数大于2.5，具有极

表 6-1 中国涉案农产品显示性比较优势指标（RCA）比较（第一类）

产品/海关编码	1992	1993	1994	1995	1996	1997	1998	1999	2000	2001	2002	2003	2004	2005	2006	2007	2008	2009	2010	2011	2012
冷冻或罐装暖水虾 030613	27.1	14.2	11.3	9.0	6.1	6.9	5.3	7.7	5.3	4.3	3.5	3.6	**3.4**	2.7	1.2	1.1	1.9	4.5	4.0	4.2	3.4
小龙虾 160520	0.6	0.6	0.3	0.3	0.9	1.4	0.7	0.8	4.0	4.9	6.8	6.6	**6.1**	5.7	6.2	5.4	5.5	3.9	4.0	4.4	4.4
小龙虾尾肉 030619	20.8	28.5	28.9	24.9	**22.4**	19.3	19.1	17.8	11.0	6.1	9.1	5.3	5.0	6.9	6.2	5.1	4.6	4.8	5.4	4.7	3.4
030629	18.3	15.0	19.5	16.0	**16.0**	13.0	15.0	17.9	12.5	12.5	10.6	6.8	7.4	6.1	4.3	2.9	2.6	2.9	2.6	0.9	0.9
160540	35.5	34.1	30.3	17.0	**9.2**	10.3	20.4	22.2	19.8	16.3	13.8	14.1	11.9	10.1	9.9	8.7	8.0	7.8	7.7	7.1	8.3
蜂蜜 040900	22.9	14.4	**11.6**	10.4	11.1	6.6	7.7	6.8	**6.6**	6.6	3.2	2.6	2.3	2.2	2.1	1.8	1.8	1.5	1.8	1.8	1.7
210690	1.0	0.9	**0.7**	0.7	0.8	1.0	1.0	1.0	**0.7**	0.7	0.7	0.5	0.4	0.4	0.4	0.4	0.3	0.3	0.3	0.4	0.4
大蒜 070320	40.2	25.8	**17.0**	15.3	**15.1**	13.4	9.6	**10.8**	15.2	16.4	16.8	14.3	13.1	11.8	11.1	10.0	9.4	9.3	8.9	8.6	8.1
071080	27.3	27.2	**26.6**	9.6	**10.8**	9.6	9.1	**9.7**	9.4	8.8	6.8	5.7	5.7	5.7	5.6	4.9	4.8	4.4	4.8	4.9	4.5
071190	43.3	36.3	**32.8**	32.7	**33.3**	28.5	26.5	**26.6**	24.5	21.9	12.0	10.1	9.3	7.3	6.3	5.0	4.8	5.6	5.0	4.8	5.0
071290	34.9	22.4	**21.9**	24.2	**26.5**	22.7	23.1	**23.7**	22.4	20.4	18.2	15.6	14.2	12.7	11.7	10.7	10.3	9.6	9.1	9.1	8.4
冷冻草莓 081110	22.2	20.3	17.9	12.9	12.7	10.0	13.4	15.2	12.1	10.1	8.9	8.8	6.6	6.8	**5.1**	5.6	5.6	4.9	5.3	6.1	5.7
面粉 110100	3.3	4.9	1.4	1.6	3.7	3.0	2.3	1.6	0.9	1.1	1.0	0.7	**0.8**	1.0	0.9	1.2	1.2	0.5	0.6	0.6	0.6
花生仁 120220	42.4	24.5	24.5	20.3	17.4	11.8	8.9	14.6	13.8	14.0	12.4	10.1	6.4	8.8	6.4	5.4	4.9	3.8	3.3	2.7	0.0
番茄罐头 200210	7.3	1.9	2.3	0.4	0.5	0.9	1.1	1.9	5.7	2.7	1.4	0.9	1.7	2.9	2.6	2.0	2.2	1.4	1.2	1.6	2.0
200290	11.0	10.3	7.4	8.9	7.1	11.7	10.7	12.1	12.8	12.8	13.7	12.6	11.6	10.9	10.1	9.8	10.0	9.2	8.4	8.5	7.9
蘑菇罐头 200310	42.7	29.7	25.4	27.7	30.2	26.9	26.5	26.2	24.1	21.3	18.5	15.9	14.2	**12.3**	11.3	10.7	9.8	8.2	8.6	8.6	7.0
菠萝罐头 200320	44.2	40.5	35.5	34.0	30.5	30.1	**29.4**	28.3	25.7	23.1	19.7	17.0	15.2	**13.2**	9.3	8.1	8.5	5.6	6.2	6.6	5.4
柑橘类罐头 200820	24.9	16.0	16.5	8.3	8.9	12.4	19.7	15.1	10.6	8.9	10.3	9.3	9.8	9.0	**7.2**	7.5	8.4	7.9	7.3	7.1	8.7
梨罐头 200830	43.6	37.0	32.0	32.0	32.2	28.1	27.1	27.0	24.5	21.8	18.9	16.4	14.6	12.7	11.4	**10.7**	10.5	9.8	9.3	9.2	7.3
桃罐头 200840	5.7	4.0	4.7	5.4	3.2	4.1	2.3	2.2	1.6	2.2	5.4	5.3	5.8	6.4	6.7	8.4	8.8	8.1	7.8	8.0	5.0
苹果汁 200870	12.0	13.3	13.7	16.0	12.6	10.3	9.5	9.0	9.8	9.4	7.6	6.7	5.8	5.7	5.3	5.8	5.7	5.5	5.4	5.3	2.3
200970	1.6	1.8	1.7	3.0	2.9	3.3	6.3	6.5	8.1	9.0											
浓缩大豆蛋白 210610	0.2	0.3	0.4	1.1	0.2	0.3	0.3	0.3	0.3	0.6	0.3	**0.4**	0.4	0.5	0.3	0.4	0.6	0.5	0.7	**2.3**	2.3
饲料 230990	1.5	1.6	0.9	0.7	0.9	1.1	0.9	0.8	0.8	0.6	**0.4**	0.4	0.3	0.5	0.3	0.4	0.6	0.5	0.7	**0.7**	0.8
生丝 500200	39.3	23.5	24.3	22.7	23.5	19.4	21.8	24.4	22.0	20.8	**18.3**	15.4	13.0	11.8	9.6	10.3	10.4	9.6	8.9	8.7	8.6

表 6-2 中国涉案农产品显性比较优势指标（RCA）比较（第二类）

产品/海关编码	年份	1993	1994	1995	1996	1997	1998	1999	2000	2001	2002	2003	2004	2005	2006	2007	2008	2009	2010	2011
冷冻或灌装暖水虾	030613	6.9	6.1	5.7	3.9	5.4	4.6	7.1	4.8	4.5	4.3	5.3	**6.5**	5.5	2.7	2.7	5.0	11.6	10.3	11.0
小龙虾尾肉	160520	0.3	0.2	0.2	0.6	1.1	0.6	0.8	3.6	5.2	8.4	9.7	**11.4**	11.4	13.6	12.8	14.4	10.1	10.4	11.3
	030619	13.8	15.6	15.7	**14.1**	15.1	16.5	16.3	9.9	6.4	11.2	7.8	9.4	13.7	13.7	12.0	12.2	12.3	13.8	12.3
	030629	7.3	10.6	10.1	**10.1**	10.2	13.0	16.4	11.3	13.2	13.1	10.2	13.9	12.2	9.5	6.7	6.8	7.3	6.6	2.2
	160540	16.5	16.4	10.7	**5.8**	8.0	17.7	20.4	17.8	17.3	16.9	20.9	22.4	20.1	21.8	20.6	21.0	20.0	19.7	18.4
蜂蜜	040900	7.0	**6.3**	6.6	7.0	5.2	6.7	6.2	**6.0**	7.0	3.9	3.9	4.2	4.5	4.7	4.2	4.7	3.9	4.6	4.6
	210690	0.4	**0.4**	0.4	0.5	0.8	0.9	1.0	**0.7**	0.7	0.8	0.8	0.8	0.7	0.8	0.9	0.8	0.7	0.8	0.9
大蒜	070320	12.5	**9.2**	9.7	9.6	10.5	8.3	**9.9**	13.7	17.4	20.7	21.3	24.5	23.4	24.4	23.5	24.8	23.9	22.7	22.5
	070180	13.2	**14.4**	6.0	6.8	7.5	7.9	**8.8**	8.5	9.3	8.4	8.5	10.7	11.2	12.3	11.6	12.7	11.3	12.2	12.8
	071190	17.7	**17.7**	20.6	**21.1**	22.2	22.9	**24.4**	22.1	23.1	14.7	15.0	17.4	14.4	14.0	11.9	12.6	14.5	12.8	12.6
	071290	10.9	**11.8**	15.3	**16.7**	17.7	20.0	**21.7**	20.2	21.6	22.4	23.2	26.6	25.2	25.7	25.3	26.9	24.6	23.4	23.8
冷冻草莓	081110	9.9	9.7	8.1	8.0	7.8	11.6	13.9	10.9	10.7	11.0	13.1	12.5	13.5	**11.3**	13.2	14.8	12.5	13.6	15.9
面粉	110100	2.4	0.7	1.0	2.4	2.4	2.0	1.5	0.8	1.2	1.2	1.1	**1.5**	1.9	2.0	2.9	0.9	1.4	1.6	1.5
花生仁	120220	11.9	13.3	12.8	11.0	9.2	7.7	13.4	12.4	14.9	17.2	18.4	19.0	17.4	14.0	12.8	12.9	9.8	8.5	6.9
番茄罐头	200210	0.9	1.2	0.3	0.3	0.7	1.0	1.8	5.2	2.9	1.8	1.4	3.2	5.7	5.6	4.7	5.8	3.7	3.0	4.2
	200290	5.0	4.0	5.6	4.5	9.2	9.2	9.8	10.9	13.6	16.9	18.7	21.7	21.7	22.2	23.1	26.1	23.5	21.4	22.1
蘑菇罐头	200310	14.4	13.7	17.5	19.1	21.0	**23.0**	24.0	21.7	22.6	22.8	23.6	26.6	**24.5**	24.9	25.2	25.8	20.9	22.1	22.4
波萝罐头	200320	19.6	19.2	21.5	19.3	23.5	**25.4**	25.9	23.2	24.4	24.2	25.2	28.6	**26.2**	20.4	19.2	22.4	14.2	15.9	17.2
柑橘类罐头	200820	7.8	8.9	12.8	5.6	9.7	17.1	13.8	9.5	9.4	12.7	13.8	18.5	17.9	**15.8**	17.7	22.0	20.3	18.8	18.5
梨罐头	200830	18.0	17.3	20.2	20.3	21.9	23.4	22.1	22.1	23.1	23.2	24.3	27.4	25.3	25.0	**25.3**	27.4	25.1	23.9	23.9
桃罐头	200840	1.9	2.5	3.4	2.0	3.2	2.0	1.5	1.5	2.3	6.6	7.9	12.4	12.7	14.8	19.8	23.0	25.1	20.9	20.9
苹果汁	200870	6.4	7.4	10.1	8.0	8.0	8.2	8.3	8.9	9.9	9.4	10.0	10.8	11.4	11.6	13.7	14.9	14.2	13.8	13.7
浓缩苹果汁	200970	0.9	0.9	1.9	1.8	2.6	5.5	**6.0**	7.3	9.5										
蛋白	210610	0.1	0.2	0.7	0.1	0.3	0.3	0.2	0.3	0.3	0.4	0.7	0.8	1.0	2.4	4.3	5.5	4.6	3.9	**5.9**
饲料	230990	0.8	0.5	0.4	0.5	0.8	0.8	0.7	0.7	0.6	**0.5**	**0.5**	0.6	0.6	0.6	0.9	1.5	1.3	1.7	**1.7**
生丝	500200	11.4	13.2	14.3	14.9	15.1	18.9	22.3	19.8	22.1	**22.5**	22.8	24.5	23.5	21.2	24.4	27.3	24.5	22.8	22.6

强的显性比较优势。根据多年度的 RCA 数值统计（见图 6-1），77% 的 RCA 值大于 2.5，具有极强的比较优势；8% 的 RCA 值大于 1.25 小于 2.5，具有极强的比较优势；5% 的 RCA 值大于 0.8 小于 1.25，具有平均比较优势；10% 的 RCA 值小于 0.8，具有比较劣势。

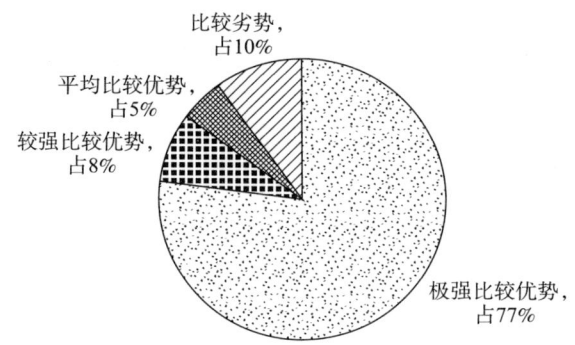

图 6-1　中国遭受反倾销农产品 1992~2012 年 RCA 指数分布情况

可以看到，中国遭受外国反倾销农产品案件主要集中在中国具有极强比较优势和竞争力的农产品上，但也存在具有比较劣势的农产品仍然遭受外国反倾销的情况。

根据各个农产品 RCA 指数与上一年相比的变化率上看，在遭到外国反倾销立案当年[①]，在产品类别中，共有 13 件案件的涉案农产品的 RCA 下降，而且幅度较大，说明中国 68% 的涉农案件在遭受国外反倾销时表现出不利的贸易调查效果；在产品细分种类中，共有 24 种农产品的 RCA 下降，并且幅度较大，说明中国 69% 的涉案细分农产品在遭受国外反倾销时表现出不利的贸易调查效果。在遭受外国反倾销的农产品种中，大蒜（加拿大和南非）、面粉（印度尼西亚）、苹果汁（美国）、浓缩大豆蛋白（欧盟）在反倾销立案当年的 RCA 出现了上升，没有表现出对中国不利的贸易调查效果。

反倾销措施之后的第一年，在产品类别中，共有 13 件案件的涉案农产品的 RCA 下降，而且幅度较大，说明中国 68% 的涉农案件在遭受国外反倾销时表现出不利的贸易限制效果；在产品细分种类中，共有 26 种农产品的 RCA 下降，并且幅度也较大，说明中国 74% 的涉案细分农产品在遭受国外反倾销时表现出不利的贸易限制效果。在遭受外国反倾销的农产品中，大蒜（南非）、冷冻草莓

---

① 排除不包括反倾销立案当年的案件，共有 19 件案件，如果计算相同产品的不同案件，则涉及农产品类别为 13 类，细分品种为 35 种。数值计算公式为 68% =（13×100%）÷19，69% =（24×100%）÷35。

(欧盟)、面粉（印度尼西亚）、菠萝罐头（澳大利亚）、苹果汁（美国）、浓缩大豆蛋白（欧盟）的 RCA 出现了上升，没有表现出对中国不利的贸易限制效果。从反倾销效果持续期来看，大部分农产品 RCA 下降的持续期较短，幅度也在减少，甚至部分产品出现了 RCA 增加的情况。从长期趋势来看，除了梨罐头、浓缩大豆蛋白和饲料之外，显性比较优势均处于下降趋势，其中梨罐头是在 2001 年、浓缩大豆蛋白是在 2002 年、饲料是在 2003 年之后比较优势逐渐上升。

可见，从 RCA 指数角度来看，大部分中国遭受外国反倾销的农产品在反倾销立案当年均表现出比较优势下降的特征，具有明显的贸易调查效果；在反倾销立案后第一年，大部分产品的比较优势下降，具有明显的贸易限制效果。

2. RCAAG

根据表 6-2 的计算结果，在有关农产品的显性比较优势指标中，年平均比较优势值 RCAAG 大于 RCA，除了饲料之外，其余 RCAAG 均大于 1，具有比较优势。具体来讲，在 17 类农产品中，有 14 类农产品的年平均 RCAAG 均大于 2.5，说明中国遭受外国反倾销 82% 以上的农产品具有极强的农产品显性比较优势；介于 1.25 和 2.5 之间的有 2 类产品，是面粉（RCAAG 为 1.59）和浓缩大豆蛋白（RCAAG 为 1.60），说明这 2 类产品在农产品市场上存在较强的比较优势和竞争力；介于 0.8 和 1.25 之间的只有 1 类产品，是饲料（RCAAG 为 0.82），说明其存在比较优势，但是竞争力不强；没有小于 0.8 的农产品，说明所有产品在农产品市场上都具有比较优势和一定竞争力。从细分的 26 种农产品来看，有 22 种农产品年平均 RCAAG 大于 2.5，说明中国遭受外国反倾销 85% 以上的农产品在农产品市场上具有极强的显性比较优势；介于 1.25 和 2.5 之间的有 2 种产品，为面粉和浓缩大豆蛋白；介于 0.8 和 1.25 之间的只有 1 种产品，为饲料；小于 0.8 的有 1 种产品，为蜂蜜 210690 产品（RCAAG 为 0.71）。可以看到，基本上 RCAAG 与 RCA 在不同产品上的比较优势的级别具有一致性。

根据 1992~2012 年遭受外国反倾销农产品 RCAAG 指数来看，在 26 种农产品的 21 年数据中，有 21 种农产品超过一半以上年份的 RCA 指数大于 2.5，具有极强的显性比较优势。根据多年度的 RCA 数值统计（见图 6-2），81% 的 RCAAG 值大于 2.5，在农产品市场上具有极强的比较优势；5% 的 RCA 值大于 1.25 小于 2.5，具有极强的比较优势；4% 的 RCA 值大于 0.8 小于 1.25，具有平均比较优势；10% 的 RCA 值小于 0.8，具有比较劣势。

可以看到，与 RCA 指数分析结果一致，大部分中国遭受外国反倾销农产品在农产品市场上也具有极强的比较优势和竞争力，中国遭到外国反倾销农产品在农产品市场上的显性比较优势强于在所有产品市场上的显性比较优势。

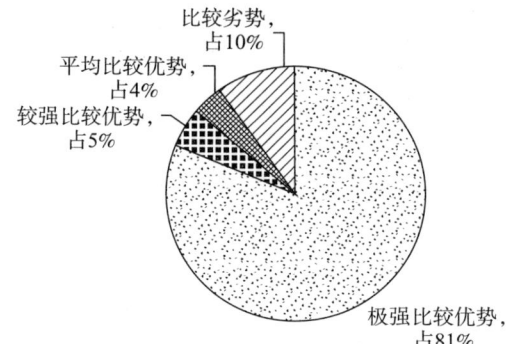

图 6-2　中国遭受反倾销农产品 1992~2012 年 RCAAG 指数分布情况

从各个农产品 RCAAG 指数与上一年相比的变化率上看，在遭到外国反倾销立案当年，在产品类别中，共有 8 件案件的涉案农产品的 RCAAG 下降，而且幅度较大，说明中国 47%[1]的涉农案件在遭受国外反倾销时表现出不利的贸易调查效果；在产品细分种类中，共有 13 种农产品的 RCAAG 下降，并且幅度也比较大，说明中国 37%[2]的涉案细分农产品在遭受国外反倾销时表现出不利的贸易调查效果。可见，从农产品的显性比较优势来看，大多数中国遭受外国反倾销的农产品没有表现出贸易调查效果。

反倾销措施之后的第一年，在产品类别中，只有 3 件案件的涉案农产品的 RCAAG 下降，说明中国 20%[3]的涉农案件在遭受国外反倾销时表现出不利的贸易限制效果；在产品细分种类中，仅有 7 种农产品的 RCAAG 下降，说明中国 21%[4]的涉案细分农产品在遭受到国外反倾销时表现出不利的贸易限制效果。可见，从农产品的显性比较优势来看，绝大多数中国遭受外国反倾销的农产品没有表现出贸易限制效果。这与所有产品市场上的显性比较优势指标分析结果是相反的。从长期趋势来看，小龙虾尾肉在 2005 年之后基本维持不变，蜂蜜（040900）产品逐年下降，大蒜（071190）产品在 2001 年之后下降，面粉波动剧烈，花生仁在 2004 年之后下降，而其他产品的显性比较优势指数呈不断上升的态势。长期趋势与所有产品的显性比较优势趋势也截然相反。

可以看到，反倾销立案当年观察到显性比较优势指标表现出反倾销的贸易调查和限制效果，持续期较短；而从农产品的显性比较优势指标分析，则看不出明显的贸易调查和贸易限制效果。如果从所有产品角度来考察中国遭受反倾

---

[1] 47% = （8×100%）÷19。
[2] 37% = （13×100%）÷35。
[3] 20% = （3×100%）÷15。
[4] 21% = （7×100%）÷33。

销农产品的比较优势,则显性比较优势指数逐年下降;如果从所有农产品角度来考察,则遭受反倾销的农产品比较优势呈现出逐年上升态势,这从一个侧面也体现出为何中国这些农产品频繁遭受国外反倾销,即使遭受了反倾销调查,中国涉案农产品在全部农产品中的比较优势仍是上升的,从而容易引起国外反倾销不间断的制裁。因此,从农产品市场的角度分析涉案农产品的显性比较优势,比考察涉案农产品在所有产品中的显性比较优势更具有针对性和准确性,对于分析中国涉及反倾销案件的农产品比较优势的变化具有更重要的实践指导意义。

同时,根据对中国遭受反倾销农产品品种可以看到,大多数属于畜产品、水产品及园艺类(水果、蔬菜)等劳动密集型农产品和部分深加工农产品,而这些恰恰是中国具有明显比较优势的农产品。与沈国兵(2012)对于中国产品的显性比较优势并不是招致美国反倾销的原罪的分析结果不一致。原因有二:第一,仅考察了美国一个国家对于中国反倾销产品的显性比较优势,具有国别限制;第二,其考察了全部产品,而本章只考察了农产品,具有产品范围限制,即在农产品领域显性比较优势是招致国外对中国反倾销的原罪。因此,在未来反倾销实践过程中,一方面要继续重点关注这些仍然处于反倾销程序中的产品;另一方面需要更多地关注中国出口劳动密集型和深加工农产品领域其他有可能会引起国外反倾销的农产品。

(二) 国际市场占有率 (IMS)

国际市场占有率是考察一国某农产品在国际市场上的市场占有情况,代表着此种产品的国际竞争力水平。IMS 数值越大,代表某国某产品在世界市场上越具有竞争力。表 6-3 列出的是中国遭受反倾销农产品的国际市场占有率的变化情况。

根据年平均国际市场占有率情况来看,除了蜂蜜(210690)产品、面粉、浓缩大豆蛋白和饲料之外,其余产品均大于 0.1(10%)。其中,国际市场占有率高的产品有:冷冻或灌装暖水虾(0.51)、小龙虾尾肉(0.71)、大蒜(0.71)、花生(0.51)、番茄罐头(0.58)、蘑菇罐头(0.87)、菠萝罐头(0.54)、柑橘类罐头(0.93)以及生丝(0.82),大部分属于频繁遭受反倾销的农产品。

在反倾销立案当年,除了冷冻或灌装暖水虾、大蒜、面粉、柑橘类罐头、浓缩大豆蛋白和生丝外,其余农产品国际市场占有率是下降的,这些产品下降幅度较大,具有贸易调查效果和贸易限制效果;反倾销立案后,其贸易限制效果也较短暂,幅度变小。

从长期变动趋势来看,蘑菇罐头、花生仁在 2005 年之后开始下降,面粉波

表6-3 中国涉案农产品国际市场占有率（IMS）比较

产品/海关编码	1993	1994	1995	1996	1997	1998	1999	2000	2001	2002	2003	2004	2005	2006	2007	2008	2009	2010	2011	2012
冷冻或灌装 030613	0.34	0.32	0.26	0.17	0.22	0.18	0.26	0.21	0.18	0.18	0.21	**0.22**	0.20	0.10	0.10	0.17	0.43	0.42	0.44	0.38
暖水虾 160520	0.01	0.01	0.01	0.03	0.05	0.02	0.03	0.15	0.21	0.34	0.38	**0.39**	0.42	0.49	0.47	0.49	0.38	0.42	0.45	0.10
小龙虾尾肉 030619	0.69	0.81	0.72	**0.62**	0.63	0.64	0.61	0.42	0.26	0.46	0.30	0.32	0.50	0.50	0.44	0.41	0.46	0.55	0.49	0.92
小龙虾尾肉 160540	0.36	0.55	0.46	**0.45**	0.43	0.50	0.61	0.48	0.54	0.53	0.40	0.48	0.45	0.34	0.25	0.23	0.27	0.27	0.09	0.19
蜂蜜 040900	0.83	0.85	0.49	**0.26**	0.34	0.68	0.76	0.76	0.70	0.69	0.82	0.77	0.73	0.79	0.76	0.71	0.75	0.79	0.73	0.04
蜂蜜 210690	0.35	**0.33**	0.30	0.31	0.22	0.26	0.23	**0.25**	0.28	0.16	0.15	0.15	0.16	0.17	0.15	0.16	0.15	0.19	0.18	0.90
大蒜 070320	0.02	**0.02**	0.02	0.02	0.03	0.04	0.04	**0.03**	0.03	0.03	0.03	0.03	0.03	0.03	0.03	0.03	0.03	0.03	0.04	0.50
大蒜 071080	0.62	**0.47**	0.44	**0.42**	0.44	0.32	0.37	0.59	0.71	0.84	0.83	0.84	0.85	0.88	0.87	0.84	0.89	0.91	0.89	0.55
大蒜 071190	0.66	**0.74**	0.28	**0.30**	0.31	0.30	**0.33**	0.36	0.38	0.34	0.33	0.37	0.41	0.45	0.43	0.43	0.42	0.49	0.51	0.94
冷冻草莓 071290	0.88	**0.92**	0.94	**0.93**	0.93	0.88	**0.91**	0.95	0.94	0.60	0.58	0.60	0.53	0.51	0.44	0.42	0.54	0.51	0.50	0.63
冷冻草莓 081110	0.54	**0.61**	0.70	**0.74**	0.74	0.77	**0.81**	0.86	0.88	0.91	0.90	0.91	0.92	0.93	0.93	0.91	0.92	0.94	0.95	0.07
面粉 110100	0.49	0.50	0.37	0.35	0.33	0.45	0.52	0.47	0.43	0.45	0.51	0.43	0.49	**0.41**	0.49	0.50	0.47	0.55	0.63	0.00
花生仁 120220	0.12	0.04	0.05	0.10	0.10	0.08	0.05	0.03	0.05	0.05	0.04	**0.05**	0.07	0.07	0.11	0.03	0.05	0.06	0.06	0.22
番茄罐头 200210	0.59	0.69	0.58	0.49	0.39	0.30	0.50	0.53	0.60	0.70	0.72	0.65	0.64	0.51	0.47	0.43	0.37	0.34	0.28	0.88
番茄罐头 200290	0.05	0.06	0.01	0.01	0.03	0.04	0.07	0.22	0.12	0.07	0.05	0.11	0.21	0.20	0.17	0.20	0.14	0.12	0.17	0.78
蘑菇罐头 200310	0.25	0.21	0.25	0.20	0.38	0.36	0.36	0.47	0.55	0.69	0.73	0.75	0.79	0.81	0.85	0.88	0.88	0.86	0.88	0.60
蘑菇罐头 200320	0.72	0.71	0.80	0.85	0.88	**0.89**	0.89	0.93	0.92	0.93	0.92	0.91	**0.89**	0.90	0.93	0.87	0.78	0.89	0.89	0.97
菠萝罐头 200820	0.98	0.99	0.98	0.85	0.98	**0.98**	0.97	0.99	0.99	0.99	0.98	0.98	**0.96**	0.74	0.71	0.76	0.53	0.64	0.69	0.82
柑橘类罐头 200830	0.39	0.46	0.24	0.25	0.41	0.66	0.51	0.41	0.38	0.52	0.54	0.63	0.65	**0.57**	0.65	0.74	0.76	0.76	0.74	0.55
梨罐头 200840	0.90	0.90	0.92	0.90	0.92	0.90	0.92	0.94	0.94	0.95	0.95	0.94	0.92	0.91	**0.93**	0.93	0.94	0.96	0.95	0.25
桃罐头 200870	0.10	0.13	0.15	0.09	0.13	0.08	0.08	0.06	0.09	0.27	0.31	0.42	0.46	0.54	0.73	0.78	0.78	0.80	0.83	0.08
苹果汁 200970	0.32	0.38	0.46	0.35	0.34	0.32	0.31	0.38	0.40	0.38	0.39	0.37	0.42	0.42	0.50	0.50	0.53	0.56	0.55	0.95
浓缩大豆蛋白 210610	0.04	0.05	0.09	0.08	0.11	0.21	**0.22**	0.31	0.39											
饲料 230990	0.01	0.01	0.03	0.00	0.01	0.01	0.01	0.01	0.01	0.01	0.03	0.03	0.04	0.09	0.16	0.19	0.17	0.16	**0.24**	
饲料(续)	0.04	0.03	0.02	0.02	0.04	0.03	0.03	0.03	0.03	**0.02**	**0.02**	0.02	0.02	0.02	0.03	0.05	0.05	0.07	**0.07**	
生丝 500200	0.57	0.68	0.65	0.66	0.63	0.73	0.83	0.85	0.90	**0.92**	0.89	0.84	0.86	0.77	0.90	0.92	0.92	0.92	0.90	

动很大，大蒜（071190 和 071290）在 2001 年之后不断下降，蜂蜜在 2001 年之后下降，小龙虾尾肉在 2002 年之后开始下降外，其他农产品的国际市场占有率处于上升趋势。可见，中国遭受反倾销的农产品大部分在国际市场上的占有率是不断攀升，竞争力是不断增强的。国际市场占有率的分析结果与第二类显性比较优势指标基本一致。

（三）贸易竞争指数（TCI）

表 6-4 列出了中国遭受反倾销农产品的贸易竞争指数情况。从平均贸易竞争指数情况来看，所有农产品年均 TCI 都大于 0，除了浓缩大豆蛋白和饲料之外，其余产品均大于 0.5，具有很强的贸易竞争优势。年均贸易竞争指数较高的产品有：冷冻或灌装暖水虾（0.86）、小龙虾尾肉（0.98）、蜂蜜（0.96）、大蒜（0.99）、冷冻草莓（0.85）、面粉（0.71）、花生仁（0.95）、番茄罐头（0.99）、蘑菇罐头（1.00）、菠萝罐头（0.87）、柑橘类罐头（0.87）、梨罐头（0.99）、桃罐头（0.94）、苹果汁（0.98）以及生丝（0.99）。由此可见，中国大部分遭受反倾销的农产品的贸易竞争指数均呈现出很强的竞争力。

在反倾销立案当年，除蜂蜜、大蒜、蘑菇罐头、菠萝罐头和生丝外，其余农产品贸易竞争力指数下降，可能存在贸易调查效果和贸易限制效果；在反倾销立案后，大部分农产品贸易竞争力指数下降幅度减少，贸易限制效果持续期较短。

从长期趋势来看，早期具有很大竞争优势的产品出现了小幅下降的情况，具体产品有小龙虾尾肉、蜂蜜、大蒜、冷冻草莓、花生仁、番茄罐头、菠萝罐头、柑橘类罐头和桃罐头。其中，小龙虾尾肉（030629）产品变化比较明显，在 2009 年之前具有竞争优势，在 2009 年之后具有竞争劣势。早期具有竞争劣势的产品，浓缩大豆蛋白和饲料则竞争优势不断增强，从不具有竞争优势的产品变成具有竞争优势的产品。其余具有竞争优势的产品竞争优势不断增强，如冷冻或灌装暖水虾、面粉和苹果汁。

根据贸易竞争指数来看，中国遭受反倾销的农产品是非常具有竞争优势的，早期具有竞争优势的农产品下降幅度很小，早期不具有竞争优势的农产品竞争优势还在不断上升。

（四）市场渗透率（MP）

市场渗透率指标考察中国遭受申诉国反倾销的农产品在申诉国所具有的竞争优势情况，通过年际间指标数值的动态变化可以看出，反倾销前后中国涉案农产品在反倾销申诉国市场上的占有情况。对不同国家的涉案农产品进行市场渗透率的计算结果如表 6-5 至表 6-10 所示。

表6-4 中国涉案农产品贸易竞争指数（TCI）比较

产品/海关编码	年份	1993	1994	1995	1996	1997	1998	1999	2000	2001	2002	2003	2004	2005	2006	2007	2008	2009	2010	2011	2012
冷冻或罐装暖水虾	030613	0.93	0.72	0.74	0.60	0.65	0.62	0.56	0.44	0.40	0.48	0.54	0.53	0.37	0.12	0.16	0.35	0.70	0.64	0.67	
	160520	0.50	0.61	0.52	0.81	0.99	1.00	1.00	1.00	1.00	1.00	1.00	1.00	1.00	1.00	0.98	1.00	0.98	0.99	0.99	
小龙虾尾肉	030619	0.60	0.49	0.91	0.68	0.95	1.00	0.66	0.98	0.99	0.94	0.85	0.53	0.98	0.78	0.56	0.50	0.99	0.63	0.47	-0.30
	030629	0.56	0.73	0.74	0.38	0.80	0.81	0.91	0.77	0.95	0.95	0.78	0.85	0.69	0.24	0.31	0.04	-0.07	-0.30	-0.68	-0.88
蜂蜜	160540	0.99	0.98	0.98	0.92	0.95	0.99	0.99	0.99	1.00	0.99	0.97	0.96	0.97	0.95	0.99	0.99	1.00	0.99	0.99	1.00
	040900	1.00	1.00	0.99	1.00	0.99	0.98	0.97	0.99	0.99	0.97	0.97	0.96	0.98	0.97	0.94	0.94	0.92	0.90	0.88	0.78
	210690	0.47	0.61	0.79	0.77	0.80	0.81	0.62	0.58	0.45	0.57	0.19	0.00	0.31	0.39	0.40	0.23	0.18	0.11	0.13	0.11
大蒜	070320	0.99	1.00	1.00	1.00	1.00	1.00	1.00	1.00	0.98	0.99	1.00	1.00	1.00	1.00	1.00	1.00	1.00	1.00	1.00	1.00
	071080	1.00	1.00	0.99	0.99	1.00	0.98	0.99	0.98	0.98	0.98	0.97	0.98	0.96	0.95	0.95	0.95	0.95	0.94	0.94	0.94
	071190	1.00	1.00	1.00	0.99	1.00	0.99	1.00	0.99	0.99	0.98	1.00	1.00	1.00	0.99	0.99	0.99	0.99	0.99	0.99	0.99
冷冻草莓	071290	0.99	1.00	1.00	0.98	0.98	0.98	0.92	0.97	0.97	0.96	0.97	0.98	0.98	0.96	0.98	0.99	0.95	0.99	0.89	0.83
面粉	081110	1.00	1.00	0.99	0.99	0.98	0.98	1.00	0.90	0.93	0.72	0.50	0.69	0.84	0.72	0.69	0.67	0.67	0.81	0.92	0.91
	110100	0.69	0.53	0.68	0.84	0.77	0.65	0.45	0.50	0.55	0.72	0.74	0.79	0.78	0.79	0.93	0.82	0.87	0.89	0.50	
花生仁	120220	1.00	0.98	1.00	1.00	0.96	0.97	1.00	1.00	1.00	1.00	1.00	0.99	1.00	0.96	0.99	0.92	0.98	0.84	0.38	0.44
番茄罐头	200210	0.96	0.97	0.90	0.99	0.94	0.95	0.85	0.93	0.82	0.74	0.65	0.66	0.79	0.78	0.75	0.72	0.63	0.47	0.38	0.99
	200290	0.99	0.99	0.99	0.99	0.99	1.00	1.00	0.99	0.99	0.99	0.99	0.99	0.99	0.99	0.99	0.99	0.99	0.99	0.99	1.00
蘑菇罐头	200310	1.00	1.00	0.97	1.00	1.00	1.00	1.00	0.98	0.99	0.99	0.99	1.00	1.00	0.99	1.00	1.00	0.96	0.99	1.00	0.28
	200320	0.98	0.95	0.94	0.97	0.98	0.99	0.98	0.86	0.91	0.99	0.95	0.94	0.91	0.91	0.92	0.87	0.75	0.70	0.55	0.69
菠萝罐头	200820	1.00	1.00	0.99	1.00	0.99	1.00	1.00	1.00	0.99	0.99	0.99	0.97	0.85	0.82	0.75	0.67	0.55	0.43	0.55	0.99
柑橘类罐头	200830	0.99	1.00	0.99	1.00	0.99	1.00	1.00	0.99	0.99	0.99	1.00	1.00	1.00	0.90	1.00	1.00	1.00	1.00	1.00	
梨罐头	200840	1.00	0.99	1.00	1.00	0.98	0.99	0.97	0.96	0.98	0.96	0.87	0.84	0.94	0.90	0.96	0.91	0.91	0.90	0.86	
桃罐头	200870	0.99	0.99	0.98	1.00	0.97	0.98	0.99	1.00												
苹果汁	200970	0.93	0.98	0.98	0.99	0.60	0.59	-0.40	-0.25	-0.46	-0.43	-0.17	-0.48	0.50	0.48	0.86	0.95	0.96	0.92	0.96	0.98
浓缩大豆蛋白	210610	0.49	0.69	0.81	0.17	0.32	0.23	-0.10	-0.21	-0.07	-0.04	-0.10	-0.13	0.01	0.10	0.30	0.39	0.34	0.58	0.58	0.63
饲料	230990	-0.15	-0.10	-0.15	0.04	0.99	1.00	0.98	0.95	0.98	0.98	0.98	0.98	0.98	0.97	0.98	0.99	0.99	0.99	1.00	0.99
生丝	500200	0.99	0.99	1.00	0.99	1.00	0.99														

第六章 反倾销涉案农产品的产业竞争力分析

表6-5 中国涉案农产品市场渗透率（MP）——分国别（美国）

产品/海关编码 年份	冷冻或灌装暖水虾		小龙虾尾肉			大蒜				蘑菇罐头		苹果汁			蜂蜜	
	030613	160520	030619	030629	160540	070320	071080	071190	200590	200310	200390	200970	200971	200979	040900	210690
1991	0.127	0.004	0.036	0.004	0.372	0.044	0.035	0.019	0.176	0.208		0.003			0.432	0.017
1992	0.169	0.003	0.066	0.004	0.727	0.121	0.039	0.010	0.166	0.211		0.003			0.473	0.024
1993	0.090	0.040	0.089	0.086	0.651	0.493	0.043	0.071	0.185	0.213		0.006			0.506	0.040
1994	0.042	0.021	0.146	0.036	0.841	0.212	0.059	0.006	0.162	0.192		0.005			*0.457*	*0.035*
1995	0.033	0.022	0.312	0.000	0.961	0.010	0.055	0.028	0.154	0.397		0.011			0.283	0.048
1996	0.015	0.013	*0.214*	0.145	*0.703*	0.003	0.050	0.045	0.255	0.410		0.023			0.257	0.046
1997	0.025	0.006	0.087	0.122	0.605	0.003	0.058	0.011	0.260	0.403		0.082			0.156	0.040
1998	0.013	0.004	0.252	0.054	0.710	0.005	0.053	0.003	0.189	*0.301*		0.154			0.220	0.040
1999	0.018	0.003	0.168	0.031	0.947	0.004	0.044	0.013	0.182	0.006		*0.112*			0.257	0.042
2000	0.042	0.003	0.141	0.236	0.781	0.004	0.048	0.022	0.214	0.049		0.142			*0.261*	*0.039*
2001	0.058	0.021	0.291	0.016	0.944	0.119	0.052	0.042	0.192	0.148		0.147			0.227	0.037
2002	0.077	0.116	0.096	0.058	0.947	0.388	0.039	0.044	0.172	0.177	0.090		0.154	0.274	0.050	0.033
2003	0.108	0.151	0.154	0.075	0.971	0.565	0.044	0.049	0.144	0.327	0.101		0.294	0.387	0.175	0.029
2004	*0.078*	*0.141*	0.427	0.005	0.920	0.699	0.056	0.055	0.129	0.395	0.136		0.458	0.519	0.225	0.023
2005	0.016	0.187	0.353	0.022	0.917	0.697	0.064	0.027	0.127	0.424	0.172		0.558	0.568	0.186	0.021
2006	0.017	0.249	0.621	0.057	0.648	0.779	0.083	0.028	0.131	0.425	0.090		0.569	0.543	0.161	0.027
2007	0.019	0.197	0.484	0.026	0.798	0.827	0.101	0.019		0.557	0.098		0.521	0.731	0.069	0.040
2008	0.032	0.164	0.490	0.357	0.586	0.759	0.085	0.037		0.573	0.172		0.364	0.791	0.032	0.052
2009	0.024	0.171	0.279	0.262	0.809	0.819	0.087	0.071		0.621	0.269		0.267	0.776	0.001	0.041
2010	0.030	0.173	0.446	0.000	0.891	0.846	0.079	0.041		0.665	0.219		0.282	0.823	0.009	0.044
2011	0.026	0.147	0.240	0.000	0.592	0.852	0.081	0.081		0.590	0.262		0.444	0.716	0.013	0.047
2012			0.391	0.000	0.836	0.889	0.062	0.042		0.619	0.171		0.282	0.784	0.000	0.046

表6-6 中国涉案农产品市场渗透率（MP）——分国别（欧盟）

年份 \ 产品 海关编码	冷冻草莓 081110	柑橘类罐头 200830	浓缩大豆蛋白 210610
2000	0.102	0.249	0.001
2001	0.107	0.361	0.006
2002	0.117	0.451	0.010
2003	0.284	0.517	0.010
2004	0.245	0.437	0.015
2005	0.370	0.427	0.024
2006	**0.289**	0.505	0.034
2007	0.351	**0.541**	0.038
2008	0.337	0.568	0.035
2009	0.381	0.439	0.045
2010	0.415	0.535	**0.047**
2011	0.459	0.441	0.065
2012	0.279	0.598	0.063

表6-7 中国涉案农产品市场渗透率（MP）——分国别（澳大利亚）

年份 \ 产品 海关编码	花生仁 120220	番茄罐头 200290	蘑菇罐头 200310	 200390	菠萝罐头 200820	梨罐头 200840	桃罐头 200870
1988	0.516	0.000	0.546		0.053	0.375	0.251
1989	0.415	0.040	0.779		0.013	0.813	0.295
1990	0.414	0.037	0.737		0.001	0.928	0.401
1991	**0.429**	**0.034**	0.772		0.045	**0.878**	**0.842**
1992	0.756	0.043	0.701		0.017	0.000	0.027
1993	0.709	0.018	0.769		0.000	0.000	0.054
1994	0.560	0.003	0.710		0.000	0.000	0.020
1995	0.237	0.008	0.813		0.000	0.000	0.048
1996	0.436	0.012	0.794		0.002	0.000	0.079
1997	0.686	0.067	0.793		0.003	0.000	0.094
1998	0.483	0.067	0.816		0.000	0.000	0.001
1999	0.756	0.043	0.791		0.010	0.624	0.047

续表

年份\产品	花生仁	番茄罐头	蘑菇罐头		菠萝罐头	梨罐头	桃罐头
海关编码	120220	200290	200310	200390	200820	200840	200870
2000	0.642	0.094	0.852		0.000	0.000	0.005
2001	0.991	0.153	0.807		0.007	0.000	0.000
2002	0.279	0.150	0.838	0.384	0.076	0.091	0.027
2003	0.351	0.152	0.880	0.702	0.136	0.494	0.003
2004	0.641	0.221	0.863	0.532	0.220	0.288	0.160
2005	0.721	0.252	**0.880**	**0.647**	0.108	0.241	0.181
2006	0.422	0.303	0.916	0.614	**0.081**	0.417	0.250
2007	0.297	0.237	0.918	0.718	0.047	0.381	0.292
2008	0.225	0.239	0.932	0.648	0.026	0.359	0.352
2009	0.260	0.408	0.921	0.699	0.023	0.367	0.316
2010	0.156	0.353	0.881	0.644	0.019	0.339	0.227
2011	0.180	0.235	0.910	0.656	0.015	0.464	0.248
2012		0.409	0.921	0.562	0.020	0.568	0.253

表6-8 中国涉案农产品市场渗透率（MP）——分国别（巴西）

年份\产品	大蒜		蘑菇罐头	
海关编码	070320	071190	200310	200390
1990	0.000	0.000	0.130	
1991	0.000	0.000	0.000	
1992	0.000	0.000	0.000	
1993	0.183	0.000	0.000	
1994	**0.348**	**0.000**	0.000	
1995	0.358	0.620	0.281	
1996	0.392	0.555	**0.594**	
1997	0.285	0.523	0.785	
1998	0.128	0.061	0.194	
1999	0.181	0.000	0.211	
2000	0.150	0.000	0.381	
2001	0.155	0.000	0.000	

续表

年份 \ 产品 海关编码	大蒜 070320	大蒜 071190	蘑菇罐头 200310	蘑菇罐头 200390
2002	0.361	0.000	0.000	0.000
2003	0.259	0.000	0.000	0.286
2004	0.230	0.000	0.000	0.853
2005	0.423	0.000	0.000	0.083
2006	0.396	0.013	0.000	0.000
2007	0.284	0.000	0.000	0.002
2008	0.360	0.000	0.835	0.237
2009	0.522	0.016	0.185	0.212
2010	0.559	0.118	0.000	0.093
2011	0.409	0.306	0.883	0.106
2012	0.478	0.183	0.905	0.003

表6-9 中国涉案农产品市场渗透率（MP）——分国别（加拿大/韩国/新西兰）

年份 \ 国家 产品 海关编码	加拿大 大蒜 070320	韩国 大蒜 070320	韩国 饲料 230910	韩国 饲料 230990	新西兰 桃罐头 200870
1989	0.043			0.018	0.008
1990	0.065			0.047	0.000
1991	0.093			0.000	0.001
1992	0.132			0.012	0.000
1993	0.145	1.000		0.012	0.014
1994	0.207	1.000		0.019	0.014
1995	0.352	0.676		0.033	0.009
1996	0.382	1.000		0.037	0.027
1997	0.387	0.998	0.001	0.048	0.005
1998	0.390	1.000	0.006	0.055	0.005
1999	0.372	1.000		0.056	0.017
2000	0.449	0.987	0.003	0.057	0.014
2001	0.123	1.000	0.014	0.095	0.007

续表

国家	加拿大	韩国		新西兰
产品	大蒜	大蒜	饲料		桃罐头
年份 海关编码	070320	070320	230910	230990	200870
2002	0.009	1.000	0.028	0.108	0.007
2003	0.017	1.000	0.076	0.104	0.053
2004	0.012	1.000	0.135	0.112	0.212
2005	0.014	1.000	0.207	0.110	0.192
2006	0.153	1.000	0.247	0.109	0.308
2007	0.757	1.000	0.265	0.120	0.351
2008	0.594	0.992	0.249	0.287	0.190
2009	0.695	1.000	0.247	0.286	0.265
2010	0.759	1.000	0.251	0.306	0.206
2011	0.699	1.000	0.269	0.292	0.212
2012	0.716	1.000	0.268	0.272	0.183

表6-10 中国涉案农产品市场渗透率（MP）——分国别（印度/印度尼西亚/墨西哥/南非）

国家	印度		印度尼西亚	墨西哥			南非		
产品	维生素E	生丝	面粉	蘑菇罐头			大蒜		
年份 海关编码	230910 230990	500200	110100	200310	200320	200390	070320	070390	071290
1988	0.016	0.249							
1989		0.051							
1990		0.118							
1991		0.019							
1992	0.083	0.276							
1993	0.158	0.594		0.003					
1994	0.194	0.694		0.150					
1995	0.082	0.687		0.161					
1996	0.062	0.712	0.001	0.212					
1997	0.098	0.776	0.000	0.173					
1998	0.144	0.784	0.002	0.749					
1999	0.116	0.917	0.001	0.873					

续表

国家	印度			印度尼西亚	墨西哥			南非		
产品	维生素E		生丝	面粉	蘑菇罐头			大蒜		
年份 \ 海关编码	230910	230990	500200	110100	200310	200320	200390	070320	070390	071290
2000		0.130	0.915	0.039	0.812			0.435	0.000	0.259
2001	0.023	0.211	0.944	0.196	0.636	0.834		0.375	0.000	0.298
2002	0.001	0.193	0.840	0.260	0.598	0.535		0.883	0.000	0.359
2003	0.000	0.154	0.800	0.217	0.633	0.000		0.495	0.000	0.418
2004	0.000	0.188	0.913	0.182	0.564	0.000	0.849	0.341	0.000	0.551
2005	0.040	0.191	0.959	0.081	0.797	0.000	0.503	0.524	0.000	0.639
2006	0.001	0.146	0.970	0.059	0.028	0.000	0.416	0.224	0.000	0.733
2007	0.008	0.165	0.986	0.121	0.158	0.000	0.425	0.475	0.071	0.685
2008	0.006	0.142	0.992	0.017	0.514	0.000	0.488	0.808		0.524
2009	0.000	0.148	0.980	0.002	0.402	0.000	0.316	0.998	0.985	0.570
2010	0.007	0.153	0.964	0.000	0.031	0.000	0.376	0.925	1.000	0.717
2011	0.053	0.194	0.927	0.000	0.152	0.000	0.611	0.605	0.000	0.727
2012	0.049	0.142	0.950	0.000	0.066	0.000	0.342	0.365	0.000	0.695

表6-5整理了美国对中国反倾销农产品对于美国的市场渗透率指标。根据平均市场渗透率指数来看，小龙虾尾肉、大蒜、蘑菇罐头、苹果汁和蜂蜜的市场渗透率较高，分别达到0.263、0.78、0.415、0.359、0.162、0.381、0.628和0.202。首先，从反倾销立案当年来看，大部分农产品的市场渗透率均下降，存在贸易调查和限制效果；在反倾销之后，市场渗透率下降持续期较短。其次，从长期趋势来看，冷冻或灌装暖水虾在2004年反倾销之前对美国市场渗透率不断增加，在2004年之后（030613）产品下降，而（160520）产品则不断上升；小龙虾尾肉三种品种的产品均呈现出波动态势；大蒜、蘑菇罐头和苹果汁对美国市场渗透率则不断上升。蜂蜜（040900）产品则呈现逐年下降的趋势，在2000年对其进行第二次反倾销后出现了较大幅度下降，但持续时间仅为2年，从2004年之后中国蜂蜜对于美国市场渗透率逐渐递减，2012年几乎为0；蜂蜜（210690）产品虽然在2005年之前逐年下降，但之后逐年呈现增加的趋势，然而市场渗透率较小。可见，美国频繁对中国进行反倾销的农产品，其对美国的市场渗透率是不断上升的，从市场渗透率变化情况可以看到，渗透率不断提高会使得美国对这些农产品频繁进行反倾销。

表6-6整理了欧盟对中国反倾销农产品对于欧盟的市场渗透率指标。根据平均市场渗透率指数来看，冷冻草莓（081110）和柑橘类罐头（200830）的市场渗透率较高，分别达到0.287和0.467。从反倾销立案当年来看，只有冷冻草莓的市场渗透率下降，并且持续效果只有1年。从长期趋势来看，三类产品对欧盟的市场渗透率都是不断增加的。

表6-7整理了澳大利亚对中国反倾销农产品对于澳大利亚的市场渗透率指标。根据平均市场渗透率指数来看，花生仁（120220）、番茄罐头（200290）、蘑菇罐头（200310）与（200390）、梨罐头（200840）和桃罐头（200870）的市场渗透率较高，分别达到0.482、0.143、0.822、0.619、0.305和0.179。从反倾销立案当年来看，立案当年番茄罐头、菠萝罐头和梨罐头的市场渗透率是下降的，由于初裁和立案为一年，可能存在反倾销的贸易调查和限制效果。从长期趋势来看，花生仁对澳大利亚市场渗透率在2001年之后不断下降，番茄罐头在2001年之后不断上升；蘑菇罐头一直处于较高的渗透率，趋势也是不断上升的；菠萝罐头在2004年之前不断上升、2004年之后不断下降；梨罐头和桃罐头在2001年之后不断上升。可见，对欧盟大部分产品的市场渗透率也呈现不断上升的态势。

表6-8整理了巴西对中国反倾销农产品对于巴西的市场渗透率指标。根据平均市场渗透率指数来看，大蒜和蘑菇罐头的市场渗透率较高，分别达到0.281和0.234。在反倾销立案当年，市场渗透率没有出现下降的情况，没有明显的贸易调查效果；1998年蘑菇罐头征收反倾销税会减少市场渗透率，但是持续期较短。从长期趋势来看，中国大蒜（070320）产品对巴西的市场渗透率逐年增加，蘑菇罐头则波动剧烈。

表6-9整理了加拿大、韩国和新西兰对中国反倾销农产品对于各自国家的市场渗透率指标。根据平均市场渗透率指数来看，对韩国大蒜渗透率很高，几近于1，对加拿大大蒜（070320）、韩国饲料的市场渗透率较高，分别达到0.315和0.151。从反倾销立案当年看，除了韩国饲料（230990）之外，其余产品市场渗透率没有出现下降，不具有贸易调查效果；征收反倾销税对市场渗透率来讲，也没有产生明显的限制效果。从长期趋势来看，中国对韩国大蒜的市场渗透率基本保持在1左右，反倾销对于减少中国大蒜对韩国市场渗透率影响不大；对加拿大大蒜的市场渗透率处于不断增加的态势；对韩国饲料在2003年立案调查之后的市场渗透率处于不断增加的态势；可见对这些产品来讲，反倾销没有产生大的限制效果；对新西兰的桃罐头在2006年反倾销立案之前处于不断增加趋势，在立案后大幅下降后保持稳定，可能产生限制效果。

表6-10整理了印度、印度尼西亚、墨西哥和南非对中国反倾销农产品对于

各自国家的市场渗透率指标。根据平均市场渗透率指数来看，对印度生丝、对墨西哥蘑菇罐头和对南非大蒜的市场渗透率较高，各个细类产品品种的市场渗透率分别达到0.721、0.386、0.481、0.573和0.522。从反倾销立案当年看，大部分出现了市场渗透率下降的情况，可能存在反倾销贸易调查效果，可以观察到持续期较短。从长期趋势来看，对印度维生素E的市场渗透率在波动中不断增加；对印度生丝的长期趋势增加，2002年反倾销后出现了短暂大幅下降，但是之后仍然不断增加并且保持较高的市场渗透率。对印度尼西亚面粉的市场渗透率在2004年反倾销之前不断上升，之后则下降；对墨西哥蘑菇罐头的市场渗透率在2005年反倾销之前处于较高水平波动，在反倾销后出现短暂大幅下降，之后在波动不断趋于下降；对南非大蒜产品（070320）波动比较剧烈，产品（071290）在1999年反倾销之后对南非的市场渗透率不断增加，2007年和2008年出现了短暂的下降，之后又不断攀升。

综合对各个国家涉案农产品的市场渗透率分析，总体来说，中国频繁遭受反倾销的农产品对于各个国家的市场渗透率趋势是小幅增加的，基本都保持在较高的市场渗透率，尽管在反倾销之后会出现短暂的下降，之后仍然会不断小幅攀升。从市场渗透率的角度看，尽管遭受反倾销，中国农产品对于反倾销申诉国仍然具有很强的市场竞争力，并且这种趋势是在增强的。

三、中国对外反倾销农产品的产业竞争力分析

本节站在中国作为反倾销申诉国的角度，主要考察贸易救济的相关农产品是否为竞争劣势产品，以及是否在中国实施相应的反倾销措施后提升了相关产品的竞争能力。

（一）显性比较优势（RCA）

表6-11整理的是中国对外反倾销农产品的第一类显性比较优势指标。可以看到，年均显性比较优势指数大于1，即具有比较优势的产品有白羽肉鸡（020710）和（050400）与葡萄酒（220820）产品，分别为3.199、16.45和1.04。其他产品则不具有比较优势。反倾销立案当年，除了葡萄酒不具有统计数据无法观察外，其他产品比较优势均下降，反倾销调查没有明显增加比较优势；反倾销立案后第一年，除了白羽肉鸡（050400）产品，其他产品显性比较优势指标出现大幅增加。

第六章 反倾销涉案农产品的产业竞争力分析

表6-11 中国涉案农产品显性比较优势指标（RCA）比较（第一类）

年份 \ 产品	白羽肉鸡		马铃薯淀粉	葡萄酒					玉米酒糟
海关编码	020710	050400	110813	220410	220421	220429	220430	220820	230330
1992	0.607	32.961	0.041	0.485	0.316	0.042	0.000	4.191	0.146
1993	0.531	28.690	0.064	0.212	0.343	0.057	0.259	7.660	0.468
1994	2.144	22.663	0.060	0.389	0.061	0.002	0.006	0.061	0.352
1995	14.228	30.334	0.137	0.081	0.058	0.001	0.000	0.693	0.223
1996	12.749	35.127	0.113	0.053	0.068	0.009	0.012	0.254	0.428
1997	8.604	29.612	0.100	0.049	0.052	0.012	0.020	0.374	0.292
1998	6.844	24.388	0.082	0.026	0.049	0.006	0.000	0.042	0.117
1999	6.118	22.379	0.150	0.017	0.045	0.019	0.000	0.058	0.169
2000	4.161	14.023	0.063	0.015	0.036	0.004	0.012	0.008	0.131
2001	3.648	10.252	0.074	0.009	0.025	0.009	0.008	0.020	0.068
2002	1.890	8.210	0.067	0.009	0.017	0.004	0.031	0.127	0.045
2003	1.242	9.105	0.060	0.008	0.012	0.003	0.037	0.009	0.062
2004	0.463	10.200	0.088	0.003	0.011	0.004	0.021	0.042	0.146
2005	0.484	8.486	0.083	0.002	0.012	0.004	0.133	0.036	0.072
2006	0.350	7.676	**0.077**	0.004	0.026	0.002	0.145	0.116	0.103
2007	0.487	6.970	0.365	0.023	0.060	0.002	0.058	1.000	0.175
2008	0.522	9.494	0.269	0.050	0.040	0.002	0.002	1.716	0.451
2009	**0.479**	**8.581**	0.062	0.025	0.012	0.001	0.000	0.941	0.075
2010	0.513	7.775	0.047	0.010	0.045	0.001	0.000	1.870	**0.005**
2011	0.599	9.766	0.126	0.017	0.036	0.001	0.000	1.178	0.069
2012	0.518	8.861	0.054	0.036	0.240	0.002	0.000	1.439	0.068

从长期趋势来看，中国白羽肉鸡（020710）产品在1995年之后比较优势不断下降，在2004年之前都具有比较优势，其后则具有比较劣势；（050400）产品则一直具有比较优势，但是在1996年之后比较优势不断下降，2001年之后维持在8左右。马铃薯淀粉比较优势指标在2006年反倾销立案前很小，2006年反倾销立案后出现了短暂的1年大幅增加后又处于下降情况，2010年"双反"后短暂上升之后继续下降。葡萄酒产品的比较优势不断下降，除了（220820）产品，近些年其他产品比较优势指数几乎为0；玉米酒糟产品在2008之前出现了不断增加的情况，2010年反倾销之前则不断下降，反倾销立案之后出现了上升，但是比较优势指数仍然很低。可见，从显性比较优势指数看，整体来说，中国对外反

· 143 ·

倾销农产品的比较优势指标都处于下降态势，反倾销会增强中国涉案农产品的比较优势。

表6-12整理的是中国对外反倾销农产品的第二类显性比较优势指标，考察在整体农产品中各个涉案产品的显性比较优势的变化情况。可以看到，年均显性比较优势指数大于1，即具有比较优势的产品有白羽肉鸡（020710）和（050400）与葡萄酒（220820）产品，指标大小分别为2.9、17.83和1.223，这与第一类显性比较优势指标一致，数值大于第一类显性比较优势指标。其他产品则具有比较劣势。反倾销立案当年，除了马铃薯淀粉比较优势上升之外，其他产品比较优势下降，反倾销调查没有增加涉案农产品的比较优势，而反倾销立案之后比较优势大幅增加。

表6-12 中国涉案农产品显性比较优势指标（RCA）比较（第二类）

产品 年份 \ 海关编码	白羽肉鸡 020710	050400	马铃薯淀粉 110813	葡萄酒 220410	220421	220429	220430	220820	玉米酒糟 230330
1992	0.289	15.716	0.020	0.231	0.151	0.020	0.000	1.998	0.070
1993	0.258	13.931	0.031	0.103	0.167	0.028	0.126	3.719	0.227
1994	1.159	12.254	0.033	0.210	0.033	0.001	0.003	0.033	0.190
1995	8.982	19.149	0.087	0.051	0.037	0.001	0.000	0.437	0.141
1996	8.060	22.207	0.071	0.033	0.043	0.006	0.008	0.160	0.270
1997	6.720	23.127	0.078	0.038	0.041	0.010	0.016	0.292	0.228
1998	5.923	21.107	0.071	0.022	0.042	0.006	0.000	0.036	0.101
1999	5.605	20.504	0.138	0.015	0.041	0.017	0.000	0.053	0.154
2000	3.750	12.639	0.057	0.014	0.033	0.004	0.011	0.007	0.118
2001	3.860	10.849	0.079	0.010	0.026	0.010	0.009	0.021	0.071
2002	2.325	10.100	0.082	0.012	0.021	0.004	0.038	0.156	0.056
2003	1.841	13.498	0.090	0.012	0.017	0.005	0.055	0.014	0.093
2004	0.869	19.136	0.165	0.006	0.021	0.008	0.038	0.078	0.274
2005	0.961	16.868	0.164	0.005	0.023	0.005	0.264	0.072	0.143
2006	0.770	16.887	**0.169**	0.009	0.057	0.003	0.320	0.256	0.227
2007	1.150	16.471	0.863	0.053	0.141	0.006	0.136	2.362	0.413
2008	1.368	24.891	0.706	0.130	0.106	0.004	0.005	4.499	1.183
2009	**1.227**	21.981	0.158	0.064	0.031	0.003	0.000	2.412	0.192
2010	1.313	19.908	0.120	0.027	0.115	0.002	0.000	4.789	**0.014**
2011	1.559	25.403	0.327	0.044	0.094	0.002	0.000	3.064	0.179

从长期趋势来看，中国白羽肉鸡（020710）产品在 1995 年之后比较优势不断下降，但是与第一类显性比较优势不同，第二类显性比较优势指标都具有比较优势，即大于 1 的；（050400）产品具有很大的比较优势，并且处于不断增加的趋势。马铃薯淀粉的变化趋势和第一类指标相似，在反倾销立案前很低，在立案后出现短暂大幅上升后下降，在"双反"后出现小幅增加。葡萄酒产品近年出现了比较优势下降的情况。玉米酒糟变化情况和第一类相似。可见，除了白羽肉鸡之外，其他产品第二类显性比较优势指标的变化情况与第一类类似。

（二）国际市场占有率（IMS）

表 6-13 整理的是中国对外反倾销农产品的国际市场占有率指标。可以看到，年均国际市场占有率较大的产品是白羽肉鸡（020710）和（050400），分别为 0.117 和 0.731，这与显性比较优势指标一致。其他产品国际市场占有率很低，全部小于 1%。从反倾销立案当年来看，除了马铃薯淀粉国际市场占有率增加之外，其他产品的国际市场占有率均下降，反倾销之后的增加幅度很大，但持续时间较短。

表 6-13 中国涉案农产品国际市场占有率（IMS）比较

年份 产品 海关编码	白羽肉鸡		马铃薯淀粉	葡萄酒					玉米酒糟
	020710	050400	110813	220410	220421	220429	220430	220820	230330
1992	0.014	0.743	0.001	0.011	0.007	0.001	0.000	0.094	0.003
1993	0.013	0.696	0.002	0.005	0.008	0.001	0.006	0.186	0.011
1994	0.060	0.634	0.002	0.011	0.002	0.000	0.000	0.002	0.010
1995	0.410	0.874	0.004	0.002	0.002	0.000	0.000	0.020	0.006
1996	0.356	0.982	0.003	0.001	0.002	0.000	0.000	0.007	0.012
1997	0.281	0.968	0.003	0.002	0.000	0.000	0.001	0.012	0.010
1998	0.229	0.815	0.003	0.000	0.000	0.000	0.000	0.001	0.004
1999	0.209	0.763	0.005	0.000	0.000	0.000	0.000	0.002	0.006
2000	0.161	0.541	0.003	0.000	0.000	0.000	0.000	0.001	0.005
2001	0.157	0.440	0.003	0.000	0.000	0.000	0.000	0.001	0.003
2002	0.095	0.412	0.003	0.000	0.000	0.000	0.002	0.006	0.002
2003	0.072	0.526	0.003	0.000	0.000	0.001	0.002	0.001	0.004
2004	0.030	0.656	0.003	0.000	0.000	0.000	0.000	0.003	0.009
2005	0.035	0.615	0.006	0.000	0.001	0.000	0.010	0.003	0.005

续表

年份\产品	白羽肉鸡		马铃薯淀粉	葡萄酒					玉米酒糟
海关编码	020710	050400	110813	220410	220421	220429	220430	220820	230330
2006	0.028	0.613	**0.006**	0.000	0.002	0.000	0.012	0.009	0.008
2007	0.042	0.606	0.032	0.002	0.005	0.000	0.005	0.087	0.015
2008	0.046	0.840	0.024	0.004	0.004	0.000	0.000	0.152	0.040
2009	**0.046**	**0.821**	0.006	0.002	0.001	0.000	0.000	0.090	0.007
2010	0.053	0.803	0.005	0.001	0.005	0.000	0.000	0.193	0.001
2011	0.062	1.000	0.013	0.002	0.004	0.000	0.000	0.122	**0.007**
2012	0.058	0.987	0.006	0.004	0.027	0.000	0.000	0.160	0.008

从长期趋势来看，白羽肉鸡（020710）产品从 1995 年之后国际市场占有率不断下降，2004 年之后国际市场占有率不断小幅上升，但是数值比较低；（050400）产品 1996 年之后国际市场占有率是不断下降的，2002 年开始则不断上升，在 2011 年之后接近 1。马铃薯淀粉国际市场占有率很低，2006 年反倾销之后第一年出现上升，但之后便开始下降，同样，2011 年"双反"后指数出现短暂上升后便下降。葡萄酒除（220820）产品外的其他产品，国际市场占有率非常低，几乎为 0；（220820）产品从 2006 年国际市场占有率波动上升。玉米酒糟的国际市场占有率也非常低，2008 年之前出现了上升趋势，2008~2010 年则不断下降，2010 年反倾销后小幅上升，但是数值很低，小于 0.01。

（三）贸易竞争指数（TCI）

表 6-14 整理的是中国对外反倾销农产品的贸易竞争指数。可以看到，年均国际贸易竞争指数大于 0、具有竞争优势的产品有白羽肉鸡（020710）和（050400）与玉米酒糟 230330，分别是 0.091、0.669 和 0.549。其他产品贸易竞争指数小于 0、具有贸易竞争劣势。反倾销立案当年，白羽肉鸡（020710）产品和马铃薯淀粉的贸易竞争指数增加，其他产品则减少；反倾销之后第一年增加幅度较大。

表 6-14 中国涉案农产品贸易竞争指数（TCI）比较

年份\产品	白羽肉鸡		马铃薯淀粉	葡萄酒					玉米酒糟
海关编码	020710	050400	110813	220410	220421	220429	220430	220820	230330
1992	0.992	0.808	-0.622	0.825	0.727	0.396	-1.000	-0.122	0.969

续表

年份 \ 产品 海关编号	白羽肉鸡 020710	050400	马铃薯淀粉 110813	葡萄酒 220410	220421	220429	220430	220820	玉米酒糟 230330
1993	0.986	0.827	-0.435	0.601	0.685	-0.322	0.840	0.174	0.995
1994	0.995	0.841	-0.548	0.985	0.738	0.482	0.566	-0.537	0.995
1995	0.758	0.856	-0.656	0.420	0.513	-0.841	-0.364	-0.460	0.981
1996	0.646	0.797	-0.726	0.334	0.017	-0.492	-0.814	-0.474	0.992
1997	0.634	0.694	-0.500	-0.330	-0.571	-0.924	-0.963	-0.308	0.940
1998	0.640	0.753	-0.804	0.028	-0.336	-0.975	-1.000	-0.831	0.809
1999	0.120	0.646	-0.766	-0.122	-0.222	-0.924	-1.000	-0.909	0.852
2000	0.088	0.576	-0.732	-0.526	0.017	-0.976	-0.745	-0.988	0.831
2001	0.151	0.494	-0.557	-0.824	-0.107	-0.934	0.498	-0.976	0.812
2002	-0.014	0.418	-0.507	-0.552	-0.498	-0.962	-0.208	-0.902	0.614
2003	-0.176	0.498	-0.591	-0.784	-0.654	-0.971	0.868	-0.992	0.861
2004	-0.099	0.524	-0.440	-0.952	-0.790	-0.965	0.731	-0.978	0.945
2005	-0.334	0.697	-0.733	-0.970	-0.823	-0.982	0.985	-0.987	0.912
2006	-0.562	0.782	**-0.653**	-0.966	-0.775	-0.991	0.969	-0.974	0.924
2007	-0.623	0.684	0.538	-0.867	-0.745	-0.985	0.717	-0.827	0.933
2008	-0.602	0.721	0.301	-0.789	-0.881	-0.994	0.366	-0.792	0.879
2009	**-0.563**	**0.655**	-0.486	-0.859	-0.972	-0.993	-1.000	-0.880	-0.840
2010	-0.449	0.507	-0.863	-0.956	-0.931	-0.996	-1.000	-0.787	**-0.975**
2011	-0.301	0.646	-0.427	-0.945	-0.968	-0.997	-1.000	-0.880	-0.944
2012	-0.383	0.625	-0.691	-0.960	-0.896	-0.997	-1.000	-0.907	-0.967

从长期趋势来看，白羽肉鸡（202710）产品2003年之前具有贸易竞争优势，但是处于不断下降的趋势，2003年之后则处于竞争劣势，但是趋势在改善，可以看到，2009年反倾销立案后不断增加；（050400）产品竞争优势较大，2002年之前不断下降，2002年之后不断增加，2006年之后则不断下降。马铃薯淀粉2006年反倾销立案之前一直处于竞争劣势的状态，在反倾销立案后，产品在2007年和2008年两年出现了竞争优势，但之后迅速变为竞争劣势，2011年"双反"后有所改善。近年来，葡萄酒产品的贸易竞争指数几近于-1，具有很强的竞争劣势。玉米酒糟在2008年之前中国都是具有较强的竞争优势，TCI指数基本处于0.8以上，但是2008年之后迅速转为比较劣势产品，几近于-1。

可见，从贸易竞争指数来看，中国农产品对外反倾销对提升白羽肉鸡

(020710) 产品和马铃薯淀粉 (110813) 竞争力有利，但是持续时间比较短。

（四）市场渗透率（MP）

本节分析中国对美国和欧盟反倾销农产品在中国的市场渗透率指标，考察涉案农产品在中国市场的渗透率情况，在中国发起反倾销前后涉案农产品在中国国内市场占有变化情况，分析中国反倾销措施的效果。相关市场渗透率指标整理在表 6－15 之中。根据表可知，所有产品的年均市场渗透率均较大，白羽肉鸡、马铃薯淀粉、葡萄酒和玉米酒糟的各个产品年均市场渗透率分别为 0.497、0.378、0.478、0.592、0.588、0.324、0.428 和 0.212。

表 6－15　中国涉案农产品市场渗透率（MP）比较

年份\产品 海关编码	白羽肉鸡		马铃薯淀粉	葡萄酒				玉米酒糟
	020710	050400	110813	220410	220421	220429	220820	230330
1992	0.000	0.229	0.000	0.000	0.000	0.000	0.000	0.000
1993	0.000	0.295	0.000	0.000	0.000	0.000	0.000	0.000
1994	0.000	0.263	0.000	0.000	0.000	0.000	0.000	0.296
1995	0.000	0.231	0.380	0.199	0.787	0.177	0.114	0.000
1996	0.883	0.488	0.593	0.963	0.689	0.632	0.201	0.198
1997	0.614	0.321	0.308	0.787	0.668	0.732	0.065	0.000
1998	0.550	0.391	0.652	0.290	0.499	0.537	0.309	0.000
1999	0.645	0.401	0.735	0.523	0.498	0.780	0.725	0.000
2000	0.790	0.424	0.293	0.687	0.698	0.751	0.412	0.000
2001	0.818	0.520	0.199	0.453	0.882	0.358	0.403	0.000
2002	0.943	0.609	0.362	0.970	0.826	0.189	0.575	0.000
2003	0.962	0.557	0.280	0.906	0.760	0.081	0.720	0.067
2004	0.399	0.288	0.466	0.757	0.648	0.166	0.678	0.027
2005	0.520	0.389	0.464	0.687	0.648	0.496	0.528	0.000
2006	0.659	0.329	**0.789**	0.927	0.746	0.314	0.409	0.000
2007	0.641	0.432	0.697	0.958	0.690	0.181	0.702	0.253
2008	0.738	0.384	0.818	0.704	0.657	0.183	0.509	0.692
2009	**0.837**	**0.358**	0.683	0.697	0.683	0.161	0.581	0.750
2010	0.140	0.361	0.718	0.644	0.708	0.280	0.748	**0.667**
2011	0.072	0.303	0.834	0.665	0.623	0.422	0.691	0.701
2012	0.220	0.370	0.764	0.617	0.645	0.368	0.623	0.798

反倾销立案当年，除了白羽肉鸡（050400）产品和马铃薯淀粉外，没有减少其他产品的市场渗透率。从长期趋势来看，白羽肉鸡（202710）产品2009年立案之前出现了明显波动情况，2009年在中国对美国进行了反倾销立案调查之后，大幅下降，此后维持在较低水平的市场渗透率；（050400）产品2002年之前不断增加，2004年之后则维持在0.4左右。欧盟对中国马铃薯淀粉的市场渗透率指数从2001年开始不断上升，2006年反倾销立案之后在0.7~0.8之间徘徊，欧盟的马铃薯淀粉对于中国市场渗透率也很高。葡萄酒产品除了（220820）产品在2001年之后处于上升趋势外，其他产品均具有一定的稳定性。美国玉米酒糟对于中国市场渗透率指数从2006年之后开始大幅上升，2010年反倾销并没有阻止其增加，其数值接近于1，渗透率很大。

可见，从涉案农产品在中国的市场渗透率的角度看，对于白羽肉鸡产品来说，反倾销措施会产生限制效果，但是持续时间较短且长期效果不大，对其他产品来说，反倾销措施的限制效果不明显。

四、本章小结

本章以1992~2012年（部分扩展到1988年）的涉案农产品贸易数据进行了四类产业竞争力指标的分析，分别考察中国遭受反倾销的农产品和对外进行反倾销农产品是否具有竞争优势、反倾销对于其影响以及长期变化情况，证实中国频繁遭受反倾销的农产品基本上属于具有竞争优势的产品，而对外反倾销农产品大部分具有竞争劣势。得到的主要结论有：

第一，中国遭受反倾销的农产品基本属于具有比较优势的劳动密集型产品。反倾销立案当年观察到显性比较优势指标表现出反倾销的贸易调查和限制效果，持续期较短；而从农产品的显性比较优势指标则看不出明显的贸易调查和贸易限制效果。大部分农产品的显性比较优势指数逐年递减，而有关整体农产品的显性比较优势指标呈现出逐年上升态势，从而容易引起国外反倾销不间断的制裁，也揭示了为何中国涉案农产品频繁遭受反倾销。

第二，中国遭受外国反倾销的农产品基本具有竞争优势，并且竞争力不断增强。对于国际市场占有率、贸易竞争指数和对申诉国市场渗透率的分析表明，大部分涉案农产品在遭到申诉国反倾销时，表现出反倾销的贸易调查和限制效果，但持续期较短。其中，从国际市场占有率来看，大部分农产品的国际市场占有率处于上升趋势；从贸易竞争指数来看，中国遭受反倾销的农产品具有很强的竞争优势，早期具有竞争优势的农产品下降幅度很小，早期不具有竞争优势的农产品竞争优势还在不断上升；从对反倾销申诉国的市场渗透率来看，中国频繁遭受反倾销的农产品对于各个国家的市场渗透率不断小幅增加，尽管遭受反倾销，中国农产品对于反倾销申诉国仍然具有很强的市场竞争力，并且这种趋势有增强态势。

第三，中国对外反倾销农产品大部分具有比较劣势，白羽肉鸡对于整体农产品而言是具有比较优势的，长期来看，大部分农产品比较劣势趋势增强。反倾销措施对于提升涉案农产品的比较优势有利。

第四，中国对外反倾销农产品大部分具有竞争劣势，白羽肉鸡则具有竞争优势；长期来看，大部分农产品竞争劣势趋势增强。对国际市场占有率和贸易竞争指数的分析表明，对白羽肉鸡和马铃薯淀粉进行反倾销时，表现出反倾销的贸易调查和限制效果，有利于保护涉案农产品产业。对涉案产品在中国的市场渗透率的分析表明，反倾销对减少白羽肉鸡在中国的市场渗透率有作用，保护了白羽肉鸡产业，但对其他农产品的保护效果不明显。

第五，经过对各个产业竞争力指标的分析，结果发现，显性比较优势指标和其他指标的结果相比差异性较大，这与从整体产品角度考虑有关。对于中国农产品来说，随着劳动力成本和资源成本的上升，从发展趋势看，以往源于资源和劳动力低成本而形成的资源禀赋比较优势逐渐削弱。但是对于其余竞争优势指标分析结果表明，从长期趋势来看，大部分遭受反倾销农产品的竞争优势在增强，因此更容易遭到国外频繁和长期的反倾销制裁；大部分对外反倾销农产品的竞争劣势在增强，说明反倾销对涉案农产品保护效果不明显。

第六，不考虑显性比较优势指标，其他竞争优势指标的结果表明，大部分遭到反倾销的农产品，尤其是频繁遭受反倾销的农产品，由于反倾销从实质上改变竞争优势的情况很少见，中国涉案农产品仍然具有很强的竞争力；中国发起的反倾销措施，对于国内涉案农产品的贸易救济效果具有短暂性，并且没有根本改变竞争劣势的情况。可见，反倾销措施对于涉案农产品的产业竞争力来讲，冲击效果是暂时且不涉及本质的。

第七章　反倾销对中国总体农产品贸易效果影响的实证分析

本章分析中国农产品受到反倾销的外部冲击是否会对中国总体农产品贸易产生影响、产生多大影响以及敏感程度如何。对应于反倾销寒蝉效应（Chilling Effects）①考察反倾销对总贸易的影响，本章考察的是反倾销对中国总体农产品贸易效应的影响。

本章的分析不仅局限于涉及反倾销案件的农产品，而是基于中国总体农产品贸易效果的角度，在此基础上可以验证，反倾销措施对于中国总体农产品贸易的影响，评估反倾销措施带来的整体贸易效果，考察反倾销是否会阻碍中国农产品的整体贸易。本章采用的数据涉及中国所有海关编码前6位的农产品共656种，时间跨度为1992~2012年共21年，样本总量为10908个，为非平衡面板数据。

一、模型形式和数据来源

（一）模型形式和变量选择

本章研究反倾销对中国农产品总体贸易效果的影响，在借鉴已有研究基础上，综合考虑贸易持续性、反倾销关键变量和主要宏观经济变量，所采用的模型

---

① 寒蝉效应是一个法律术语，指的是人民在讨论集会自由或言论自由时，由于害怕自己的言论遭到国家刑法，或者是必须要面对高额的赔偿，从而不敢发表言论，就好比蝉在寒冷的天气中噤声一样。在反倾销中使用"寒蝉效应"一词可以追溯到1998年，这一年欧共体就美国1916年的《反倾销法案》向WTO提出抗议，认为该项法案虽然从未实施，但是，它的存在导致了欧共体向美国出口的减少，即该方案对欧共体向美国的出口有寒蝉效应（杨仕辉等，2011）。反倾销的寒蝉效应也叫作总贸易效应，考察反倾销对一个国家总体贸易的影响。目前，反倾销领域对于寒蝉效应的研究一般基于Vandenbussche和Zanardi（2010）的相关研究成果。

形式是双对数模型,具体采用的模型形式如下:

$$\ln Q_{ijkt} = \alpha_0 + \alpha_1 \ln Q_{ijkt-1} + \beta_1 ADDUM_{ikt} + \beta_2 TARIFF_{ikt} + \beta_3 GDP_t + \beta_4 UNEM_t +$$
$$\beta_5 REER_t + \beta_6 WTO_t + \beta_7 MAR_t + \beta_8 RISK_t + \mu_{ijkt} \qquad (7-1)$$

其中,被解释变量为 Q_t,代表在时间 t 的出口或者进口情况(量、额和价格)。当 i 取值为 0 和 1,分别代表出口和进口,来衡量中国遭受反倾销对于中国农产品出口和对外反倾销对中国农产品进口所产生的贸易效果;j 取值为 0、1 和 2,分别代表贸易量、贸易额和贸易价格。k 代表海关编码前 6 位的农产品,t 代表年度时间,μ 为模型的随机误差项。

模型的设定是为了检验反倾销涉案农产品遭到反倾销或者对外进行反倾销是否会对中国所有农产品出口和进口产生影响,评估反倾销措施对中国总体农产品贸易的影响。共涉及两组回归模型。在第一组模型中,中国所有农产品出口量、出口额和出口价格作为被解释变量,说明遭受反倾销是否会对中国总体农产品出口产生影响;在第二组模型中,中国所有农产品的进口量、进口额和进口价格作为被解释变量,说明中国对外反倾销是否会对中国总体农产品进口产生影响。

与第五章选取的解释变量类似,本章选择的解释变量主要涉及两个方面。

第一部分是反倾销和关税变量,$ADDUM_{kt}$ 为虚拟变量,表示产品 k 在时间 t 是否涉及反倾销(包括遭受反倾销和对外反倾销),用来衡量涉及反倾销是否会对总体农产品贸易产生影响;$TARIFF_{kt}$ 表示产品 k 在时间 t 上征收的关税税率,反倾销农产品的贸易同时受到关税和反倾销税的双重影响,因此考虑引入关税变量是很有必要的,本章采用了三个关税税率,即平均关税税率(TARIFFM)、最小关税税率(TARIFFMIN)和最大关税税率(TARIFFMAX),用来衡量关税对于中国农产品整体贸易的影响。在第一组模型,即中国遭受外国反倾销对于中国总体农产品出口贸易影响的模型中,关税数据和第五章一样,采用的是世界关税税率,具体变量解释详见第五章;平均关税税率、最小关税税率和最大关税税率分别记为 TARIFFMW、TARIFFMINW 和 TARIFFMAXW。在第二组模型,即中国对外反倾销对于中国总体农产品进口贸易影响的模型中,采用中国此种产品的关税税率,平均关税税率、最小关税税率和最大关税税率分别记为 TARIFFMC、TARIFFMINC 和 TARIFFMAXC。这部分变量为考察反倾销措施是否对中国农产品整体贸易产生影响的主要变量。

第二部分为控制变量,Q_{t-1} 表示时间 $t-1$ 的贸易规模,表示上期贸易的规模,用来考察贸易的连续性和历史惯性。根据第五章的分析,本章引入中国国内生产总值指数可比价(GDP)、中国城镇登记失业率(UNEM)和人民币兑美元加权平均汇率(REER),来控制中国宏观经济走势对于整体农产品贸易的影响。另外还有三个虚拟变量,WTO 代表中国加入世界贸易组织的时间,如果是 2001

年及以后的时间,WTO = 1,否则 WTO = 0。MAR 表示中国在反倾销过程中的"非市场经济地位"的认识变化,如果处于 2004 年及之后 MAR = 1,否则 MAR = 0。RISK 代表金融危机的虚拟变量,如果时间是 1997 年、1998 年和 2008 年,则 RISK = 1,否则 RISK = 0。

式(7 - 1)所示模型形式主要应用在中国所有农产品出口量、中国所有农产品出口额、中国所有农产品出口价格、中国所有农产品进口量、中国所有农产品进口额和中国所有农产品进口价格为被解释变量的模型中。

根据上述模型形式可以推导出相关解释变量对各个被解释变量的弹性计算公式如下:

$$E_{ADDUM} = e^{\beta_1} - 1 \quad (7-2)$$

$$E_{TARIFF} = \beta_2 \overline{TARIFF} \quad (7-3)$$

$$E_{GDP} = \beta_3 \overline{GDP} \quad (7-4)$$

$$E_{UNEM} = \beta_4 \overline{UNEM} \quad (7-5)$$

$$E_{REER} = \beta_5 \overline{REER} \quad (7-6)$$

$$E_{WTO} = e^{\beta_6} - 1 \quad (7-7)$$

$$E_{MAR} = e^{\beta_7} - 1 \quad (7-8)$$

$$E_{RISK} = e^{\beta_8} - 1 \quad (7-9)$$

其中,E_{ADDUM} 为是否涉及反倾销对贸易量(贸易额或价格)的弹性;E_{TARIFF} 为关税平均(最小或最大)税率对贸易量(贸易额或价格)的弹性;E_{GDP} 为中国国内生产总值对贸易量(贸易额或价格)的弹性;E_{UNEM} 为中国国内失业率对贸易量(贸易额或价格)的弹性;E_{REER} 为人民币兑美元加权平均汇率对贸易量(贸易额或价格)的弹性;E_{WTO} 为加入 WTO 对贸易量(贸易额或价格)的弹性;E_{MAR} 为市场经济地位的承认对贸易量(贸易额或价格)的弹性;E_{RISK} 为是否经历金融危机对贸易量(贸易额或价格)的弹性。

本章分析反倾销对中国总体农产品贸易效果影响采用的是非平衡面板数据,面板数据建模比单截面数据建模可以获得更多的动态信息,比时间序列数据能够获得更多的截面个体信息,但面板数据涉及的问题就是存在个体和时间效应,会影响普通最小二乘法估计结果的有效性和准确性。

估计面板数据的方法有三种:首先是混合模型(Pooled Model),也就是不区分个体和时间效应仍然采用最小二乘估计模型,如果模型设定正确,那么误差项和解释变量便不相关,无论是 N→∞,还是 T→∞,模型参数的混合最小二乘估计量(Pooled OLS)都是一致估计量。其次是固定效应模型,一般认为截面个体存在不随时间变化且与解释变量相关的难以观测的固定效应,解决方法一般是进行差分消除相同的个体效应进行模型估计。最后是随机效果模型,面板数据中的个体效应如果是随机的，那么就成为随机效果，一般使用可行 GLS（Feasible GLS）估计法。固定效应模型和随机效应模型两者之间的差异主要反映在对个体效应的处理上。固定效应模型中的个体差异反映在每个个体都有一个特定的截距项上；随机效应模型则假设所有的个体具有相同的截距项，个体的差异主要反映在随机干扰项的设定上，因此随机效应模型该模型通常也称为误差成分模型。

本章考察反倾销对于中国农产品贸易影响的模型中涉及滞后一期的被解释变量作为控制变量来表示贸易历史趋势的影响，由于采用滞后一期变量，容易在估计中产生模型内生性问题，在实证分析中主要采用的是广义矩估计（Generalized Method of Moments，GMM）的估计方法（Arellano 和 Bond，1991；Ahn 和 Schmidt，1995；Durling 和 Prusa，2006）。

GMM 方法目前分为两种，一是差分 GMM（Difference – GMM，DIF – GMM），二是系统 GMM（System GMM，SYS – GMM）。DIF – GMM 方法是由 Arellano 和 Bond 在 1991 年提出的一种估计方法，通过差分，消除由于未观测到的截面个体效应造成的遗漏变量的偏误。由于 DIF – GMM 中存在的弱工具变量等问题，Arellano 和 Bover（1995）以及 Blundell 和 Bond（1998）在差分 GMM 估计的基础之上，引入被解释变量差分的滞后项与随机误差项正交这个矩条件，总结出 SYS – GMM 估计方法。

由于本章考察的关键变量是某种农产品是否遭受反倾销或者进行了反倾销，属于虚拟变量，因此采用固定效果模型和差分 GMM 方法会在估计结果输出时删除关键变量。所以，本章采用混合最小二乘法、随机效果模型和系统 GMM 三种方法进行估计。

（二）数据来源和变量预期

本节研究数据为中国农产品从 1992～2012 年共 21 年出口和进口年度数据，涉及所有海关编码前 6 位的农产品共 656 种，由于部分数据缺失，因此为非平衡面板数据，样本数为 10908 个。

计量模型中被解释变量的中国农产品的出口额、出口量和出口价格，进口量、进口额和进口价格数据主要来源于联合国贸易统计数据库（UNCOM Trade：http：//comtrade. un. org/db/），其中，对出口额和价格进行处理剔除了通货膨胀因素，均为实际值。在解释变量中，反倾销变量来源于中国商务部公布的反倾销贸易救济数据，关税税率来源于 WTO 关税数据库。在宏观经济变量中，中国国内生产总值指数可比价（GDP）、中国城镇登记失业率（UNEM）和人民币兑美元加权平均汇率（REER）均来源于中经网统计数据库（http：//db. cei. gov. cn/page）。

第七章 反倾销对中国总体农产品贸易效果影响的实证分析

实证分析分为两组模型：第一组考察中国遭受反倾销对中国总体农产品出口的影响，涉及被解释变量为出口数据；第二组考察中国对外反倾销对中国总体农产品进口的影响，涉及被解释变量为进口数据。

根据对以往实证研究的分析及结合对实际情况的参考，在第一组模型中，对是否遭到反倾销（ADEX）、中国农产品面临的世界平均关税税率（TARIFFMW）、最小关税税率（TARIFFMINW）、最大关税税率（TARIFFMAXW）的预期为负，即反倾销措施的实施和外国对中国农产品关税税率的增加会减少中国整体农产品的出口，提高相关农产品的出口价格。对 GDP 的预期为正，说明中国经济运行良好对于国内产业生产率提高，促进农产品出口有利。失业率（UNEM）的预期为负，说明国内失业率增加，代表经济不景气，则会对中国农产品的出口产生不利影响。人民币兑美元汇率的预期为正，此处采用的是间接标价法，说明汇率上升代表人民币贬值，对于促进出口有利。一般认为，加入 WTO 会使中国农产品关税贸易壁垒下降，贸易自由化程度提高，增加出口规模，因此对出口量和出口额预期符号为正，但对出口价格预期不确定。市场经济地位待遇对于中国整体农产品出口有利，MAR 预期影响为正。如果遭遇了金融危机，那么会对一国贸易产生不利影响，因此 RISK 预期为负。有关变量的描述性指标和预期符号整理在表 7-1 中。

表 7-1 相关变量统计指标及预期（遭受反倾销）

变量名	变量解释	预期符号1	预期符号2	均值	标准差
被解释变量					
lnEXQ	出口量取对数			14.32	3.47
lnEXV	出口额取对数			7.60	3.12
lnEXP	出口价格取对数			-6.72	1.50
解释变量					
ADEX	是否遭到反倾销，是=1，否=0	-	+	0.05	0.22
TARIFFMW	世界平均关税率（%）	-	+	29.40	21.40
TARIFFMINW	世界最小关税率（%）	-	+	0.64	3.78
TARIFFMAXW	世界最大关税率（%）	-	+	169.50	274.10
GDP	国内生产总值指数（可比价，上年=100）	+	-	110.35	2.08
UNEM	失业率（%）	-	?	3.58	0.64
REER	美元加权平均汇率（人民币/1美元）	+	?	7.63	0.94
WTO	是否加入 WTO，是=1，否=0	+	?	0.57	0.50
MAR	非市场经济地位承认，是=1，否=0	+	?	0.42	0.49
RISK	是否经历金融危机，是=1，否=0	-	?	0.19	0.39

注：预期符号1针对被解释变量为出口量和出口额的模型；预期符号2针对被解释变量为出口价格的模型。

在第二组模型中,中国对外反倾销(ADIM)、中国农产品平均关税税率(TARIFFMC)、最小关税税率(TARIFFMINC)、最大关税税率(TARIFFMAXC)的预期为负,即中国对外反倾销措施的实施和关税税率会减少中国整体农产品的进口,提高相关农产品的进口价格。对 GDP 的预期为负,说明中国经济运行良好对于国内产业生产率提高,促进农产品出口有利,会减少进口。失业率(UNEM)的对进口预期不确定。人民币兑美元汇率的预期为负,说明汇率上升代表人民币贬值,购买力下降,一般会减少进口。加入 WTO 会增加进口规模,因此对进口量和进口额预期符号为正,但对进口价格预期不确定。中国市场经济地位的承认对于中国整体农产品进口的影响不确定。如果遭遇了金融危机,那么会对一国贸易产生不利影响,因此 RISK 预期为负。有关变量的描述性指标和预期符号整理在表 7-2 中。

表 7-2 相关变量统计指标及预期(对外反倾销)

变量名	变量解释	预期符号1	预期符号2	均值	标准差
被解释变量					
lnIMQ	进口量取对数			13.01	3.73
lnIMV	进口额取对数			6.49	3.32
lnIMP	进口价格取对数			-6.52	1.52
解释变量					
ADIM	是否对外反倾销,是 =1,否 =0	-	+	0.01	0.11
TARIFFMC	中国平均关税率(%)	-	+	24.38	21.31
TARIFFMINC	中国最小关税率(%)	-	+	23.64	21.65
TARIFFMAXC	中国最大关税率(%)	-	+	25.03	21.31
GDP	国内生产总值指数(可比价,上年 =100)	-	+	110.35	2.08
UNEM	失业率(%)	?	?	3.58	0.64
REER	美元加权平均汇率(人民币/1 美元)	-	?	7.63	0.94
WTO	是否加入 WTO,是 =1,否 =0	+	?	0.57	0.50
MAR	非市场经济地位承认,是 =1,否 =0	?	?	0.42	0.49
RISK	是否经历金融危机,是 =1,否 =0	-	?	0.19	0.39

注:预期符号1针对被解释变量为出口量和出口额的模型;预期符号2针对被解释变量为出口价格模型。

二、中国遭到反倾销对中国农产品出口的贸易效果分析

本节主要分析中国遭到反倾销对中国总体农产品出口贸易的影响,即分析被解释变量为中国所有农产品的出口量、出口额和出口价格的模型。依据研究数据和式(7-1)的模型形式估计得到的结果整理在表7-3至表7-5中。根据模型选择,在估计结果中列出了最小二乘法稳健标准差、随机效果模型估计和系统GMM稳健标准差的估计结果。在系统GMM估计结果中,Hansen检验P值大于0.05,表明所有工具变量均有效,AR(2)大于0.05,表明序列残差项不存在二阶自相关,因此,系统GMM估计是一个较为合理的模型估计。从估计结果来看,大部分参数的显著性水平在10%以下,部分参数不显著。下面将采用GMM的估计结果进行具体分析。

表7-3显示的是中国农产品出口量为被解释变量的估计结果。分别考察了世界平均关税税率、最小关税税率和最大关税税率的估计结果,共涉及9个模型。根据表7-3的估计结果可知:

第一,中国遭到反倾销对整体农产品出口量并未产生消极影响,与预期不一致。ADEX的回归系数为正且显著,说明中国遭受反倾销农产品并未对总体农产品出口量产生负面影响,没有抑制总体贸易增加。第二,关税税率的提高会降低中国农产品出口量,以平均关税税率模型为例,关税增加100%,中国农产品总体出口量会降低6.69%。第三,GDP影响为正且显著,说明经济总量增加会促进中国农产品出口量,以世界平均关税税率模型为例,GDP每增长1%,中国农产品总出口量增加4.3575%,且富有弹性。第四,失业率增加对于中国农产品出口量影响不显著。第五,人民币兑美元汇率回归系数为正,说明人民币贬值对于促进中国农产品出口有利,人民币兑美元汇率每增加1%,出口量增加0.8213%。第六,WTO回归系数为正且显著,说明加入WTO会使中国农产品出口量增加0.0722%。第七,承认中国的市场经济地位的系数并不显著,说明其对于中国农产品出口量影响不明显。第八,金融危机的回归系数为负且显著,以世界平均关税税率模型为例,金融危机会使得中国农产品出口量减少0.0086%。

表7-4显示的是中国农产品出口额为被解释变量的估计结果。根据表7-4的估计结果可知:

第一,中国遭到反倾销对总体农产品出口额并未产生消极影响,这与出口量

模型的实证结果相一致，但是与预期不符。ADEX 的回归系数为正且显著，说明中国农产品遭受反倾销并未对总体农产品出口额产生负面影响，没有抑制总体贸易增加。第二，中国农产品出口面临的关税税率提高会降低中国农产品出口额，以平均关税税率模型为例，关税增加 100%，中国农产品总体出口额会降低 1.67%。第三，GDP 影响为正且显著，说明经济总量增加会促进中国农产品的出口额，以平均关税税率模型为例，GDP 每增长 1%，中国农产品总出口额增加 3.1463%，且富有弹性。第四，失业率回归系数为负且显著，说明失业率增加会降低中国农产品出口额，以平均关税模型为例，失业率增加 100%，中国农产品总出口额降低 3.58%。第五，人民币兑美元汇率回归系数为正，说明人民币贬值对于促进中国农产品出口额增加会产生有利影响，以平均关税税率模型为例，人民币兑美元汇率每增加 1%，出口额增加 0.6348%。第六，WTO 回归系数为正且显著，以平均关税税率模型为例，加入 WTO 会使中国农产品出口额增加 0.0171%。第七，承认中国的市场经济地位的系数并不显著。第八，金融危机的回归系数不显著。

表 7-5 显示的是中国农产品出口价格为被解释变量的估计结果。根据表 7-5 的估计结果可知：

第一，ADEX 的回归系数不显著，说明中国遭到反倾销对整体农产品出口价格并未产生显著影响。第二，关税税率的提高会提高中国农产品出口价格，以平均关税税率模型为例，关税增加 100%，中国农产品出口价格会增加 3.83%。第三，GDP 影响为负且显著，说明经济总量增加会促进中国农产品出口价格下降，以平均关税税率模型为例，GDP 每增长 1%，中国农产品总出口价格减少 2.6209%，且富有弹性。第四，失业率回归系数不显著，说明失业率对中国农产品出口价格影响不大。第五，人民币兑美元汇率回归系数为负且显著，说明人民币贬值会显著降低中国农产品出口价格，人民币兑美元汇率每增加 1%，出口价格减少 0.879%。第六，WTO 回归系数为正但不显著，说明加入 WTO 对于中国农产品出口价格影响不大。第七，承认中国的市场经济地位的系数并不显著。第八，金融危机的回归系数不显著。

综合上文反倾销对于中国总体农产品出口贸易效果影响的实证分析结果可以看出：

第一，中国农产品遭受反倾销并没有对农产品出口产生负面影响，没有阻碍中国总体农产品的出口，这与杨仕辉等（2011）对中国被诉反倾销具有寒蝉效应的实证结果不一致。这种实证结果差异性的原因在于，一方面，本研究与杨仕辉等（2011）研究的反倾销案件涉及产品范围不同，本研究具有针对性，即只研究涉及农产品的反倾销案件，而杨仕辉等（2011）研究全部反倾销案件；根据第三

表7-3 遭受反倾销对中国农产品出口量的贸易效果实证分析

指标	世界平均关税			世界最小关税			世界最大关税		
变量	OLS	RE	GMM	OLS	RE	GMM	OLS	RE	GMM
估计结果									
L1.lnEXQ	0.8810***	0.6048***	0.5711***	0.8810***	0.6049***	0.5697***	0.8810***	0.6048***	0.5718***
ADEX	0.3504***	1.4882***	1.2440***	0.3500***	1.4858***	1.2498***	0.3507***	1.4906***	1.2381***
TARIFFM	-0.0005	-0.0026*	-0.0027*						
TARIFFMIN				-0.0006	-0.0027*	-0.0032*			
TARIFFMAX							-0.0004	-0.0025*	-0.0025*
GDP	0.0517***	0.0555***	0.0395***	0.0519***	0.0555***	0.0400***	0.0517***	0.0555***	0.0392***
UNEM	0.0062	-0.0104	0.0024	0.006	-0.0104	0.0012	0.0062	-0.0105	0.0030
REER	0.1926	0.2928*	0.2294*	0.1921	0.2930*	0.2279*	0.1926	0.2926**	0.2302*
WTO	0.0437*	0.1119*	0.0749*	0.0453*	0.1125*	0.0803*	0.0433*	0.1111*	0.0717*
MAR	-0.2091	-0.0942	-0.0362	-0.2094	-0.0943	-0.0366	-0.2091	-0.0942	-0.0360
RISK	-0.0211	0.0077	-0.0085*	-0.0215	0.0077	-0.0069*	-0.0210	0.0076	-0.0094*
常数项	-4.5499***	-1.4097*	1.3110	-4.5626***	-1.4086*	1.3053	-4.5475***	-1.4099*	1.3128
统计量									
AIC	31238	30931		31237	30931		31238	30932	
BIC	31308	31016		31308	31016		31308	31016	
弹性									
ADEX	0.4196***	3.4293***	2.4695***	0.4191***	3.4183***	2.4896***	0.4201***	3.4396***	2.4489***
TARIFFM	-0.0116	-0.0634*	-0.0669*						
TARIFFMIN				-0.0143	-0.0628*	-0.0620*			

· 159 ·

续表

指标\变量	世界平均关税			世界最小关税			世界最大关税		
	OLS	RE	GMM	OLS	RE	GMM	OLS	RE	GMM
TARIFFMAX							-0.0111	-0.0636*	-0.0764*
GDP	5.7102***	6.1278***	4.3575***	5.7299***	6.1243***	4.3302***	5.7065***	6.1293***	4.4117***
UNEM	0.0473	-0.0795	0.0182	0.0457	-0.0792	0.0092	0.0476	-0.0798	0.0230
REER	0.6896	1.0485*	0.8213**	0.6880	1.0492*	0.8160*	0.6898	1.0477*	0.8242**
WTO	0.0428*	0.1059*	0.0722*	0.0442*	0.1064*	0.0772*	0.0424*	0.1051*	0.0692*
MAR	-0.1887	-0.0899	-0.0356	-0.1889	-0.0900	-0.0359	-0.1887	-0.0899	-0.0354
RISK	-0.0208	0.0077	-0.0086*	-0.0212	0.0078	-0.0069*	-0.0208	0.0076	-0.0095*

注：***、**、*分别表示1%、5%、10%的统计显著性水平。

表7-4 遭受反倾销对中国农产品出口额的贸易效果实证分析

指标\变量	世界平均关税			世界最小关税			世界最大关税		
	OLS	RE	GMM	OLS	RE	GMM	OLS	RE	GMM
估计结果									
L1.lnEXV	0.9154***	0.8882***	0.7485***	0.9154***	0.8876***	0.7479***	0.9155***	0.8885***	0.7490***
ADEX	0.2516***	0.3606***	0.6951***	0.2513***	0.3624***	0.6978***	0.2520***	0.3600***	0.6924***
TARIFFM	-0.0005	-0.0009	-0.0002*						
TARIFFMIN				-0.0006	-0.001	-0.0001*			
TARIFFMAX							-0.0005	-0.0008	-0.0007*
GDP	0.0480***	0.0470***	0.0285*	0.0481***	0.0472***	0.0292*	0.0479***	0.0470***	0.0282*
UNEM	-0.0251	-0.0299	-0.0459*	-0.0252	-0.0302	-0.0468*	-0.0250	-0.0297	-0.0455*

第七章 反倾销对中国总体农产品贸易效果影响的实证分析

续表

指标 变量	世界平均关税			世界最小关税			世界最大关税		
	OLS	RE	GMM	OLS	RE	GMM	OLS	RE	GMM
REER	0.1743	0.1797	0.1773*	0.174	0.1795	0.1756*	0.1744	0.1798	0.1782*
WTO	-0.0213	-0.0314	0.0169*	-0.0224	-0.0331	0.0109*	-0.0207	-0.0304	0.0197*
MAR	-0.1062	-0.0874	0.0457	-0.1064	-0.0872	0.0451	-0.1062	-0.0875	0.0458
RISK	-0.0241	-0.0208	0.0183	-0.0244	-0.0210	0.0164	-0.0240	-0.0207	0.0192
常数项	-4.9211***	-4.5983***	-1.3837	-4.9293***	-4.6012***	-1.4239	-4.9165***	-4.5960***	-1.3659
统计量									
AIC	26797	26794		26797	26793		26797	26794	
BIC	26868	26871		26867	26871		26868	26871	
弹性									
ADEX	0.2861***	0.4342***	1.0040***	0.2857***	0.4368***	1.0093***	0.2866***	0.4333***	0.9986***
TARIFFM	-0.0129	-0.0213	-0.0167*						
TARIFFMIN				-0.0146	-0.0236	-0.0053*			
TARIFFMAX							-0.0119	-0.0199	-0.0267*
GDP	5.2982***	5.1902***	3.1463***	5.3112***	5.2036***	3.2197***	5.2909***	5.1820***	3.1112***
UNEM	-0.1916	-0.2282	-0.0358*	-0.1927	-0.2303	-0.0357*	-0.1910	-0.2270	-0.0475*
REER	0.6240	0.6433	0.6348*	0.6230	0.6426	0.6286*	0.6245	0.6437	0.6381*
WTO	-0.0211	-0.0309	0.0171*	-0.0222	-0.0325	0.0110*	-0.0205	-0.0299	0.0199*
MAR	-0.1008	-0.0837	0.0467	-0.1009	-0.0835	0.0461	-0.1007	-0.0838	0.0468
RISK	-0.0238	-0.0206	0.0185	-0.0241	-0.0208	0.0165	-0.0237	-0.0204	0.0194

注：***、**、*分别表示1%、5%、10%的统计显著性水平。

表7-5 遭受反倾销对中国农产品出口价格的贸易效果实证分析

指标 变量	世界平均关税			世界最小关税			世界最大关税		
估计结果	OLS	RE	GMM	OLS	RE	GMM	OLS	RE	GMM
L1.lnEXP	0.7146***	0.3780***	0.3724***	0.7146***	0.3780***	0.3728***	0.7146***	0.3780***	0.3720***
ADEX	0.0348	0.0488	-0.0360	0.0351	0.0487	-0.0333	0.0342	0.0487	-0.0393
TARIFFM	0.0002	-0.0002	0.0016*						
TARIFFMIN				0.0001	-0.0004	0.0013*			
TARIFFMAX							0.0004	-0.0001	0.0018*
GDP	-0.0141*	-0.0309***	-0.0237*	-0.0139*	-0.0308***	-0.0234*	-0.0143*	-0.0311***	-0.0241*
UNEM	-0.0014	-0.0291	0.0206	-0.0020	-0.0296	0.0194	-0.0007	-0.0286	0.0218
REER	-0.0608***	-0.1024***	-0.1151***	-0.0610***	-0.1026***	-0.1147***	-0.0606***	-0.1023***	-0.1156***
WTO	0.0060	-0.0187	0.0061	0.0048	-0.0199	0.0034	0.0074	-0.0174	0.0086
MAR	0.1858	0.3026	0.2353	0.1855	0.3024	0.2346	0.1860	0.3029	0.2360
RISK	0.0070	0.0139	0.0284	0.0066	0.0135	0.0275	0.0075	0.0143	0.0294
常数项	0.0280	0.0309	-0.9501*	0.0156	0.0206	-0.9730*	0.0426	0.0421	-0.9271
统计量 AIC	23420	22614		23420	22613		23419	22614	

续表

指标变量	世界平均关税			世界最小关税			世界最大关税		
	OLS	RE	GMM	OLS	RE	GMM	OLS	RE	GMM
BIC	23490	22698		23490	22698		23490	22698	
弹性									
ADEX	0.0354	0.0500	-0.0354	0.0357	0.0499	-0.0327	0.0348	0.0499	-0.0385
TARIFFM	0.0058	-0.0061	0.0383*						
TARIFFMIN				0.0031	-0.0084	0.0318*			
TARIFFMAX							0.0090	-0.0036	0.0446*
GDP	-1.5512*	-3.4107***	-2.6209***	-1.5318*	-3.3947***	-2.5797***	-1.5744*	-3.4282***	-2.6612***
UNEM	-0.0050	-0.1042	0.0738	-0.0071	-0.1060	0.0696	-0.0024	-0.1023	0.0781
REER	-0.4643	-0.7820	-0.879***	-0.4657	-0.7830	-0.8758***	-0.4626	-0.7808	-0.8824***
WTO	0.0061	-0.0185	0.0062	0.0048	-0.0197	0.0034	0.0074	-0.0173	0.0086
MAR	0.2041	0.3534	0.2652	0.2039	0.3531	0.2644	0.2045	0.3537	0.2661
RISK	0.0070	0.0140	0.0288	0.0066	0.0136	0.0279	0.0075	0.0144	0.0298

注：***、**、*分别表示1%、5%、10%的统计显著性水平。

章中国遭受反倾销案件的统计数据,中国是世界上遭受最多反倾销指控的国家,因此,反倾销对中国整体贸易产生阻碍作用的实证结果符合实际情况,但农产品在整体反倾销案件中比例很小,具体到农产品会出现不一致的分析结果也符合实际情况。另一方面,这也与中国农产品遭受的涉案产品数量和种类占中国总体农产品出口规模比重较小有关。

第二,中国农产品出口面临的关税税率上升会显著减少中国农产品的出口量和出口额,提高出口价格,具有贸易阻碍作用,这不仅符合预期,也符合实际情况。

第三,中国宏观经济整体向好以及贸易环境改善对于促进中国农产品出口具有积极作用。国内经济发展状况良好运行对于中国农产品总出口的积极影响很大,均富有弹性;人民币贬值对于促进出口有着有利影响;加入WTO,是中国贸易自由化进程中非常重要的一步,意味着中国能够开展更为广泛的贸易合作,面临的外贸环境得到了很大改善,这会增加中国农产品出口规模,但是对于价格影响不显著。

三、中国对外反倾销对中国农产品进口的贸易效果分析

本节主要分析中国对外反倾销措施对中国农产品总体进口贸易的影响,即分析被解释变量为中国所有农产品的进口量、进口额和进口价格的模型。依据研究数据和式(7-1)的模型形式估计得到的结果整理在表7-6至表7-8中。根据模型选择,在估计结果中列出了最小二乘法稳健标准差、随机效果模型估计和系统 GMM 稳健标准差的估计结果。在系统 GMM 估计结果中,Hansen 检验 P 值大于 0.05,表明所有工具变量均有效,AR(2)大于 0.05,表明序列残差项不存在二阶自相关,因此,系统 GMM 估计是一个较为合理的模型估计。从估计结果来看,大部分参数的显著性水平在 10% 以下,部分参数不显著。下面将采用 GMM 的估计结果进行具体分析。

表7-6显示的是中国所有农产品进口量为被解释变量的估计结果。分别考察了中国农产品平均关税税率、最小关税税率和最大关税税率的估计结果,共涉及9个模型。根据表7-6的估计结果可知:

第一,中国对外反倾销对整体农产品进口量并未产生消极影响,与预期不一致。ADIM 的回归系数为正且显著,说明中国农产品对外反倾销并未对总体农产

品进口量产生负面影响,没有阻碍总体农产品进口。第二,中国农产品对外征收关税税率的提高会降低中国农产品进口量,以平均关税税率模型为例,关税增加100%,中国农产品总体进口量会降低0.14%。第三,GDP 影响为负但是在 GMM 估计中并不显著。第四,失业率回归系数为负且显著,说明中国国内失业率增加会减少中国农产品进口量,失业率每增加1%,进口量会下降0.8383%。第五,人民币兑美元汇率回归系数为负且显著,说明人民币贬值会减少中国农产品进口量,人民币兑美元汇率每增加1%,进口量减少0.2336%。第六,WTO 回归系数为正且显著,说明加入 WTO 会使得中国农产品进口量增加0.1569%。第七,承认中国的市场经济地位的系数并不显著,说明对于中国农产品进口量影响不显著。第八,金融危机的回归系数为负且显著,以平均关税模型为例,金融危机会减少中国农产品进口量0.0664%。

表 7-7 显示的是中国所有农产品进口额为被解释变量的估计结果。根据表 7-7 的估计结果可知:

第一,中国对外反倾销对整体农产品进口额并未产生消极影响,与预期不一致。ADIM 的回归系数为正且显著,说明中国对外反倾销农产品并未对总体农产品进口额产生负面影响,没有抑制总体进口。第二,关税税率的提高会降低中国农产品总进口额,以平均关税税率模型为例,关税增加100%,中国农产品总体进口额会降低2.98%。第三,GDP 影响为负但是在 GMM 估计中并不显著。第四,失业率回归系数为负,但在统计上不显著。第五,人民币兑美元汇率回归系数为负且显著,说明人民币贬值会减少中国农产品进口额,人民币兑美元汇率每增加1%,进口额减少0.2336%。第六,WTO 回归系数为正且显著,说明加入WTO 会使得中国农产品进口额增加0.0667%。第七,承认中国的市场经济地位的系数并不显著,说明对于中国农产品进口额影响不显著。第八,金融危机的回归系数为负但不显著。

表 7-8 显示的是中国所有农产品进口价格为被解释变量的估计结果。根据表 7-8 的估计结果可知:

第一,ADIM 的回归系数为负但不显著,说明中国对外反倾销对整体农产品进口价格并未产生显著影响。第二,关税税率的提高会提高中国农产品进口价格,以平均关税税率模型为例,关税增加100%,中国农产品总体进口价格会增加5.02%。第三,GDP 影响不显著,说明经济总量增加对于中国农产品进口价格影响并不明显。第四,失业率回归系数不显著,说明失业率对中国农产品进口价格影响显著。第五,人民币兑美元汇率回归系数为负且显著,说明人民币贬值会显著降低中国农产品进口价格,人民币兑美元汇率每增加1%,进口价格减少1.0081%,富有弹性。第六,WTO 回归系数为负但不显著,说明加入 WTO 对于

表7-6 对外反倾销对中国农产品进口量的贸易效果实证分析

指标 变量		中国平均关税			中国最小关税			中国最大关税		
		OLS	RE	GMM	OLS	RE	GMM	OLS	RE	GMM
估计结果	L1.lnIMQ	0.8796***	0.6859***	0.8658***	0.8796***	0.6854***	0.8656***	0.8796***	0.6863***	0.8659***
	ADIM	0.4511**	0.9578*	0.4139*	0.4533**	0.9634*	0.4165*	0.4495**	0.9531*	0.4118*
	TARIFFM	-0.0006	-0.0033*	-0.0004*						
	TARIFFMIN				-0.0009	-0.0036**	-0.0002*			
	TARIFFMAX							-0.0004	-0.0030*	-0.0005*
	GDP	-0.0154	-0.0384***	-0.0153	-0.0151	-0.0381***	-0.0149	-0.0157	-0.0386***	-0.0156
	UNEM	-0.3830**	-0.3487**	-0.2341*	-0.3839**	-0.3495**	-0.2348*	-0.3822**	-0.3480**	-0.2335*
	REER	0.0747	0.0606	-0.0306*	0.0744	0.0603	-0.0300*	0.0750	0.0609	-0.0311*
	WTO	0.2180	0.2324	0.1457*	0.2153	0.2290	0.1428*	0.2201	0.2359	0.1482*
	MAR	0.4030	0.4368	0.3111	0.4030	0.4364	0.3102	0.4037	0.4372	0.3120
	RISK	-0.0582	-0.0519	-0.0688*	-0.0589	-0.0526	-0.0694*	-0.0576	-0.0512	-0.0682*
	常数项	3.8972**	8.8858***	4.0034**	3.8736**	8.8758***	3.9816**	3.9159**	8.8992***	4.0222**
统计量	AIC	32986	32855		32986	32854		32987	32856	
	BIC	33057	32940		33056	32938		33057	32941	
弹性	ADIM	0.5700**	1.6060*	0.5127*	0.5735**	1.6205*	0.5166*	0.5676**	1.5939*	0.5095*
	TARIFFM	-0.0151	-0.0798*	-0.0014*						
	TARIFFMIN				-0.0202	-0.0847**	-0.0110*			

第七章 反倾销对中国总体农产品贸易效果影响的实证分析

续表

变量	指标	中国平均关税			中国最小关税			中国最大关税		
		OLS	RE	GMM	OLS	RE	GMM	OLS	RE	GMM
TARIFFMAX										
	GDP	-1.7026	-4.2326***	-1.6840	-1.6656	-4.2046***	-1.6464	-1.7317	-4.2636***	-1.7175
	UNEM	-1.3715**	-1.2488**	-0.8383*	-1.3748**	-1.2513**	-0.8363*	-1.3687**	-1.246*	-0.8406*
	REER	0.5707	0.4625	-0.2336*	0.5679	0.4600	-0.2294*	0.5729	0.4649	-0.2375*
	WTO	0.2436	0.2617	0.1569*	0.2402	0.2573	0.1535*	0.2462	0.2661	0.1598*
	MAR	0.4969	0.5478	0.3650	0.4962	0.5471	0.3637	0.4974	0.5484	0.3662
	RISK	-0.0565	-0.0506	-0.0664*	-0.0572	-0.0513	-0.0671*	-0.0560	-0.0499	-0.0659*

注：***、**、*分别表示1%、5%、10%的统计显著性水平。

表7-7 对外反倾销对中国农产品进口额的贸易效果实证分析

变量	指标	中国平均关税			中国最小关税			中国最大关税		
		OLS	RE	GMM	OLS	RE	GMM	OLS	RE	GMM
估计结果										
	L1.lnIMV	0.8964***	0.8492***	0.9201***	0.8963***	0.8480***	0.9198***	0.8964***	0.8503***	0.9203***
	ADIM	0.3815**	0.4992**	0.3188**	0.3835**	0.5049**	0.3211**	0.3794**	0.4939**	0.3162**
	TARIFFM	-0.0012	-0.0018	-0.0014*						
	TARIFFMIN				-0.0013	-0.0020*	-0.0012*			
	TARIFFMAX							-0.0010	-0.0015	-0.0017*
	GDP	-0.0116	-0.0167	-0.0083	-0.0115	-0.0166	-0.0082	-0.0119	-0.0169	-0.0085
	UNEM	-0.1700	-0.1573	-0.1134	-0.1703	-0.1575	-0.1136	-0.1693	-0.1567	-0.1130

续表

变量	指标	中国平均关税			中国最小关税			中国最大关税		
		OLS	RE	GMM	OLS	RE	GMM	OLS	RE	GMM
	REER	0.0034	-0.0059	-0.0260*	0.0031	-0.0064	-0.0262*	0.0037	-0.0053	-0.0256*
	WTO	0.1187	0.1222	0.0646*	0.1169	0.1200	0.0632*	0.1211	0.1252	0.0666*
	MAR	0.3186	0.3478	0.2346	0.3184	0.3482	0.2344	0.3189	0.3476	0.2350
	RISK	-0.0392	-0.0405	-0.0483	-0.0395	-0.041	-0.0486	-0.0386	-0.0398	-0.0479
	常数项	2.5011*	3.3729**	2.0905	2.4896*	3.3798**	2.0855	2.5197*	3.3767**	2.1005
统计量	AIC	29544	29526		29544	29525		29545	29527	
	BIC	29615	29603		29614	29602		29615	29605	
弹性	ADIM	0.4645**	0.6474**	0.3754**	0.4675**	0.6568**	0.3786**	0.4615**	0.6387**	0.3719**
	TARIFFM	-0.0286	-0.0442	-0.0298*						
	TARIFFMIN				-0.0313	-0.0480*	-0.0259*			
	TARIFFMAX							-0.0245	-0.0387	-0.0321*
	GDP	-1.2850	-1.8415	-0.9119	-1.2662	-1.8315	-0.9000	-1.3145	-1.8657	-0.9328
	UNEM	-0.6089	-0.5634	-0.4062	-0.6100	-0.5639	-0.4068	-0.6064	-0.5612	-0.4047
	REER	0.0257	-0.0451	-0.1981*	0.0240	-0.0489	-0.2000*	0.0281	-0.0408	-0.1954*
	WTO	0.1260	0.1300	0.0667*	0.1240	0.1275	0.0653*	0.1287	0.1334	0.0689*
	MAR	0.3752	0.4159	0.2645	0.3750	0.4166	0.2642	0.3756	0.4157	0.2649
	RISK	-0.0384	-0.0397	-0.0472	-0.0388	-0.0402	-0.0474	-0.0379	-0.039	-0.0468

注：***、**、* 分别表示1%、5%、10% 的统计显著性水平。

第七章 反倾销对中国总体农产品贸易效果影响的实证分析

表7-8 对外反倾销对中国农产品进口价格的贸易效果实证分析

变量	指标	中国平均关税			中国最小关税			中国最大关税		
		OLS	RE	GMM	OLS	RE	GMM	OLS	RE	GMM
估计结果	L1.lnIMQ	0.7716***	0.6698***	0.4410***	0.7715***	0.6697***	0.4414***	0.7717***	0.6700***	0.4405***
	ADIM	-0.0659	-0.0998	-0.1254	-0.0652	-0.0988	-0.1221	-0.0672	-0.1013	-0.1284
	TARIFFM	-0.0006	-0.0008	0.0021*						
	TARIFFMIN				-0.0007	-0.0009	0.0023*			
	TARIFFMAX							-0.0005	-0.0006	0.0017*
	GDP	0.0017	0.0022	0.0028	0.0017	0.0023	0.0031	0.0015	0.0020	0.0024
	UNEM	0.2228	0.2248	0.2116	0.2227	0.2246	0.2099	0.2233	0.2255	0.2139
	REER	-0.0890***	-0.1020***	-0.1320***	-0.0890***	-0.1021***	-0.1322***	-0.0887***	-0.1018***	-0.1318***
	WTO	-0.0896	-0.089	-0.089	-0.0902	-0.0899	-0.0914	-0.0880	-0.0870	-0.0858
	MAR	-0.0301	0.0114	0.0860	-0.0301	0.0114	0.0860	-0.0299	0.0117	0.0865
	RISK	0.0131	0.0069	0.0200	0.0131	0.0067	0.0194	0.0136	0.0074	0.0208
	常数项	-1.6929*	-2.3346**	-3.6445***	-1.6972*	-2.3421**	-3.6577***	-1.6785*	-2.3171***	-3.6294***
统计量	AIC	22204	21965		22204	21964		22204	21965	
	BIC	22274	22042		22274	22041		22275	22043	
	弹性									

续表

变量 指标	中国平均关税			中国最小关税			中国最大关税		
	OLS	RE	GMM	OLS	RE	GMM	OLS	RE	GMM
ADIM	-0.0638	-0.0950	-0.1179	-0.0632	-0.0941	-0.1149	-0.0650	-0.0964	-0.1205
TARIFFM	-0.0155	-0.0194	0.0502*						
TARIFFMIN				-0.0162	-0.0206	0.0427*			
TARIFFMAX							-0.0126	-0.0158	0.0555*
GDP	0.1857	0.2444	0.3073	0.1910	0.2540	0.3367	0.1640	0.2185	0.2689
UNEM	0.7978	0.8050	0.7578	0.7976	0.8043	0.7515	0.7997	0.8074	0.7661
REER	-0.6792***	-0.7788***	-1.0081***	-0.6797***	-0.7797***	-1.0064***	-0.6775***	-0.7769***	-1.0094***
WTO	-0.0857	-0.0851	-0.0852	-0.0863	-0.0860	-0.0874	-0.0843	-0.0833	-0.0822
MAR	-0.0296	0.0115	0.0898	-0.0297	0.0114	0.0898	-0.0294	0.0118	0.0903
RISK	0.0132	0.0069	0.0202	0.0131	0.0067	0.0196	0.0137	0.0074	0.0210

注：***、**、*分别表示1%、5%、10%的统计显著性水平。

中国农产品进口价格影响不显著。第七，承认中国的市场经济地位的系数不显著。第八，金融危机的回归系数不显著。

综合上文中国对外反倾销对中国总体农产品进口贸易效果影响的实证分析结果可以看出：

第一，中国农产品对外反倾销并没有对中国总体农产品进口产生负面影响，没有阻碍中国农产品的进口，原因在于中国农产品对外反倾销涉案产品数量和种类占中国总体农产品进口规模比重较小，对于个别品种进行反倾销并不能对整体农产品贸易产生显著的阻碍作用；这与国内学者杨仕辉等（2011）、张永（2013）关于反倾销寒蝉效应研究的结果具有一致性。杨仕辉等（2011）通过对中国、印度和欧盟1995~2008年反倾销的寒蝉效应进行分析，证实了中国对外反倾销不存在寒蝉效应，即中国反倾销申诉和反倾销措施并未导致反倾销被诉国向中国总出口贸易额的减少。张永（2013）实证检验了美国反倾销申诉对于美国贸易的寒蝉效应，发现美国反倾销申诉并未对其总进口产生阻碍作用，即不具有寒蝉效应。

第二，中国农产品关税税率提高会显著减少中国农产品的进口量和进口额，提高进口价格，具有贸易阻碍作用，这与实际情况相符并符合预期。

第三，人民币贬值会减少中国农产品的进口。

第四，加入WTO，会增加中国农产品进口量和进口额，但是对于价格影响不显著，验证了中国对外贸易环境的改善也会促进中国的农产品进口。

四、本章小结

本章以中国海关编码前6位的所有农产品为研究对象，基于1992~2012年共21年、656种农产品的年度数据构建了非平衡面板数据，总样本量为10908个，从中国遭到反倾销和中国对外反倾销两个角度，分别从出口量、出口额、出口价格和进口量、进口额和进口价格6个方面，分析了反倾销措施的发生对于中国总体农产品贸易的影响。研究发现中国遭受和对外反倾销并没有对中国农产品总体贸易产生显著影响，不具有阻碍贸易的作用。通过本章的实证分析研究，可以得到以下结论：

第一，反倾销没有对中国农产品整体贸易产生负面影响。中国农产品遭受国外反倾销指控的外部冲击并没有对总体农产品出口产生负面影响，没有阻碍中国总体农产品的出口，这与中国农产品遭受的涉案产品数量和种类占中国总体农产品出口规模比重较小有关；中国农产品对外进行的反倾销指控也没有对中国总体农产品进口产生负面影响，没有阻碍中国农产品的进口，这也与中国对外反倾销涉案农产品数量和种类占中国总体农产品进口规模比重较小有关。

第二，关税会阻碍中国农产品贸易。中国农产品出口面临的关税水平提高会显著减少中国农产品的出口量和出口额，提高出口价格，具有阻碍出口贸易的作用；同时，中国对外农产品征收关税增加会显著减少中国农产品的进口量和进口额，提高进口价格，具有阻碍进口贸易的作用。

第三，中国GDP增加，即国内经济发展良好对于中国农产品总出口影响很大，国内经济良好运行，对于促进中国农产品出口具有积极作用，实证结果富有弹性。

第四，人民币贬值对于促进出口量和出口额有利，但会减少中国农产品的进口量和进口额。中国汇率政策变化对于影响中国农产品贸易的作用值得政策制定者关注。

第五，贸易自由化和贸易开放程度的加深对于促进中国进出口贸易起着积极作用。中国加入WTO不仅会增加中国农产品总体出口量和出口额，也会增加中国农产品进口量和进口额。

第八章　中国涉案农产品遭受反倾销的贸易效果分析

本章主要考察中国涉案农产品遭受反倾销所产生的相关贸易效果，根据前文的描述性分析可知，中国遭受国外对中国相关农产品反倾销之后会产生不利的贸易调查和贸易限制效果，以及有利的贸易偏转效果。本章将对相关贸易效果进行实证分析，使用1995年1月~2013年8月26起可计量涉案农产品案件的月度数据对反倾销相关贸易效果进行检验，与以往有关反倾销贸易效果的研究不同，本章基于可获得的8位海关编码的大样本月度数据进行分析。由于以往研究采用年度数据对于分析考察立案、初裁、终裁等不同措施发生在同一年度的反倾销案件具有局限性，不能准确地反映出不同阶段反倾销措施产生的贸易效果，难以区分反倾销措施的贸易调查和限制效应。因此，在可获得月度贸易数据的基础上分析，能够更好地考察相关反倾销措施的贸易效果，提高实证分析的有效性和准确度。

在研究反倾销核心变量时，本章改进了经典研究中大多数只涉及反倾销立案时间和反倾销税率变量的分析，根据中国涉案农产品遭受申诉国反倾销的实践，加入了裁决结果是否肯定、日落复审次数和案件是否完结三个反倾销关键变量，加深了对于不同反倾销措施的贸易效果分析。同时，本章对于已有研究较少涉及的农产品反倾销的贸易偏转效果进行了实证分析，更为全面地解读中国涉案农产品遭受申诉国反倾销措施的贸易效果。

一、模型形式和数据来源

（一）模型形式和变量选择

在经典的研究反倾销调查和实施效果评价的模型中，主要采用双对数模型

(Prusa，2001；Knetter 和 Prusa，2003)，以控制数据的时间差异、保持数据的平稳性并统一量纲。本章具体采用的模型形式如下：

$$\log EX_{ijkt} = \alpha_0 + \alpha_1 \log EX_{ijkt-1} + \beta_0 \log EXP_{ijkt} + \beta_1 FT_{kt} + \beta_2 AD_{kt} + \beta_3 IN_k + \beta_4 RE_k + \beta_5 END_k + \beta_6 WTO_t + \beta_7 MAR_t + \beta_8 GDP_t + \beta_9 REER_t + \mu_{ijkt} \quad (8-1)$$

$$\log EXP_{ikt} = \alpha_0 + \beta_0 \log EXP_{ikt-1} + \beta_1 FT_{kt} + \beta_2 AD_{kt} + \beta_3 IN_k + \beta_4 RE_k + \beta_5 END_k + \beta_6 WTO_t + \beta_7 MAR_t + \beta_8 GDP_t + \beta_9 REER_t + \mu_{ikt} \quad (8-2)$$

在式 (8-1) 中，被解释变量为 EX_t (出口量和出口额)，代表在时间 t 的出口规模。当 i 取值为 0 和 1，分别代表出口到反倾销申诉国和出口到反倾销非申诉国，来衡量反倾销措施的歧视性所产生的贸易效果；j 取值为 0 和 1，分别代表出口量和出口额，即用两者代表所考察的出口规模情况。k 代表反倾销涉案产品，t 代表时间 (月度)。μ 为模型的随机误差项。在式 (8-2) 中，被解释变量为 EXP_t (出口价格)，衡量反倾销相关措施对于中国涉案农产品出口价格的影响。

模型的设定是为了检验国外反倾销措施实施对中国涉案农产品向申诉国和非申诉国出口的贸易效果，即考察反倾销措施的贸易调查、贸易限制和贸易偏转效果。共涉及两组回归模型。第一组模型涉及中国涉案农产品向反倾销申诉国的出口量、出口额和出口价格作为被解释变量估计的结果，说明申诉国的反倾销措施对中国出口涉案农产品情况变化的影响，验证是否存在贸易调查效果和贸易限制效果；第二组模型涉及中国涉案农产品向非申诉国的出口量、出口额和出口价格作为被解释变量估计的结果，分析申诉国对中国采取的反倾销措施是否会增加中国出口到其他未对中国涉案农产品提起反倾销诉讼国家的情况，用来验证反倾销措施是否存在贸易偏转效果。

根据对已有反倾销措施贸易效果研究和中国农产品遭受外国反倾销过程中的实际情况，本章选择的解释变量主要涉及两个方面。

第一部分是反倾销措施变量，也是本章考察的核心变量。分别为：①FT_t 为虚拟变量，表示在时间 t 时处于立案调查阶段，如果属于，则 $FT=1$，否则 $FT=0$，用来衡量反倾销措施的贸易调查效果。②AD_t 表示时间 t 上征收的反倾销税税率，考虑到一般应诉企业和非应诉企业被征收的反倾销税率范围不一样，有时甚至差别很大的情况，本章采用了三个反倾销税率，即平均反倾销税率 (ADM)、最小反倾销税率 (ADMIN) 和最大反倾销税率 (ADMAX)，用来衡量不同税率强度下，反倾销措施的贸易限制效应。③IN_t 为虚拟变量，表示反倾销案件在时间 t 上是否被判定为损害性结果，如果 t 时被认定为损害性结果，则 $IN=1$，否则 $IN=0$，用来考察反倾销案件不同性质的判定结果 (即被认定为倾销和不被认定为倾销）对于涉案农产品贸易的影响。④RE_t表示时间 t 上的日落复审次数[①]，日落复审在一个反倾销征税区间完结之后，来判定涉案农产品是否仍然存在倾销行为，是否需要采取下一轮的5年征税措施，由于中国大多数涉案农产品遭受的反倾销在经历多次日落复审后仍然被征收反倾销税，因此用复审次数来考察经历的反倾销次数对于涉案农产品贸易的影响非常有必要，这也是本章根据中国涉案农产品遭受反倾销的实际情况，对已有研究变量选择的一个改进。⑤END_t 表示在时间 t 此案件是否完结，如果在 t 时案件已经结束，不再继续采取反倾销措施，那么 $END=1$，否则 $END=0$，考察案件的终止对于涉案农产品贸易的影响。上述变量解释站在中国向申诉国家出口角度，如果站在中国向非申诉国出口角度，则相应考察的是反倾销措施的贸易偏转效果。这部分变量为考察反倾销措施是否具有预期贸易效果的主要变量。

第二部分为控制变量，EX_{t-1} 和 EXP_{t-1} 表示时间 $t-1$ 的出口情况（出口量、出口额和出口价格），表示上期出口贸易的规模，用来考察贸易的连续性和历史惯性；WTO 是虚拟变量，表示中国加入 WTO 的时间，如果是 2001 年 12 月及以后的时间，WTO=1，否则 WTO=0；MAR 表示世界其他国家和地区对中国"非市场经济地位"的认识变化，即中国是否在反倾销过程中被认定为市场经济国家，这关系到中国涉案农产品倾销价值和幅度的确定，进而影响最终反倾销的裁决结果，2004 年 4 月 14 日新西兰成为第一个承认中国市场经济地位的国家，从此之后世界上陆续有 81 个国家承认中国的市场经济地位，在此利用 2004 年作为时间分界点，如果处于 2004 年 4 月及之后 MAR=1，否则 MAR=0，来考察世界各国对于中国市场经济地位的承认对涉案农产品贸易的影响。另外，一般有关反倾销贸易效果的实证分析都集中在分析反倾销关键变量上，对于宏观经济变量的影响考察较少，本章对此进行改进，引入了两个宏观经济变量：一是中国 GDP 实际增长率（GDP）；二是人民币兑反倾销发起国货币双边平均汇率（REER）[②]，均采用间接标价法，来控制中国宏观经济走势对于涉案农产品贸易的影响。

式（8-1）和式（8-2）所示模型形式主要应用在中国涉案农产品向申诉国出口量、向申诉国出口额、向申诉国出口价格、向非申诉国出口量、向非申诉国出口额和向非申诉国出口价格为被解释变量的模型中。

根据上述模型形式可以推导出相关解释变量对出口量、出口额和出口价格的

[①] 日落复审是指反倾销措施执行满 5 年之前的合理时间内国内产业或其代表提出有充分证据的请求而由主管机关发起复审，若在该复审中主管机关确定终止反倾销税可能导致倾销和损害的继续或再度发生，则可继续征收反倾销税。在复审期间，原反倾销税继续有效。

[②] 具体包括美元、欧元、加元、巴西雷亚尔、韩元、南非兰特、印度卢比、印度尼西亚盾、澳大利亚元和墨西哥元。

弹性计算公式如下：

$$E_{FT} = e^{\beta_1} - 1 \tag{8-3}$$

$$E_{AD} = \beta_2 \overline{AD} \tag{8-4}$$

$$E_{IM} = e^{\beta_3} - 1 \tag{8-5}$$

$$E_{RE} = \beta_4 \overline{RE} \tag{8-6}$$

$$E_{END} = e^{\beta_5} - 1 \tag{8-7}$$

$$E_{WTO} = e^{\beta_6} - 1 \tag{8-8}$$

$$E_{MAR} = e^{\beta_7} - 1 \tag{8-9}$$

$$E_{GDP} = \beta_8 \overline{GDP} \tag{8-10}$$

$$E_{REER} = \beta_9 \overline{REER} \tag{8-11}$$

其中，E_{FT}表示反倾销立案时间对出口量（出口额或价格）的弹性；E_{AD}表示反倾销平均（最小或最大）税率对出口量（出口额或价格）的弹性；E_{IN}表示反倾销是否为损害性结果对出口量（出口额或价格）的弹性；E_{RE}表示反倾销日落复审次数对出口量（出口额或价格）的弹性；E_{END}表示反倾销案件是否完结对出口量（出口额或价格）的弹性；E_{WTO}表示加入WTO对出口量（出口额或价格）的弹性；E_{MAR}表示市场经济地位的承认对出口量（出口额或价格）的弹性；E_{GDP}表示中国GDP增长率对出口量（出口额或价格）的弹性；E_{REER}表示人民币兑外币汇率对出口量（出口额或价格）的弹性。

考虑到研究采用的是面板数据，往往会涉及个体效应问题，因此除了采用混合最小二乘法进行估计之外，还采用固定效果模型和随机效果模型估计，并做Hausman检验进行固定和随机效果之间的检验。

（二）数据来源和变量预期

研究数据为1995年1月~2013年8月中国涉案农产品月度出口数据，样本数为25312个，涉及11个国家，共26起农产品反倾销案件。

计量模型中被解释变量的出口量、出口额和出口价格主要来自中国海关统计信息，采用海关编码前8位涉案农产品的出口数据，由于某些年份数据可能缺失或者为0，在进行实证分析取对数值时会出现错误，借鉴已有研究的解决办法，将出口数据缺失值补为1，以此来解决空值和零值的问题。其中，对出口额和价格进行处理剔除了通货膨胀因素，均为实际值。

在解释变量中，反倾销涉案产品的反倾销税率、立案调查时间、是否结损害性结果、复审次数以及是否结案等数据来源于中国商务部公布的反倾销贸易救济案件数据（http：//www.cacs.gov.cn/）。在宏观经济变量中，GDP实际增长率为季度数据，人民币兑外币汇率为月度数据，均来源于中经网统计数据库（http：//db. cei. gov. cn/page）。模型有关变量的描述结果整理在表8-1中。由于模型采用了月度数据，农产品出口存在季节性差异，为了控制这种差异，对贸易数据进行了季节性调整。

表8-1 中国涉案农产品遭受反倾销贸易效果分析的相关变量统计描述量

变量	单位	均值	标准差
被解释变量			
向申诉国出口量（EX_{ij}, $i=0$, $j=0$）	吨	696.23	2144.56
向申诉国出口额（EX_{ij}, $i=0$, $j=1$）	万美元	118.18	342.95
向申诉国出口价格（EXP_i, $i=0$）	美元/吨	4803.39	8586.68
向非申诉国出口量（EX_{ij}, $i=1$, $j=0$）	吨	4969.73	16256.00
向非申诉国出口额（EX_{ij}, $i=1$, $j=1$）	万美元	529.56	1572.49
向非申诉国出口价格（EXP_i, $i=1$）	美元/吨	3769.12	7405.60
解释变量			
立案时间（FT）	虚拟变量，是=1，否=0	0.06	0.24
平均反倾销税率（ADM）	%	46.44	73.14
最小反倾销税率（ADMIN）	%	24.90	43.93
最大反倾销税率（ADMAX）	%	67.99	111.73
裁决结果是否肯定（IN）	虚拟变量，是=1，否=0	0.04	0.25
日落复审次数（RE）	次	0.41	0.72
案件是否完结（END）	虚拟变量，是=1，否=0	0.14	0.35
是否加入WTO（WTO）	虚拟变量，2001年12月及后=1，其他=0	0.63	0.48
是否承认中国市场经济地位（MAR）	虚拟变量，2004年4月及以后=1，否=0	0.52	0.50
中国GDP实际增长率（GDP）	%	9.85	1.81
人民币兑外币平均汇率（REER）	人民币/1美元、1欧元、1加元、1巴西雷亚尔、1000韩元、1南非兰特、1印度卢比、1000印度尼西亚盾、1澳元和1墨西哥元	6.22	3.79

根据对以往实证研究的分析以及结合实际情况的参考，对于各个实证模型中变量预期如下：

首先，关于被解释变量为中国涉案农产品对反倾销申诉国出口的模型，对于出口量和出口额的变量符号预期是一致的，但是对于出口价格的变量符号预期与前者相反，这是由价格和出口量反向变化决定的。第一，在中国涉案农产品对申诉国出口量和出口额为被解释变量的模型中，对立案时间（FT）、反倾销税（AD）、损害性结果（IN）、复审次数（RE）的预期为负，即反倾销措施的实施会减少中国涉案农产品向申诉国的出口量和出口额，预期存在反倾销的贸易调查和贸易限制效果；对是否结案（END）的预期为正，如果案件完结，则不再会通过反倾销影响中国涉案农产品对申诉国的出口，有可能因为反倾销贸易壁垒的取消而刺激涉案农产品向申诉国的出口量和出口额增加。第二，在中国涉案农产品对申诉国出口价格为被解释变量的模型中，对立案时间（FT）、反倾销税（AD）、损害性结果（IN）、复审次数（RE）的预期为正，即反倾销措施的实施会提高涉案农产品对申诉国的出口价格，预期存在反倾销的贸易调查和贸易限制效果；对是否结案（END）的预期为负，如果案件已经终止，则有可能因为反倾销的取消而刺激中国涉案农产品继续降低出口价格向申诉国出口。

其次，关于被解释变量为中国涉案农产品对反倾销非申诉国出口的模型，对于出口量和出口额的变量符号预期一致，对于出口价格的变量符号预期与前者相反。第一，在中国涉案农产品对非申诉国出口量和出口额为被解释变量的模型中，预期立案时间（FT）、反倾销税（AD）、损害性结果（IN）、复审次数（RE）影响为正，即申诉国对中国涉案农产品采取反倾销措施会增加其向非申诉国的出口量和出口额，预期存在贸易偏转效果；对是否结案（END）的预期为负，如果申诉国对中国涉案农产品反倾销案件终止，那么，有可能会因为反倾销贸易壁垒的取消而刺激涉案农产品向申诉国的出口量和出口额增加，从而减少向非申诉国的出口量和出口额。第二，在中国涉案农产品对非申诉国出口价格为被解释变量的模型中，预期立案时间（FT）、反倾销税（AD）、损害性结果（IN）、复审次数（RE）影响为负，即反倾销措施的实施会降低涉案农产品对非申诉国的出口价格，预期存在反倾销的偏转效果；对是否结案（END）的预期为正，如果反倾销案件已经终止，则有可能因为反倾销的取消而刺激中国涉案农产品降低出口价格向申诉国出口，从而抬高向非申诉国的出口价格。

最后，大部分已有研究认为，加入WTO会使中国农产品关税贸易壁垒下降，贸易自由化程度提高，增加出口规模，因此对出口量和出口额预期符号为正，即预期会增加涉案农产品向申诉国和非申诉国的出口量和出口额，但对出口价格影响不确定。2004年新西兰成为第一个承认中国"市场经济地位"的发达国家，之后陆续有81个国家或地区逐步承认中国的市场经济地位，市场经济地位待遇对于中国在遭到反倾销时的损害价值确定有益，会减少中国农产品因为"替代国"选取原因而遭到不公正的反倾销制裁，因此MAR预期影响为正，即市场经济地位的承认会增加中国向申诉国和非申诉国的出口量和出口额，对于出口价格的影响不确定。GDP 实际增长率代表中国整体宏观经济发展水平，如果中国 GDP 增长率增加，一般认为国内生产率提高，产品竞争力提升，会有利于增加出口规模，因此对出口量和出口额预期为正，但对于出口价格影响有待实证检验。人民币兑外币汇率采取的是间接标价法，即汇率如果上升意味着人民币贬值，有利于中国涉案农产品出口，因此对出口量和出口额预期为正，对出口价格的影响有待实证检验。解释变量对不同模型的预期符号整理在表 8-2 中。

表 8-2 解释变量的预期符号

解释变量	向申诉国出口量/额 (EX_{ij}, $i=0$)	向申诉国出口价格 (EXP_i, $i=0$)	向非申诉国出口量/额 (EX_{ij}, $i=1$)	向非申诉国出口价格 (EXP_{ij}, $i=1$)
出口量/额/价格滞后一期取对数（$\log EX_{t-1}/\log EX_{t-1}$）	+	+	+	+
出口价格取对数（$\log EXP$）	+		+	
立案时间（FT）	−	+	+	−
平均反倾销税率（ADM）	−	+	+	−
最小反倾销税率（ADMIN）	−	+	+	−
最大反倾销税率（ADMAX）	−	+	+	−
裁决结果是否肯定（IN）	−	+	+	−
日落复审次数（RE）	−	+	+	−
案件是否完结（END）	+	−	−	+
是否加入 WTO（WTO）	+	?	+	?
是否承认中国市场经济地位（MAR）	+	?	+	?
GDP 实际增长率（GDP）	+	?	+	?
人民币兑外币元加权平均汇率（REER）	+	?	+	?

二、贸易调查和限制效果估计结果分析

本节主要分析中国遭到反倾销措施后的贸易调查和贸易限制效果，即分析被解释变量为中国涉案农产品向反倾销申诉国的出口量、出口额和出口价格的模

型。依据研究数据和式（8-1）和式（8-2）的模型形式估计得到的结果整理在表8-3至表8-5中。根据对固定效果模型和随机效果模型的Hausman检验，结果拒绝原假设，因此，选择固定效果模型，在估计结果中列出了最小二乘法稳健标准差和固定效果稳健标准差的估计结果。从估计结果来看，大部分参数的显著性水平在10%以下，部分参数不显著。OLS和固定效果模型估计系数基本一致，根据AIC和BIC最小值原则进行选择，固定效果模型要优于OLS估计，同时，部分OLS估计的解释变量系数并不显著。因此，下面将采用固定效果模型进行反倾销措施对中国涉案农产品的贸易调查和贸易限制效果的分析。

（一）出口量分析

表8-3列出的是中国涉案农产品向申诉国出口量为被解释变量的模型估计结果，考察中国涉案农产品遭受的反倾销措施对其向申诉国出口量的影响。分别考察了平均反倾销税率、最小反倾销税率和最大反倾销税率的估计结果，共涉及6个模型。

1. 反倾销关键变量

第一，从反倾销立案时间来看，其回归系数为负且在统计上显著，与预期相符，表明申诉国对中国涉案农产品进行反倾销立案调查会使得向申诉国的出口数量减少，即存在反倾销的贸易调查效果。三种反倾销税率模型的估计系数相差很小，以平均反倾销税率模型为例，如果中国涉案农产品遭受申诉国反倾销调查，中国向申诉国出口量下降0.0757%。第二，从征收的反倾销税税率来看，其回归系数为负且在统计上显著，符合预期，申诉国对中国涉案农产品征收反倾销税会减少相应的出口量，贸易限制效果显著，平均反倾销税上升100%，使得出口量减少1.72%，最小反倾销税上升100%，使得出口量减少1.01%，最大反倾销税上升100%，使得出口量减少2.05%，最大反倾销税率的弹性较大，说明征收税率强度增加使得产生的贸易限制效果更大。第三，与预期相符，如果反倾销案件裁决结果是肯定性损害，那么会显著减少中国涉案农产品向申诉国的出口量，以平均反倾销税率模型为例，使得出口量减少0.0991%。第四，日落复审次数回归系数为负且显著，这与预期相吻合，说明中国农产品遭到反倾销日落复审次数增加，显著减少涉案产品向申诉国的出口量，以平均反倾销税率模型为例，日落复审次数每增加一次，出口量会下降0.0193%。第五，如果反倾销案件已经由于某种原因终止，那么显著增加涉案产品向申诉国的出口量，以平均反倾销税率模型为例，使得出口量增加0.0271%。可见，对于中国涉案农产品向申诉国的出口量来说，中国涉案农产品遭到申诉国反倾销会产生贸易调查和贸易限制效果，但是均缺乏弹性且弹性值较小。

第八章 中国涉案农产品遭受反倾销的贸易效果分析

2. 宏观经济变量

第一,WTO 回归系数为正且显著,这也符合预期,以平均反倾销税率模型为例,加入 WTO 使得中国涉案农产品向申诉国出口量增加 0.1134%,贸易自由化进程的推进促进了中国涉案农产品向申诉国的出口量。第二,承认中国市场经济地位的变量的系数并不显著,说明中国市场经济地位承认对于中国涉案农产品向申诉国出口量的影响并不显著。第三,GDP 实际增长率系数为正且显著,符合预期,说明中国宏观经济发展越好,会促进涉案农产品向申诉国的出口量,以平均反倾销税率模型为例,GDP 实际增长率每增加 1 倍,中国向反倾销申诉国的出口量增加 5.19%。第四,人民币兑外币加权平均汇率系数为正且显著,符合预期,说明人民币贬值会促进涉案农产品向申诉国的出口量,以平均反倾销税率模型为例,汇率每增加 100%,向申诉国出口量增加 24.04%。可见,对于出口量来说,加入 WTO、中国 GDP 实际增长率增加、人民币贬值,都可以部分抵消中国涉案农产品由于遭受申诉国反倾销产生的不利贸易调查效果和贸易限制效果。

(二) 出口额分析

表 8-4 列出的是中国涉案农产品向申诉国出口额为被解释变量的模型估计结果,考察中国涉案农产品遭受的反倾销措施对其向申诉国出口金额的影响。分别考察了平均反倾销税率、最小反倾销税率和最大反倾销税率的估计结果,共涉及 6 个模型。

1. 反倾销关键变量

第一,从反倾销立案时间来看,其回归系数为负,符合预期,但不显著,表明申诉国对中国涉案农产品进行反倾销立案调查对其向申诉国的出口额变化影响不显著。第二,从征收的反倾销税税率来看,回归系数为负且显著,这符合预期,表明申诉国对中国涉案农产品征收反倾销税会减少相应的出口额,贸易限制效果显著,平均反倾销税上升 100%,使得出口额减少 0.96%,最小反倾销税上升 100%,使得出口额减少 0.29%,最大反倾销税上升 100%,使得出口额减少 1.43%,最大反倾销税率的弹性较大,说明对于出口额来说,反倾销征税强度加大,也会使得贸易限制效果增强。第三,与预期相符,若申诉国对中国涉案农产品反倾销案件裁决结果是肯定性损害,那么会显著减少向申诉国的出口额,以平均反倾销税率模型为例,使得出口额减少 0.0745%。第四,日落复审次数系数为负且显著,与预期相符,说明中国涉案农产品遭到申诉国反倾销的日落复审次数增加,会显著减少向申诉国的出口额,以平均反倾销税率模型为例,日落复审次数每增加一次,出口额下降 0.0084%。第五,如果反倾销案件已经由于某种原因终止,那么会显著增加中国涉案农产品向申诉国的出口额,以平均反倾销税率模型为例,使得出口额增加 0.0008%。可见,对于中国涉案农产品向申诉国的出口额来说,反倾销措施变量会产生显著的贸易限制效果,贸易调查效果不显著,核心变量缺乏弹性且弹性制也比较小,并小于出口量模型。

2. 宏观经济变量

第一,WTO 回归系数为正且显著,符合预期,以平均反倾销税率模型为例,说明加入 WTO 会使得中国涉案农产品向反倾销申诉国的出口额增加 0.0713%。第二,承认中国的市场经济地位的系数为负但并不显著,说明其对于中国涉案农产品向申诉国出口额的影响不显著。第三,GDP 实际增长率系数为正且显著,与预期吻合,说明中国宏观经济水平发展越好,会促进涉案农产品向反倾销申诉国的出口额,以平均反倾销税率模型为例,GDP 实际增长率每增长 1 倍,中国涉案农产品向申诉国的出口额增加 6.03%。第四,人民币兑外币加权平均汇率系数为正且显著,这也符合预期,说明人民币贬值会促进出口额增加,以平均反倾销税率模型为例,汇率每增加 100%,向申诉国出口额增加 53.35%,汇率弹性较大,大于出口量的模型。可见,对于出口额来说,加入 WTO、中国 GDP 实际增长率增加、人民币贬值,都可以部分抵消中国涉案农产品由于遭受申诉国反倾销产生的不利的贸易限制效果。

(三) 出口价格分析

表 8-5 列出的是中国涉案农产品向申诉国出口价格为被解释变量的模型估计结果,考察中国涉案农产品遭受的反倾销措施对其向申诉国出口价格的影响。分别考察了平均反倾销税率、最小反倾销税率和最大反倾销税率的估计结果,共涉及 6 个模型。

1. 反倾销关键变量

第一,从反倾销立案时间来看,其回归系数为正且符合预期,但是统计上不显著,这与只是采取了反倾销调查但并没有实际征收反倾销税有关。第二,从征收的反倾销税税率来看,回归系数为正且显著,这与预期相符,表明申诉国对中国涉案农产品征收反倾销税会显著增加出口价格,贸易限制效果显著,平均反倾销税上升 100%,使得出口价格增加 2.4%,最小反倾销税上升 100%,使得出口价格增加 1.79%,最大反倾销税上升 100%,使得出口价格增加 5.30%,最大反倾销税率的弹性较大。第三,与预期相符,如果申诉国对中国涉案农产品反倾销案件裁决结果是肯定性损害,那么会显著增加出口价格,以平均反倾销税率模型为例,使得出口价格增加 0.3137%。第四,日落复审次数系数为正且显著,符合预期,说明中国涉案农产品遭到反倾销日落复审次数增加,向申诉国出口价格也会增加,以平均反倾销税率模型为例,复审次数每增加一次,出口价格会上升 0.0350%。

表 8-3 中国遭到反倾销贸易效果实证结果（向申诉国出口量）

指标	中国遭到反倾销税率		最小反倾销税率		最大反倾销税率	
变量	普通最小二乘法	固定效果模型	普通最小二乘法	固定效果模型	普通最小二乘法	固定效果模型
模型估计结果						
向申诉国出口量潜后一期对数值	0.6601***	0.5307***	0.6600***	0.5308***	0.6601***	0.5307***
向申诉国出口价格对数值	0.1278***	0.1529***	0.1279***	0.1529***	0.1277***	0.1529***
立案时间	-0.0617	-0.0730*	-0.0618	-0.0727*	-0.0613	-0.0730*
平均反倾销税率	-0.0003*	-0.0004**				
最小反倾销税率			-0.0006**	-0.0004**		
最大反倾销税率					-0.0001	-0.0003**
裁决结果是否肯定	-0.0752	-0.1044*	-0.0702	-0.1096*	-0.0825*	-0.1028*
日落复审次数	-0.0547*	-0.0469*	-0.0535*	-0.0469*	-0.0528***	-0.0470*
案件是否结案	0.0381	0.0275*	0.0376	0.0310*	0.0369	0.0260*
是否加入 WTO	0.0311	0.1075*	0.0318	0.1066*	0.0315	0.1079*
是否承认中国市场经济地位	-0.0501	-0.0254	-0.0503	-0.0259	-0.0494	-0.0250
中国 GDP 实际增长率	0.0057	0.0053*	0.0052	0.0053*	0.0059	0.0053*
人民币兑外币加权平均汇率	0.0066*	0.0311*	0.0061*	0.0313*	0.0060*	0.0311*
常数项	0.6806***	1.2433***	0.6889***	1.2413***	0.6821***	1.2442***
统计量						
AIC	70804	67180	70797	67181	70807	67180
BIC	70902	67270	70895	67271	70905	67270
弹性						
向申诉国出口价格	0.1278***	0.1529***	0.1279***	0.1529***	0.1277***	0.1529***

续表

指标	平均反倾销税率		最小反倾销税率		最大反倾销税率	
	普通最小二乘法	固定效果模型	普通最小二乘法	固定效果模型	普通最小二乘法	固定效果模型
立案时间	-0.0617	-0.0757*	-0.0637	-0.0754*	-0.0631	-0.0757*
平均反倾销税率	-0.0127*	-0.0172*				
最小反倾销税率			-0.0151*	-0.0101*	-0.0082968	
最大反倾销税率					-0.0083	-0.0205
裁决结果是否肯定	-0.0724	-0.0991*	-0.0678	-0.1037*	-0.0792*	-0.0977*
日落复审次数	-0.0225*	-0.0193*	-0.0221***	-0.0193*	-0.0217***	-0.0193**
案件是否结案	0.0388	0.0271*	0.0383	0.0305*	0.0375	0.0256**
是否加入WTO	0.0316	0.1134*	0.0322	0.1125*	0.0320	0.1139*
是否承认中国市场经济地位	-0.0489	-0.0251	-0.0491	-0.0256	-0.0482	-0.0247
中国GDP实际增长率	0.0557	0.0519*	0.0512	0.0525*	0.0583	0.0523*
人民币兑外币加权平均汇率	0.0506*	0.2402*	0.0469*	0.2417*	0.0465*	0.2397*

注：***、**、*分别表示1%、5%、10%的统计显著性水平。

表8-4 中国遭到反倾销贸易效果实证结果（向申诉国出口额）

变量	指标	平均反倾销税率		最小反倾销税率		最大反倾销税率	
		普通最小二乘法	固定效果模型	普通最小二乘法	固定效果模型	普通最小二乘法	固定效果模型
模型估计结果	向申诉国出口额滞后一期对数值	0.7577***	0.6553***	0.7578***	0.6553***	0.7577***	0.6552***
	向申诉国出口价格对数值	0.0580	0.0654***	0.0579	0.0654***	0.0580	0.0654
	立案时间	-0.0214	-0.0547	-0.0206	-0.0541	-0.0215	-0.0549

续表

指标 变量	平均反倾销税率		最小反倾销税率		最大反倾销税率	
	普通最小二乘法	固定效果模型	普通最小二乘法	固定效果模型	普通最小二乘法	固定效果模型
平均反倾销税率	-0.0002	-0.0002*				
最小反倾销税率			-0.0001	-0.0001*		
最大反倾销税率					-0.0001*	-0.0002*
裁决结果是否肯定	-0.0497	-0.0774*	-0.0591*	-0.0840*	-0.0485*	-0.0737*
日落复审次数	-0.0226*	-0.0206*	0.0191	-0.0210*	-0.0236*	-0.0205**
案件是否结案	0.0678	0.0008*	0.0700	0.0042*	0.0673	0.0015*
是否加入WTO	0.0280	0.0689*	0.0289	0.0683*	0.0277	0.0694*
是否承认中国市场经济地位	-0.0373	-0.0329	-0.0362	-0.0329	-0.0375	-0.0327
中国GDP实际增长率	0.0047*	0.0061*	0.0049*	0.0063*	0.0047*	0.0060*
人民币兑外币加权平均汇率	0.0432**	0.0691**	0.0442**	0.0693**	0.0429**	0.0690**
常数项	0.6773***	0.9694***	0.6827***	0.9674***	0.6748***	0.9709***
统计量						
AIC	65567	63887	65570	63888	65566	63886
BIC	65665	63977	65667	63978	65664	63976
弹性						
向申诉国出口价格	0.0580***	0.0654***	0.0579***	0.0654***	0.0580***	0.0654***
立案时间	-0.0215	-0.0562	-0.0208	-0.0556	-0.0217	-0.0564
平均反倾销税率	-0.0072	-0.0096*				
最小反倾销税率			-0.0013	-0.0029*		
最大反倾销税率					-0.0081*	-0.0143*

续表

指标	平均反倾销税率			最小反倾销税率			最大反倾销税率		
变量	普通最小二乘法	固定效果模型		普通最小二乘法	固定效果模型		普通最小二乘法	固定效果模型	
裁决结果是否肯定	-0.048	-0.0745*		-0.0574*	-0.0806*		-0.0473*	-0.0710*	
日落复审次数	-0.0093*	-0.0084*		0.0078	-0.0086*		-0.0097*	-0.0084**	
案件是否结案	0.0655	0.0008		0.0675	0.0043		0.0650	0.0015	
是否加入 WTO	0.0284	0.0713*		0.0293	0.0707*		0.0281	0.0718*	
是否承认中国市场经济地位	-0.0366	-0.0324		-0.0356	-0.0324		-0.0368	-0.0321	
中国 GDP 实际增长率	0.0463*	0.0603*		0.0486*	0.0622*		0.0466*	0.0595*	
人民币兑外币加权平均汇率	0.3333**	0.5335**		0.3409**	0.5352**		0.3310*	0.5325**	

注：***、**、* 分别表示 1%、5%、10% 的统计显著性水平。

表8-5 中国遭到反倾销贸易效果实证结果（向申诉国出口价格）

指标	平均反倾销税率		最小反倾销税率		最大反倾销税率	
变量	普通最小二乘法	固定效果模型	普通最小二乘法	固定效果模型	普通最小二乘法	固定效果模型
向申诉国出口价格滞后一期对数值	0.7735***	0.6065***	0.7731***	0.6063***	0.7740***	0.6065***
模型估计结果	0.3709	0.3308	0.3687	0.3246	0.3686	0.3347
立案时间虚拟变量	0.0020***	0.0014***	0.0037***	0.0004***	0.0011***	0.0021***
平均反倾销税率						
最小反倾销税率						
最大反倾销税率						
裁决结果是否肯定	0.2674	0.3765*	0.2690	0.4301*	0.2285	0.3315*
日落复审次数	0.1974***	0.0851***	0.1802***	0.0904***	0.1891***	0.0822***

续表

指标	平均反倾销税率		最小反倾销税率		最大反倾销税率	
变量	普通最小二乘法	固定效果模型	普通最小二乘法	固定效果模型	普通最小二乘法	固定效果模型
案件是否结案	-0.9637	-0.1023	-0.9544	-0.1216	-0.9581	-0.0805 *
是否加入WTO	0.5466 ***	0.7184 ***	0.5404 ***	0.7175 ***	0.5452 ***	0.7216 ***
是否承认中国市场经济地位	0.3411 **	0.3082 *	0.3390 **	0.3123 *	0.3374 *	0.3078 *
中国GDP实际增长率	-0.0433 *	-0.0529 *	-0.0413 *	-0.0503 *	-0.0449 *	-0.0544 *
人民币兑外币加权平均汇率	-0.1284 *	-0.0788 *	-0.1229	-0.0807	-0.1263 *	-0.0772 *
常数项	1.0614 *	-0.0065 *	0.9979 *	-0.0175 *	1.0605 *	0.0054 *
统计量						
AIC	145476	142964	145470	142960	145482	142964
BIC	145565	143045	145559	143042	145572	143045
弹性	0.3098	0.3921	0.3083	0.3835	0.3083	0.3976
立案时间虚拟变量	0.0945 ***	0.0240 ***	0.0913 ***	0.0179 ***		
平均反倾销税率						
最小反倾销税率					0.0716 ***	0.0530 ***
最大反倾销税率					0.2042	0.2821 *
裁决结果是否肯定	0.2346	0.3137 *	0.2358	0.3494 *		
日落复审次数	0.0813 ***	0.0350 ***	0.0742 ***	0.0372 ***	0.0770 ***	0.0338 *
案件是否结案	-0.6185	-0.0972	-0.6149	-0.1145	-0.6163	-0.0773 *
是否加入WTO	0.7274 ***	1.0511 ***	0.7167 ***	1.0492 ***	0.7248 ***	1.0576 ***
是否承认中国市场经济地位	0.4064 **	0.3609 *	0.4035 *	0.3665 *	0.4013 **	0.3604 *
中国GDP实际增长率	-0.4266 *	-0.5214 *	-0.4074 *	-0.4953 *	-0.4424 *	-0.5365 *
人民币兑外币加权平均汇率	-0.9918 *	-0.6087 *	-0.9487	-0.6231	-0.9753 *	-0.5961 *

注：***、**、* 分别表示 1%、5%、10% 的统计显著性水平。

第五，如果反倾销案件已经由于某种原因终止，那么在最大反倾销税率的模型中，会显著减少涉案农产品向申诉国的出口价格，这符合预期，使得出口价格减少0.0773%。可见，对于中国涉案农产品向申诉国的出口价格来说，反倾销措施变量会产生显著的贸易限制效果，贸易调查效果不显著，核心变量缺乏弹性，但是弹性比出口量和出口额模型大，这与反倾销税征收会直接增加涉案农品价格，从而通过价格来调节出口量和出口额的规模的作用机理相关。

2. 宏观经济变量

第一，WTO回归系数为正且显著，以平均反倾销税率模型为例，加入WTO会使得中国涉案农产品向反倾销申诉国的出口价格增加1.0511%，且富有弹性。第二，承认中国的市场经济地位的回归系数为正且显著，以平均反倾销税率模型为例，说明市场经济地位的承认会使得中国涉案农产品向申诉国的出口价格增加0.3609%。第三，GDP实际增长率系数为负且显著，说明中国宏观经济水平发展越好，会使得中国涉案农产品向申诉国出口价格降低，以平均反倾销税率为例，GDP增长率每增长一倍，向反倾销申诉国出口价格减少52.14%。第四，人民币兑外币加权平均汇率的回归系数为负且显著，说明人民币贬值会促进涉案农产品向申诉国的出口价格下降，以平均反倾销税率为例，汇率每增加100%，向申诉国出口价格下降60.87%。可见，对于出口价格来说，中国GDP实际增长率增加和人民币贬值，可以部分抵消中国涉案农产品由于遭受申诉国反倾销产生的不利贸易限制效果。

综合上文对于中国涉及反倾销案农产品向申诉国的出口量、出口额和出口价格的实证分析结果可以看出，第一，反倾销立案调查对涉案农产品的出口量影响显著，会减少出口量，反倾销的贸易调查效应明显；第二，征收反倾销税，对中国涉案农产品向申诉国的出口影响显著，会减少向申诉国的出口量和出口额，增加出口价格，出口价格模型的弹性要大于出口量和出口额模型，反倾销的贸易限制效果明显；第三，若申诉国认定中国涉案农产品为肯定性损害结果，那么会显著减少中国涉案农产品向申诉国的出口量和出口额，增加出口价格，贸易限制效果显著；第四，日落复审的次数代表中国涉案农产品频繁遭受同一申诉国的反倾销，日落复审次数增多，也会显著减少中国涉案农产品向申诉国的出口量和出口额，提高出口价格，贸易限制效果显著；第五，如果反倾销案件已经终止，那么会显著增加中国涉案农产品向申诉国的出口量和出口额，降低出口价格，改善之前申诉国反倾销措施所引起的中国涉案农产品贸易环境的恶化。此外，关于宏观经济变量，加入WTO、中国GDP实际增长率提高（宏观经济运行良好）和人民币贬值都会促进中国涉案农产品向申诉国的出口量和出口额，中国GDP实际增长率提高和人民币贬值会降低出口价格，缓解中国涉案农产品遭受申诉国反倾销所带来的不利贸易效果。

三、贸易偏转效果估计结果分析

本节主要分析中国涉案农产品遭到申诉国反倾销措施后的贸易偏转效果，即被解释变量为中国涉案农产品到非申诉国的出口量、出口额和出口价格。依据研究数据和式（8-1）、式（8-2）的模型形式估计得到的结果整理在表8-6至表8-8中。根据对固定效应模型和随机效应模型的Hausman检验，结果拒绝原假设，选择固定效应模型。在估计结果中列出了最小二乘法稳健标准差和固定效应稳健标准差的估计结果。从估计结果来看，大部分参数的显著性水平在10%以下，部分参数不显著。OLS和固定效应模型估计系数基本一致，根据AIC和BIC最小值原则进行选择，固定效应模型要优于OLS估计，因此，下面将采用固定效应模型进行反倾销措施对中国涉案农产品的贸易偏转效果的分析。

（一）出口量分析

表8-6显示的是中国涉案农产品对非申诉国出口量为被解释变量的模型估计结果，考察中国涉案农产品遭受反倾销措施对于向非申诉国出口量的影响。分别考察了平均反倾销税率、最小反倾销税率和最大反倾销税率的估计结果，共涉及6个模型。

1. 反倾销关键变量

第一，从反倾销立案时间来看，其回归系数为正且在统计上显著，与预期相符，表明申诉国对中国涉案农产品进行反倾销立案调查会使中国出口到非申诉国的数量增加，即存在反倾销的贸易偏转效果。以平均反倾销税模型系数为例，如果中国涉案农产品遭受申诉国反倾销调查，中国向非申诉国出口量增加0.0021%。第二，从征收的反倾销税来看，回归系数为正且显著，符合预期，申诉国对中国涉案农产品征收反倾销税会增加涉案产品向非申诉国的出口量，贸易偏转效果显著，平均反倾销税上升100%，使得出口量增加0.94%，最小反倾销税上升100%，使得出口量增加0.32%，最大反倾销税上升100%，使得出口量增加1.9%，最大反倾销税率的弹性较大，说明申诉国对中国涉案农产品征收反倾销税率强度增加，使得产生的贸易偏转效果更大。第三，如果申诉国对于中国涉案农产品反倾销案件裁决结果是肯定性损害，那么会显著增加中国涉案农产品向非申诉国的出口量，这与预期相符，以平均反倾销税率模型为例，使得出口量

表8-6 中国遭到反倾销贸易效果实证结果（向非申诉国出口量）

指标	平均反倾销税率		最小反倾销税率		最大反倾销税率	
变量 / 模型估计结果	普通最小二乘法	固定效果模型	普通最小二乘法	固定效果模型	普通最小二乘法	固定效果模型
向非申诉国出口量对数值滞后一期	0.8670***	0.7051***	0.8655***	0.7047***	0.8674***	0.7052***
向非申诉国出口价格对数值	0.0714***	0.1347***	0.0719***	0.1348***	0.0713***	0.1347***
立案时间虚拟变量	0.0014	0.0022*	0.0006	0.0001*	0.0024	0.0034*
平均反倾销税率	0.0003*	0.0002**				
最小反倾销税率			0.0010**	0.0008**		
最大反倾销税率					0.0015**	0.0011**
裁决结果是否肯定性	0.0065	0.0485*	0.0159	0.0329*	0.0215	0.0624**
日落复审次数	0.0508***	0.0036**	0.0541***	0.0053**	0.0459***	0.0027**
案件是否结案	0.0476	−0.1360*	0.0484	−0.1308*	0.0451	−0.1426*
是否加入WTO	0.0065	0.0741*	0.0080	0.0745*	0.0072	0.0731*
是否承认中国市场经济地位	0.0249	0.0260	0.0260	0.0247	0.0236	0.0261
中国GDP实际增长率	0.0012	0.0059*	0.0025	0.0067**	0.0007	0.0054**
人民币兑外币加权平均汇率	0.0112*	0.0173*	0.0117*	0.0168*	0.0099*	0.0178*
常数项	0.3373***	1.1536***	0.3504***	1.1583***	0.3417***	1.1498***
统计量 AIC	70604	66819	70572	66809	70610	66820
BIC	70702	66908	70670	66899	70708	66909
弹性 向非申诉国出口价格	0.0714***	0.1347***	0.0719***	0.1348***	0.0713***	0.1347***

续表

变量	指标	平均反倾销税率		最小反倾销税率		最大反倾销税率	
		普通最小二乘法	固定效果模型	普通最小二乘法	固定效果模型	普通最小二乘法	固定效果模型
	立案时间虚拟变量	0.0014	0.0021*	0.0005	0.0001*	0.0024	0.0034*
	平均反倾销税率	0.0127*	0.0094**				
	最小反倾销税率			0.0261***	0.0032**		
	最大反倾销税率					0.0032***	0.0190**
	日落复审次数	0.0064	0.0473*	0.0161	0.0323*	0.0212	0.0604
	案件是否结案	0.0209***	0.0015**	0.0223***	0.0021**	0.0189**	0.0011**
	是否加入WTO	0.0487	-0.1271*	0.0496	-0.1226*	0.0461	-0.1328*
	是否承认中国市场经济地位	0.0065	0.0769*	0.0080	0.0773*	0.0071	0.0758*
	中国GDP实际增长率	0.0246	0.0263	0.0257	0.0250	0.0233	0.0265
	人民币兑外币加权平均汇率	0.0117	0.0581*	0.0242	0.0664*	0.0068	0.0532*
	日落复审次数	0.0865*	0.1337*	0.0906*	0.1298*	0.0763*	0.1376*

注：***、**、*分别表示1%、5%、10%的统计显著性水平。

表8-7　中国遭到反倾销贸易效果实证结果（向非申诉国出口额）

变量	指标	平均反倾销税率		最小反倾销税率		最大反倾销税率	
		普通最小二乘法	固定效果模型	普通最小二乘法	固定效果模型	普通最小二乘法	固定效果模型
	模型估计结果						
	向非申诉国出口额对数值滞后一期	0.8642***	0.7276***	0.8631***	0.7272***	0.8646***	0.7277***
	向非申诉国出口价格对数值	0.0512***	0.0913*	0.0515***	0.0914*	0.0511***	0.0913***
	立案时间虚拟变量	0.0152	0.0079*	0.0150	0.0064*	0.0158	0.0089*

续表

指标	平均反倾销税率		最小反倾销税率		最大反倾销税率	
变量	普通最小二乘法	固定效果模型	普通最小二乘法	固定效果模型	普通最小二乘法	固定效果模型
平均反倾销税率	0.0003**	0.0006***				
最小反倾销税率			0.0008***	0.0002**		
最大反倾销税率					0.0011**	0.0008***
裁决结果是否肯定性	0.0034	0.0394*	0.0138	0.0277*	0.0065	0.0499*
日落复审次数	0.0218*	0.0182*	0.0220*	0.017*	0.0189*	0.0189*
案件是否结案	-0.0379	-0.1367	-0.0389	-0.133	-0.0392	-0.1416
是否加入WTO	0.0029	0.0312*	0.0042	0.0314*	0.0032	0.0305*
是否承认中国市场经济地位	0.0039	0.0406	0.0037	0.0396	0.0047	0.0407
中国GDP实际增长率	0.0020	0.0032*	0.0013	0.0026	0.0023	0.0036*
人民币兑外币加权平均汇率	0.0437***	0.1077***	0.0443***	0.1075***	0.0443***	0.1081***
常数项	0.6479***	1.4751***	0.6623***	1.4796***	0.6482***	1.4720***
统计量 AIC	64295	61765	64277	61758	64301	61766
统计量 BIC	64392	61854	64374	61847	64399	61855
弹性 向非申诉国出口价格	0.0512***	0.0913***	0.0515***	0.0914***	0.0511***	0.0913***
弹性 立案时间虚拟变量	0.0151	0.0079*	0.0149	0.0064*	0.0156	0.0088*
弹性 平均反倾销税率	0.0135**	0.0078***				
弹性 最小反倾销税率			0.0194***	0.0017***		
弹性 最大反倾销税率					0.0072**	0.0148***

续表

指标	平均反倾销税率		最小反倾销税率		最大反倾销税率	
变量	普通最小二乘法	固定效果模型	普通最小二乘法	固定效果模型	普通最小二乘法	固定效果模型
裁决结果是否肯定性	0.0034	0.0386*	0.0138	0.0273*	0.0065	0.0486*
日落复审次数	0.0089*	0.0074*	0.0090*	0.0069*	0.0077*	0.0077*
案件是否结案	-0.0372	-0.1278	-0.0382	-0.1245	-0.0384	-0.1321
是否加入WTO	0.0029	0.0317*	0.0042	0.0319*	0.0031	0.0309*
是否承认中国市场经济地位	0.0039	0.0414	0.0037	0.0404	0.0047	0.0415
中国GDP实际增长率	0.0194	0.0314*	0.0123	0.0252*	0.0230	0.0352*
人民币兑外币加权平均汇率	0.3377***	0.8317***	0.3424***	0.8299***	0.3423***	0.8344***

注：***、**、* 分别表示1%、5%、10%的统计显著性水平。

表8-8 中国遭到反倾销贸易效果实证结果（向非申诉国出口价格）

指标	平均反倾销税率		最小反倾销税率		最大反倾销税率	
变量	普通最小二乘法	固定效果模型	普通最小二乘法	固定效果模型	普通最小二乘法	固定效果模型
模型估计结果						
向非申诉国出口价格对数值滞后一期	0.9013***	0.8260***	0.9012***	0.8260***	0.9014***	0.8259***
立案时间虚拟变量	-0.0668*	-0.0658*	-0.0671*	-0.0639*	-0.0673*	-0.0666*
平均反倾销税率	-0.0004*	-0.0004*				
最小反倾销税率			-0.0001	-0.0002		
最大反倾销税率					-0.0002*	-0.0005*
裁决结果是否肯定性	-0.0037	-0.0614	-0.0095	-0.0416	-0.0055	-0.0744
日落复审次数	-0.0480	-0.0257	-0.0498	-0.0271	-0.0504	-0.0251

续表

变量	指标	平均反倾销税率			最小反倾销税率			最大反倾销税率		
		普通最小二乘法	固定效果模型		普通最小二乘法	固定效果模型		普通最小二乘法	固定效果模型	
	案件是否结案	-0.1938	-0.0408		-0.1953	-0.0315		-0.1949	-0.0481	
	是否加入WTO	0.2691***	0.3929***		0.2704***	0.3915***		0.2692***	0.3943***	
	是否承认中国市场经济地位	0.0740	0.0809		0.0742	0.0812		0.0748	0.0814	
	中国GDP实际增长率	-0.0205*	-0.0276*		-0.0211*	-0.0268*		-0.0202*	-0.0279*	
	人民币兑外币加权平均汇率	-0.0005	-0.0292*		-0.0012	-0.0285*		-0.0011	0.0297*	
	常数项	0.3788***	0.1860***		0.3901***	0.1809***		0.3799***	0.1899***	
统计量										
	AIC	124675	123613		124673	123613		124675	123612	
	BIC	124764	123694		124763	123695		124765	123694	
弹性										
	立案时间虚拟变量	-0.0646*	-0.0679*		-0.0648*	-0.0659*		-0.0650*	-0.0689*	
	平均反倾销税率	-0.0166*	-0.0182*							
	最小反倾销税率				-0.0193	-0.0103*				
	最大反倾销税率							-0.0110*	-0.0326*	
	裁决结果是否肯定性	-0.0037	-0.0634		-0.0095	-0.0425		-0.0054	-0.0773	
	日落复审次数	-0.0198	-0.0106		-0.0205	-0.0112		-0.0208	-0.0104	
	案件是否结案	-0.1761	-0.0416		-0.1774	-0.0319		-0.1770	-0.0492	
	是否加入WTO	0.3087***	0.4812***		0.3105***	0.4792***		0.3089***	0.4833***	
	是否承认中国市场经济地位	0.0768	0.0843		0.0770	0.0846		0.0777	0.0848	
	中国GDP实际增长率	-0.2023*	-0.2715*		-0.2082*	-0.2643*		-0.1987*	-0.2747*	
	人民币兑外币加权平均汇率	-0.0041	-0.2256*		-0.0094	-0.2200*		-0.0085	-0.2295*	

注：***、**、*分别表示1%、5%、10%的统计显著性水平。

增加0.0473%。第四，日落复审次数回归系数为正且显著，符合预期，说明中国农产品遭到反倾销日落复审次数增加，显著增加涉案农产品向非申诉国的出口量，以平均反倾销税率模型为例，复审次数每增加一次，向非申诉国出口量增加0.0015%。第五，如果反倾销案件已经终止，那么会显著减少中国涉案农产品向非申诉国的出口量，以平均反倾销税率模型为例，使得出口量减少0.1271%。可见，对于中国涉案农产品向非申诉国的出口量来说，中国涉案农产品遭到申诉国反倾销措施会产生贸易偏转效果，缺乏弹性且弹性值较小。

2. 宏观经济变量

第一，WTO回归系数为正且显著，符合预期，以平均反倾销税率模型为例，加入WTO会使中国涉案农产品向反倾销非申诉国出口量增加0.0769%。第二，承认中国市场经济地位的回归系数并不显著，说明对于中国涉案农产品向非申诉国出口量影响不显著。第三，中国GDP实际增长率回归系数为正且显著，符合预期，说明中国宏观经济发展越好，会促进涉案农产品向非申诉国的出口量，以平均反倾销税率模型为例，GDP实际增长率每增加1倍，中国向反倾销非申诉国的出口量增加5.81%。第四，人民币兑外币加权平均汇率回归系数为正且显著，这也符合预期，说明人民币贬值会促进涉案农产品向非申诉国的出口量，以平均反倾销税率模型为例，汇率每增加100%，向非申诉国出口量增加13.37%。可见，对于出口量来说，加入WTO、中国GDP实际增长率增加、人民币贬值可以部分增强中国涉案农产品由于遭受申诉国反倾销产生的贸易偏转效果。

(二) 出口额分析

表8－7显示的是中国涉案农产品对非申诉国出口额为被解释变量的模型估计结果，考察中国涉案农产品遭受反倾销措施对于向非申诉国出口额的影响。分别考察了平均反倾销税率、最小反倾销税率和最大反倾销税率的估计结果，共涉及6个模型。

1. 反倾销关键变量

第一，从反倾销立案时间来看，其回归系数为正且显著，这符合预期，表明申诉国对中国涉案农产品进行反倾销立案调查会增加其向非申诉国的出口额，即存在反倾销的贸易偏转效果。以平均反倾销税模型系数为例，如果中国涉案农产品遭受到申诉国反倾销调查，中国向非申诉国出口额增加0.0079%。第二，从征收的反倾销税来看，回归系数为正且显著，符合预期，表明申诉国对中国涉案农产品征收反倾销税会增加向非申诉国的出口额，贸易偏转效果显著，平均反倾销税上升100%，使得出口额增加0.78%，最小反倾销税上升100%，使得出口额增加0.17%，最大反倾销税上升100%，使得出口额增加1.48%，最大反倾销税率的弹性较大,表明对于出口额来说,申诉国反倾销征税强度加大,使得贸易偏转效果增强。第三,与预期相符,若申诉国对中国涉案农产品反倾销案件裁决结果是肯定性损害,那么会显著增加向非申诉国的出口额,以平均反倾销税率模型为例,使得出口额增加0.0386%。第四,日落复审次数系数为正且显著,与预期相符,说明中国涉案农产品遭到申诉国反倾销的日落复审次数增加,会显著增加向非申诉国的出口额,以平均反倾销税率模型为例,日落复审次数每增加一次,出口额会增加0.0074%。第五,申诉国对中国涉案农产品案件的终止对增加向非申诉国出口额的影响不显著。可见,对于中国涉案农产品向非申诉国的出口额来说,反倾销措施变量会产生显著的贸易偏转效果,核心变量缺乏弹性且弹性制也较小。

2. 宏观经济变量

第一,WTO回归系数为正且显著,符合预期,以平均反倾销税率模型为例,加入WTO会使中国涉案农产品向非申诉国的出口额增加0.0317%。第二,承认中国市场经济地位的回归系数为正但不显著,说明其对于中国涉案农产品向非申诉国出口额的影响并不显著。第三,中国GDP实际增长率回归系数为正且显著,与预期吻合,说明中国宏观经济水平发展越好,会促进涉案农产品向非申诉国的出口额,以平均反倾销税率模型为例,GDP实际增长率每增长1倍,中国涉案农产品向非申诉国的出口额增加3.14%。第四,人民币兑外币加权平均汇率系数为正且显著,也符合预期,说明人民币贬值会促进涉案农产品向非申诉国的出口额增加,以平均反倾销税率模型为例,汇率每增加100%,向申诉国出口额增加83.17%,汇率弹性较大。可见,对于出口额来说,加入WTO、中国GDP实际增长率增加以及人民币贬值可以部分增强中国涉案农产品由于遭受申诉国反倾销产生的贸易偏转效果。

(三) 出口价格分析

表8-8显示的是中国涉案农产品向非申诉国出口价格为被解释变量的模型估计结果,考察中国涉案农产品遭受申诉国的反倾销措施对其向非申诉国出口价格的影响。分别考察了平均反倾销税率、最小反倾销税率和最大反倾销税率的估计结果,共涉及6个模型。

1. 反倾销关键变量

第一,从反倾销立案时间来看,其回归系数为负且显著,与预期相符,表明申诉国对中国涉案农产品进行反倾销立案调查会减少其向非申诉国的出口价格,即存在反倾销的贸易偏转效果。以平均反倾销税模型系数为例,如果中国涉案农产品遭受申诉国反倾销调查,中国向非申诉国出口价格减少0.0679%。第二,从征收的反倾销税来看，回归系数为负且显著，符合预期，表明申诉国对中国涉案农产品征收反倾销税会显著减少向非申诉国的出口价格，贸易偏转效果显著，平均反倾销税上升100%，使得出口价格下降1.82%，最小反倾销税上升100%，使得出口价格下降1.03%，最大反倾销税上升100%，使得出口价格下降3.26%，最大反倾销税率的弹性较大。第三，如果申诉国对中国涉案农产品反倾销案件裁决结果是肯定性损害，对向非申诉国出口价格没有显著影响。第四，日落复审次数系数为负但不显著，说明中国涉案农产品遭到反倾销次数增多对向非申诉国出口价格影响不显著。第五，反倾销案件终止的虚拟变量，对于向非申诉国出口价格变化也不显著。可见，对于中国涉案农产品向非申诉国出口价格来说，反倾销立案和征收反倾销税会产生显著的贸易偏转效果，但是仍然缺乏弹性且弹性值较小。

2. 宏观经济变量

第一，WTO回归系数为正且显著，以平均反倾销税率模型为例，加入WTO会使得中国向非申诉国出口价格增加0.4812%。第二，承认中国市场经济地位的回归系数为正但不显著。第三，中国GDP实际增长率的回归系数为负且显著，说明中国宏观经济水平发展越好，会使中国涉案农产品向非申诉国出口价格降低，以平均反倾销税率为例，GDP增长率每增长1倍，向非申诉国出口价格减少27.15%。第四，人民币兑外币汇率系数为负且显著，说明人民币贬值会促进出口价格下降，汇率每增加100%，向非申诉国出口价格下降22.56%，弹性小于向申诉国出口的模型。

可见，对于中国涉案农产品向非申诉国的出口价格来说，中国GDP实际增长率增加和人民币贬值，可以部分增强中国涉案农产品由于遭受申诉国反倾销产生的贸易偏转效果。

综合上文对于中国涉案农产品向非申诉国的出口量、出口额和出口价格的实证分析结果可以看出，第一，反倾销立案调查对涉案农产品的出口影响比较显著，会增加向非申诉国的出口量和出口额，减少出口价格；第二，征收反倾销税对中国涉案农产品向非申诉国的出口影响显著，会增加向非申诉国的出口量和出口额，减少出口价格；第三，如果反倾销申诉国认定中国农产品为肯定性损害结果，那么也会显著增加向非申诉国的出口量和出口额，但对于出口价格影响不显著；第四，日落复审的次数增多，也会显著增加向非申诉国的出口量和出口额，但对出口价格影响不显著，反倾销申诉国对中国涉案农产品采取反倾销措施，具有显著的贸易偏转效果，会显著增加中国涉案农产品向非申诉国的出口规模；第五，如果反倾销案件已经终止，那么向非申诉国出口量和出口额会显著减少。此外，加入WTO、中国GDP实际增长率提高（宏观经济运行良好）和人民币贬值都会促进中国涉案农产品向非申诉国的出口量和出口额,中国GDP实际增长率提高和人民币贬值会降低出口价格,会部分增强中国涉案农产品由于遭受申诉国反倾销对非申诉国产生的贸易偏转效果。

四、本章小结

本章以中国农产品遭受反倾销的案件为研究对象,基于1995年1月~2013年8月涉案农产品8位海关编码的月度面板数据,从中国涉案农产品向申诉国出口和向非申诉国出口两个角度,分别从出口量、出口额和出口价格三个方面,考察了中国涉案农产品遭受反倾销的贸易效果,证实了反倾销贸易调查效果、贸易限制效果和贸易偏转效果的存在。

主要的结论有:

第一,中国涉案农产品遭受反倾销具有贸易调查效果,即申诉国在对中国涉案农产品进行反倾销立案调查后,虽然没有马上采取征收反倾销税的方式提高价格、限制从中国进口,但是仍然会使中国向被诉国出口量和出口额下降,进口价格出现一定程度的上升。

第二,中国涉案农产品遭受反倾销具有贸易限制效果,即申诉国对中国涉案农产品采取的反倾销措施可以限制向其出口量和出口额,提高出口价格。涉案农产品征收反倾销税增加、认定中国涉案农产品为肯定性损害结果,那么会显著减少从被诉国出口量和出口额,提升出口价格,具有显著的贸易限制效果。值得关注的是,对于中国涉案农产品而言,日落复审次数越多,则对于限制向反倾销申诉国的出口效果越大,贸易限制效果显著。如果反倾销案件已经终止,那么会显著增加中国涉案农产品向申诉国的出口,因此,反倾销措施的终止会改善之前申诉国反倾销措施所引起的中国涉案农产品贸易环境的恶化。

第三,中国涉案农产品遭受反倾销具有贸易偏转效果,即在遭到申诉国反倾销措施后,中国涉案农产品虽然会减少向申诉国的出口,但是会通过调整出口市场结构,从而增加向非申诉国的出口,以此来保证市场份额。申诉国对中国涉案农产品进行立案调查、征收反倾销税、认定中国农产品为肯定性损害结果以及日落复审次数增多,均会显著增加向非申诉国的出口量和出口额。如果反倾销案件已经终止,那么向非申诉国出口量和出口额会显著减少。

第四,加入WTO、国内GDP增长和人民币贬值都会从客观上改善中国的对外贸易环境,不仅会增加中国涉案农产品向反倾销申诉国的出口量和出口额,即

第八章 中国涉案农产品遭受反倾销的贸易效果分析

会缓解中国涉案农产品遭受申诉国反倾销所带来的不利贸易效果，还会增加向非申诉国的出口量和出口额，即会部分增强中国涉案农产品由于遭受申诉国反倾销对非申诉国产生的贸易偏转效果。

第五，承认中国市场经济地位并没有对涉案农产品向申诉国的出口和向非申诉国的出口产生显著的影响。

相关实证分析的结果与第四章对于反倾销涉案农产品贸易效果的描述性分析一致，且因为采用了月度数据，能更为准确地估计出反倾销措施的贸易调查效果、贸易限制效果和贸易偏转效果。

第九章 中国涉案农产品对外反倾销的贸易效果分析

本章主要考察中国涉案农产品对国外反倾销所产生的相关贸易效果，根据前文的描述性分析可知，中国对外相关农产品反倾销之后会产生救济国内产业的有利贸易调查和贸易限制效果，这也是反倾销的根本目的所在，但也会促进从非被诉国进口增加的不利贸易转移效果。本章将对相关贸易效果进行实证分析，使用1995年1月~2013年8月立案的4起可计量案件的月度数据对中国涉案农产品对外反倾销相关贸易效果进行检验。与第八章类似，本章也是以8位海关编码月度贸易数据为分析基础，能够更好地考察不同反倾销措施的贸易效果，从而提高实证分析的有效性和准确度。

本章着重考察的是反倾销是否会产生贸易调查效果和贸易限制效果，从而起到保护国内产业的贸易救济作用，同时，是否会产生贸易转移效果，从而削弱反倾销的贸易救济作用。

一、模型形式和数据来源

（一）模型形式和变量选择

本章仍然采用双对数模型（Prusa，2001；Knetter 和 Prusa，2003）进行分析。具体采用的模型形式如下：

$$\log IM_{ijkt} = \alpha_0 + \alpha_1 \log IM_{ijkt-1} + \beta_0 \log IMP_{ijkt} + \beta_1 FT_{kt} + \beta_2 AD_{kt} + \beta_3 IN_k + \beta_4 RE_k + \\ \beta_5 END_k + \beta_6 WTO_t + \beta_7 MAR_t + \beta_8 GDP_t + \beta_9 DREER_t + \mu_{ijkt} \quad (9-1)$$

$$\log IMP_{ikt} = \alpha_0 + \beta_0 \log IMP_{ikt-1} + \beta_1 FT_{kt} + \beta_2 AD_{kt} + \beta_3 IN_k + \beta_4 RE_k + \beta_5 END_k + \\ \beta_6 WTO_t + \beta_7 MAR_t + \beta_8 GDP_t + \beta_9 DREER_t + \mu_{ikt} \quad (9-2)$$

第九章 中国涉案农产品对外反倾销的贸易效果分析

在式（9-1）中，被解释变量为 IM_t（进口量和进口额），代表在时间 t 的进口规模。当 i 取值为 0 和 1，分别代表从反倾销被诉国和非被诉国的进口，来衡量反倾销措施的歧视性所产生的贸易效果；j 取值为 0 和 1，分别代表进口量和进口额，即用两者代表所考察的进口规模情况。k 代表反倾销涉案产品，t 代表时间（月度）。μ 为模型的随机误差项。在式（9-2）中，被解释变量为 IMP_t（进口价格），衡量对外反倾销相关措施对中国涉案农产品进口价格的影响。

模型的设定是为了检验中国涉案农产品对外反倾销措施对从被诉国和非被诉国进口相关农产品的贸易效果，即考察反倾销措施的贸易调查、贸易限制和贸易转移效果。共涉及两组回归模型。第一组模型涉及中国涉案农产品从被诉国的进口量、进口额和进口价格作为被解释变量估计的结果，说明中国采取的反倾销措施如何影响中国相关农产品从被指控倾销的国家的进口变化，验证是否存在贸易调查效果和贸易限制效果；第二组模型涉及中国涉案农产品从非被诉国的进口量、进口额和进口价格作为被解释变量估计的结果，表示中国采取了反倾销措施是否会增加从其他非被诉国的进口，从而削弱反倾销贸易救济效果，用来验证是否存在贸易转移效果。

与中国遭受反倾销的贸易效果分析类似，本章选择的解释变量主要涉及两个方面。

第一部分是反倾销措施变量，是核心考察变量。分别为：FT_t 为虚拟变量，表示在时间 t 是否属于立案调查阶段，用来衡量反倾销措施的贸易调查效果；AD_t 表示时间 t 上征收的反倾销税税率，考虑到应诉企业和非应诉企业遭受的反倾销税率征收范围不一样的情况，采用了平均反倾销税率（ADM）、最小反倾销税率（ADMIN）和最大反倾销税率（ADMAX），用来衡量反倾销措施的贸易限制效果；IN_t 为虚拟变量，表示案件在时点 t 上是否判定为损害性结果，用来考察不同反倾销案件判定结果对于贸易效果的影响；RE_t 表示时间 t 上的日落复审次数；END_t 表示时间 t 此案是否完结，考察反倾销案件终止对于贸易的影响。上述变量解释站在中国从被诉国家进口角度，如果站在中国从非被诉国进口角度，则相应考察的是反倾销措施的贸易转移效果。

第二部分为控制变量，IM_{t-1} 和 IMP_{t-1} 表示时间 $t-1$ 的进口情况（进口量、进口额和进口价格），表示上期进口贸易的情况，用来考察贸易的连续性和历史惯性；WTO 是虚拟变量，代表中国加入 WTO 的时间；MAR 则表示中国是否在国外反倾销过程中被认定为市场经济国家，在中国作为反倾销申诉国的情况下，中国如果在国际贸易中受到了公平对待，可能会影响中国对其他国家发起的反倾销行为，仍然采用 2004 年 4 月作为时间分界点构建虚拟变量，如果处于 2004 年及之后 MAR = 1，否则 MAR = 0。另外，仍然引入了以往研究较少涉及的宏观经济变量，一个是中国 GDP 实际增长率（GDP），另一个是人民币兑美元加权平均汇率（DREER），来控制中国宏观经济走势对于贸易的影响。

式（9-1）和式（9-2）所示模型形式主要应用在从被诉国进口量、进口额、进口价格，从非被诉国进口量、进口额和进口价格为被解释变量的模型中。根据上述模型形式可以推导出相关解释变量对进口量、进口额和进口价格的弹性计算公式如下：

$$E_{FT} = e^{\beta_1} - 1 \qquad (9-3)$$

$$E_{AD} = \beta_2 \overline{AD} \qquad (9-4)$$

$$E_{IM} = e^{\beta_3} - 1 \qquad (9-5)$$

$$E_{RE} = \beta_4 \overline{RE} \qquad (9-6)$$

$$E_{END} = e^{\beta_5} - 1 \qquad (9-7)$$

$$E_{WTO} = e^{\beta_6} - 1 \qquad (9-8)$$

$$E_{MAR} = e^{\beta_7} - 1 \qquad (9-9)$$

$$E_{GDP} = \beta_8 \overline{GDP} \qquad (9-10)$$

$$E_{DREER} = \beta_9 \overline{DREER} \qquad (9-11)$$

其中，E_{FT} 表示反倾销立案时间对进口量（进口额或价格）的弹性；E_{AD} 表示反倾销平均（最小或最大）税率对进口量（进口额或价格）的弹性；E_{IN} 表示反倾销是否为损害性结果对进口量（进口额或价格）的弹性；E_{RE} 表示反倾销日落复审次数对进口量（进口额或价格）的弹性；E_{END} 表示反倾销案件是否完结对进口量（进口额或价格）的弹性；E_{WTO} 表示加入 WTO 对进口量（进口额或价格）的弹性；E_{MAR} 表示市场经济地位的承认对进口量（进口额或价格）的弹性；E_{GDP} 表示中国 GDP 增长率对进口量（进口额或价格）的弹性；E_{DREER} 表示人民币兑美元汇率对进口量（进口额或价格）的弹性。

本章采用的是面板数据，同时除了采用混合最小二乘法进行估计之外，还采用固定效果模型和随机效果模型估计，并做 Hausman 检验进行固定和随机效果之间的检验。

（二）数据来源和变量预期

本研究数据为 1995 年 1 月~2013 年 8 月中国对外反倾销涉案农产品的月度进口数据，样本数为 3808 个，涉及 2 个国家 4 起农产品反倾销案件。

在计量模型中，被解释变量的进口额、进口量和进口价格数据主要来自中国海关统计信息，采用海关编码前 8 位农产品的进口数据，由于某些年份数据可能缺失或者为 0，将进口数据缺失值补为 1，以此来解决空值和零值的问题。其中，对进口额和价格进行处理剔除了通货膨胀因素，均为实际值。

在解释变量中，反倾销涉案产品的反倾销税率、立案调查时间、是否结损害性结果、复审次数以及是否结案来源于中国商务部公布的反倾销贸易救济数据（http：//www.cacs.gov.cn/）。在宏观经济变量中，GDP 实际增长率为季度数据，人民币兑美元汇率为月度数据，均来源于中经网统计数据库（http：//db.cei.gov.cn/page）。对农产品贸易数据进行了季节调整。模型有关变量的描述结果整理在表 9–1 中。

表 9–1　中国涉案农产品对外反倾销贸易效果分析的相关变量统计描述量

变量	单位	均值	标准差
被解释变量			
从被诉国进口量（IM_{ij}, $i=0$, $j=0$）	吨	7206.95	32185.92
从被诉国进口额（IM_{ij}, $i=0$, $j=1$）	万美元	448.75	1164.50
从被诉国进口价格（IMP_i, $i=0$）	美元/吨	2533.46	3853.97
从非被诉国进口量（IM_{ij}, $i=1$, $j=0$）	吨	1027.19	3256.77
从非被诉国进口额（IM_{ij}, $i=1$, $j=1$）	万美元	152.66	534.51
从非被诉国进口价格（IMP_i, $i=1$）	美元/吨	2795.66	7023.97
解释变量			
立案时间（FT）	虚拟变量，是 =1，否 =0	0.04	0.19
平均反倾销税率（ADM）	%	9.34	24.59
最小反倾销税率（ADMIN）	%	5.96	15.68
最大反倾销税率（ADMAX）	%	12.72	33.52
裁决结果是否肯定（IN）	虚拟变量，是 =1，否 =0	0.01	0.27
日落复审次数（RE）	次	0.01	0.07
案件是否完结（END）	虚拟变量，是 =1，否 =0	0.004	0.06
是否加入 WTO（WTO）	虚拟变量，2001 年 12 月及后 =1，其他 =0	0.63	0.48
是否承认中国市场经济地位（MAR）	虚拟变量，2004 年 4 月及以后 =1，否 =0	0.52	0.50
中国 GDP 实际增长率（GDP）	%	9.85	1.81
人民币兑美元加权平均汇率（DREER）	人民币/1 美元	7.72	0.77

根据对以往实证研究的分析以及结合实际情况的参考，对于各个实证模型中变量影响预期如下：

首先，在对从被诉国进口为被解释变量的模型中，对立案时间（FT）、反倾销税（AD）、损害性结果（IN）、复审次数（RE）对于进口量和进口额的预期为负，对于进口价格的预期为正，即中国对外反倾销措施的实施会提高相关农产品的进口价格，减少中国涉案农产品的进口，起到救济国内产业的目的；对是否结案（END）的预期在进口量和进口额模型中为正，在进口价格模型中为负，如果案件结案则不再会通过反倾销影响中国涉案农产品进口；预期中国涉案农产品对外反倾销措施存在贸易调查效果和贸易限制效果。

其次,在对从非被诉国进口为被解释变量的模型中,预期立案时间(FT)、反倾销税(AD)、损害性结果(IN)、复审次数(RE)对进口量和进口额的影响为正,对进口价格的影响为负;是否结案(EN)对进口量和进口额的预期为负,对进口价格预期为正,即中国反倾销措施实施会增加其从非被诉国涉案农产品的进口,削弱反倾销措施对于中国涉案产品的贸易救济作用,预期存在贸易转移效应。

最后,预期加入WTO会使中国农产品关税贸易壁垒下降,增加进口规模,因此对进口量和进口额预期符号为正,但对进口价格预期不确定;市场经济地位待遇对于中国在对外贸易过程中具有有利影响,MAR预期影响为正,但对进口价格预期不确定。GDP增长率代表中国整体经济发展水平,但对进口量、进口额和进口价格的影响有待实证检验。人民币兑美元加权平均汇率如果上升意味着人民币贬值,则预期不利于中国农产品进口,因此对进口量和进口额预期为负,对进口价格的影响有待实证检验。模型中解释变量对不同模型的预期符号整理在表9-2中。

表9-2 相关变量统计指标及预期(对外反倾销)

解释变量	被解释变量			
	从被诉国进口量/额 ($IM_{ij}, i=0$)	从被诉国进口价格 ($IMP_i, i=0$)	从非被诉国进口量/额 ($IM_{ij}, i=1$)	从非被诉国进口价格 ($IMP_{ij}, i=1$)
出口量/额/价格滞后一期取对数 ($\log IM_{t-1}/\log IM_{t-1}$)	+	+	+	+
进口价格取对数(log IMP)	−		−	
立案时间(FT)	−	+	+	−
平均反倾销税率(ADM)	−	+	+	−
最小反倾销税率(ADMIN)	−	+	+	−
最大反倾销税率(ADMAX)	−	+	+	−
裁决结果是否肯定(IN)	−	+	+	−
日落复审次数(RE)	−	+	+	−
案件是否完结(END)	+	−	?	?
是否加入WTO(WTO)	+	?	+	?
是否承认中国市场经济地位(MAR)	+	?	+	?
中国GDP实际增长率(GDP)	?	?	?	?
人民币兑美元加权平均汇率(DREER)	−	?	−	?

二、贸易调查和限制效果估计结果分析

本节主要分析中国涉案农产品对外反倾销措施的贸易调查和贸易限制效果，即分析被解释变量为中国涉案农产品从被诉国的进口量、进口额和进口价格的模型。依据研究数据和式（9-1）和式（9-2）的模型形式估计得到的结果整理在表9-3至表9-4中。根据对固定效果模型和随机效果模型的Hausman检验结果，拒绝原假设，选择固定效果模型，在估计结果中列出了最小二乘法稳健标准差和固定效果稳健标准差的估计结果。从估计结果来看，大部分参数的显著性水平在10%以下，部分参数不显著。OLS和固定效果模型估计系数基本一致，根据AIC和BIC最小值原则进行选择，固定效果模型优于OLS估计，同时，部分OLS估计的解释变量系数并不显著，因此，下面将采用固定效果模型进行分析。

（一）进口量分析

表9-3显示的是中国涉案农产品对外反倾销对从被诉国进口量影响的估计结果。分别考察了平均反倾销税率、最小反倾销税率和最大反倾销税率的估计结果，共涉及6个模型。

1. 反倾销关键变量

第一，从反倾销立案时间来看，其回归系数在统计上不显著，表明中国对外农产品进行反倾销立案调查对于中国进口量影响并不显著，即不存在反倾销的贸易调查效果。第二，从征收的反倾销税来看，回归系数为负且在统计上显著，符合预期，表明中国涉案农产品对外征收反倾销税会减少从被诉国的进口量，贸易限制效果显著，平均反倾销税上升100%，使得进口量减少4.73%，最小反倾销税上升100%，使得进口量减少4.22%，最大反倾销税上升100%，使得进口量减少4.84%，最大反倾销税率的弹性较大，说明征收税率强度增加会使产生的贸易限制效果更大。第三，如果反倾销案件裁决结果是肯定性损害，那么会显著减少从被诉国的进口量，也与预期相吻合，以平均反倾销税率模型为例，使得进口量减少0.7029%。第四，日落复审次数系数为负，但是在统计上不显著，这与目前中国对外农产品反倾销案件只有一起案件（对欧盟马铃薯淀粉案）经历过复审有关。第五，如果反倾销案件已经终止，那么会显著增加从被诉国的进口量，使得进口量增加1.9221%，且富有弹性，反倾销案件完结对于从被诉国继续进口是有利的。可见，反倾销变量会产生贸易限制效果，但是贸易调查效果不明显，

除了案件是否结案的虚拟变量外,其他解释变量的弹性均缺乏弹性。

2. 宏观经济变量

第一,WTO回归系数为正且显著,符合预期,以平均反倾销税率模型为例,加入WTO会使中国涉案农产品从被诉国进口量增加0.1857%。第二,承认中国的市场经济地位的系数并不显著,说明其对于中国涉案农产品从被诉国进口量的影响不显著。第三,GDP实际增长率系数不显著,说明其对于涉案农产品从被诉国进口量的影响并不显著。第四,人民币兑美元加权平均汇率系数为负且显著,符合预期,说明人民币贬值会减少从被诉国的进口量,人民币兑美元汇率每增加1%,从被诉国进口量减少2.6115%,富有弹性。可见,对于进口量来说,加入WTO可以部分抵消中国涉案农产品对外反倾销产生的贸易限制效果;人民币贬值可以部分增强中国涉案农产品对外反倾销产生的贸易限制效果。

(二) 进口额分析

表9-4显示的是中国涉案农产品对外反倾销对从被诉国进口额影响的估计结果。分别考察了平均反倾销税率、最小反倾销税率和最大反倾销税率的估计结果,共涉及6个模型。

1. 反倾销关键变量

第一,从反倾销立案时间来看,其回归系数在统计上不显著,表明中国对外农产品进行反倾销立案调查不会影响从被诉国的进口额,即不存在反倾销的贸易调查效果。第二,从征收的反倾销税来看,回归系数为负且显著,符合预期,表明中国涉案农产品对被诉国征收反倾销税会减少相应的进口额,贸易限制效果显著,平均反倾销税上升100%,使得进口额减少0.89%,最小反倾销税上升100%,使得进口额减少0.72%,最大反倾销税上升100%,使得进口额减少0.95%,最大反倾销税率的弹性较大,说明对于进口额来说,反倾销征税强度加大,也会使贸易限制效果增强。第三,如果说中国对外反倾销案件裁决结果是肯定性损害,那么会显著减少进口额,使得进口额减少0.5131%。第四,日落复审次数系数为负但是在统计上不显著,这与案件涉及复审较少有关。第五,如果反倾销案件已经终止,那么会显著增加从被诉国的进口额,以平均反倾销税率模型为例,使得进口额增加0.9067%。可见,反倾销会产生贸易限制效果,贸易调查效果不明显,除了是否结案的虚拟变量外,其余解释变量也缺乏弹性。

2. 宏观经济变量

第一,WTO回归系数为正且显著,符合预期,以平均反倾销税率模型为例,加入WTO会使中国从被诉国进口额增加0.1737%。第二,承认中国的市场经济地位的系数为正但并不显著。第三,GDP实际增长率系数在统计上不显著,说明中国国内经济水平发展对于从被诉国进口额的影响并不显著。第四，人民币兑美元汇率系数为负且显著，也符合预期，说明人民币贬值会减少进口额，以平均反倾销税率模型为例，人民币兑美元汇率每增加1%，从被诉国进口额减少2.2542%，且富有弹性。可见，对于出口额来说，加入WTO可以部分抵消中国涉案农产品对外反倾销产生的贸易限制效果；人民币贬值可以部分增强中国涉案农产品对外反倾销产生的贸易限制效果。

（三）进口价格分析

表9-5显示的是中国涉案农产品对外反倾销对从被诉国进口价格影响的估计结果。分别考察了平均反倾销税率、最小反倾销税率和最大反倾销税率的估计结果，共涉及6个模型。

1. 反倾销关键变量

第一，从反倾销立案时间来看，其回归系数不显著，表明中国涉案农产品对外进行反倾销立案调查对于其从被诉国的进口价格影响不显著，不具有明显的贸易调查效应。第二，从征收的反倾销税来看，回归系数为正且显著，与预期相符，中国农产品对外征收反倾销税会显著增加进口价格，贸易限制效果显著，平均反倾销税上升100%，使得进口价格增加1.64%，最小反倾销税上升100%，使得进口价格增加0.18%，最大反倾销税上升100%，使得进口价格5.45%，最大反倾销税率的弹性较大。第三，若中国对外农产品反倾销案件裁决结果是肯定性损害，那么会显著增加进口价格，与预期相符，以平均反倾销税模型为例，使得进口价格增加0.6636%。第四，日落复审次数系数在统计上不显著，原因也在于复审次数涉及案件较少。第五，如果反倾销案件已经终止，会显著减少从被诉国的进口价格，使得进口价格减少0.2717%。可见，反倾销措施对于进口价格也会产生贸易限制效果，但贸易调查效果不明显。

2. 宏观经济变量

第一，WTO回归系数为正且显著，说明加入WTO会使中国从被诉国进口价格增加0.5586%。第二，承认中国的市场经济地位的系数不显著，说明这个解释变量不能显著影响中国从被诉国进口价格。第三，GDP实际增长率系数为负但是不显著。第四，人民币兑美元加权平均汇率系数为负但是不显著，说明人民币贬值对于从被诉国进口价格的影响不明显。可见，对于进口价格来说，加入WTO可以部分抵消中国涉案农产品对外反倾销产生的贸易限制效果。

综合上文中国对外反倾销涉案农产品从被诉国的进口量、进口额和进口价格的实证分析结果可以看出，第一，中国涉案农产品对被诉国进行反倾销立案调查对进口的影响不显著，反倾销的调查效果不明显；第二，征收反倾销税对涉案产

表 9-3 中国对外反倾销贸易效果实证结果（从被诉国进口量）

指标		平均反倾销税率		最小反倾销税率		最大反倾销税率	
变量	模型估计结果	普通最小二乘法	固定效果模型	普通最小二乘法	固定效果模型	普通最小二乘法	固定效果模型
中国从被诉国进口量滞后一期对数值		0.7777***	0.6401***	0.7777***	0.6402***	0.7777***	0.6401***
中国从被诉国进口价格对数值		-0.1022***	-0.1842***	-0.1022***	-0.1841***	-0.1022***	-0.1842***
立案时间		-0.3225	-0.0788	-0.3230	-0.0795	-0.3222	-0.0783
平均反倾销税率		-0.0019**	-0.0051*				
最小反倾销税率				-0.0034*	-0.0071*		
最大反倾销税率						-0.0013*	-0.0038*
裁决结果是否肯定		-0.6317*	-1.2137***	-0.6462*	-1.1746***	-0.6224***	-1.2223***
日落复审次数		-0.2380	-0.1060	-0.2463	-0.0881	-0.2324	-0.1099
案件是否结案		1.2322***	1.0723***	1.2334***	1.0733***	1.2316***	1.0715***
是否加入 WTO		0.1216	0.1704**	0.1215	0.1703**	0.1217	0.1704**
是否承认中国市场经济地位		0.0113	0.0530	0.0110	0.0541	0.0113	0.0526
中国 GDP 实际增长率		-0.017	-0.0161	-0.0167	-0.0158	-0.0171	-0.0163
人民币兑美元加权平均汇率		-0.0881	-0.3382***	-0.0879	-0.3385***	-0.0883	-0.3381***
常数项		1.4485***	3.8612***	1.4441***	3.8609***	1.4512***	3.8625***
统计量	AIC	12341	11797	12341	11797	12341	11797
	BIC	12416	11872	12416	11872	12416	11872
弹性	中国从被诉国进口价格	-0.1022***	-0.1842***	-0.1022***	-0.1841***	-0.1022***	-0.1842***

第九章 中国涉案农产品对外反倾销的贸易效果分析

续表

指标	平均反倾销税率		最小反倾销税率		最大反倾销税率	
变量	普通最小二乘法	固定效果模型	普通最小二乘法	固定效果模型	普通最小二乘法	固定效果模型
立案时间	-0.3805	-0.0819	-0.3813	-0.0827	-0.3801	-0.0814
平均反倾销税率	-0.0181*	-0.0473*				
最小反倾销税率			-0.0201*	-0.0422*		
最大反倾销税率					-0.0169*	-0.0484*
裁决结果是否肯定	-0.4683*	-0.7029***	-0.4759*	-0.6910***	-0.4633***	-0.7054***
日落复审次数	-0.0012	-0.0006	-0.0013	-0.0005	-0.0012	-0.0006
案件是否结案	2.4287***	1.9221***	2.4327***	1.9248***	2.4268***	1.9196***
是否加入WTO	0.1292	0.1857**	0.1291	0.1856**	0.1293	0.1858**
是否承认中国市场经济地位	0.0113	0.0516	0.0111	0.0526	0.0114	0.0512
中国GDP实际增长率	-0.1675	-0.1587	-0.1646	-0.1557	-0.1688	-0.1609
人民币兑美元加权平均汇率	-0.6802	-2.6115***	-0.6786	-2.6141***	-0.6815	-2.6108***

注：***、**、*分别表示1%、5%、10%的统计显著性水平。

表9-4 中国对外反倾销贸易效果实证结果（从被诉国进口额）

指标	平均反倾销税率		最小反倾销税率		最大反倾销税率	
变量 模型估计结果	普通最小二乘法	固定效果模型	普通最小二乘法	固定效果模型	普通最小二乘法	固定效果模型
中国从被诉国进口额滞后一期数值	0.8137***	0.7310***	0.8137***	0.7310***	0.8136***	0.7310***
中国从被诉国进口价格对数值	-0.0514***	-0.0761***	-0.0514***	-0.0761***	-0.0514***	-0.0761***
立案时间	-0.1075	-0.0110	-0.1078	-0.0111	-0.1073	-0.0109

续表

变量	指标	平均反倾销税率 普通最小二乘法	平均反倾销税率 固定效果模型	最小反倾销税率 普通最小二乘法	最小反倾销税率 固定效果模型	最大反倾销税率 普通最小二乘法	最大反倾销税率 固定效果模型
	平均反倾销税率	-0.0019*	-0.0010*				
	最小反倾销税率			-0.0030*	-0.0012*		
	最大反倾销税率					-0.0014*	-0.0008*
	裁决结果是否肯定	-0.5604*	-0.7198**	-0.5625*	-0.7068**	-0.5569*	-0.7241**
	日落复审次数	-0.2040	-0.1513	-0.2044	-0.1453	-0.2021	-0.1532
	案件是否结案	0.6537*	0.6454*	0.6543*	0.6454*	0.6533*	0.6453*
	是否加入WTO	0.1123	0.1602**	0.1122	0.1602**	0.1123	0.1602**
	是否承认中国市场经济地位	0.0160	0.0091	0.0156	0.0093	0.0161	0.0089
	中国GDP实际增长率	-0.0154	-0.0159	-0.0152	-0.0158	-0.0155	-0.0159
	人民币兑美元加权平均汇率	-0.1482**	-0.2919***	-0.1483**	-0.2920***	-0.1482**	-0.2919***
	常数项	1.6411***	2.9480***	1.6398***	2.9487***	1.6424***	2.9480***
统计量	AIC	10979	10780	10979	10780	10979	10780
	BIC	11054	10855	11054	10855	11054	10855
弹性	中国从被诉国进口价格	-0.0514***	-0.0761***	-0.0514***	-0.0761***	-0.0514***	-0.0761***
	立案时间	-0.1135	-0.0110	-0.1137	-0.0111	-0.1133	-0.0109
	平均反倾销税率	-0.0177*	-0.0089*				
	最小反倾销税率			-0.0180*	-0.0072*		
	最大反倾销税率					-0.0172*	-0.0095*

续表

变量	指标	平均反倾销税率		最小反倾销税率		最大反倾销税率	
		普通最小二乘法	固定效果模型	普通最小二乘法	固定效果模型	普通最小二乘法	固定效果模型
	裁决结果是否肯定	-0.4290*	-0.5131**	-0.4301*	-0.5067**	-0.4270*	-0.5152**
	日落复审次数	-0.0010	-0.0008	-0.0011	-0.0007	-0.0011	-0.0008
	案件是否结案	0.9225*	0.9067*	0.9237*	0.9068*	0.9218*	0.9065*
	是否加入WTO	0.1188	0.1737**	0.1187	0.1737**	0.1188	0.1737**
	是否承认中国市场经济地位	0.0161	0.0090	0.0158	0.0092	0.0162	0.0089
	中国GDP实际增长率	-0.1518	-0.1563	-0.1498	-0.1561	-0.1529	-0.1566
	人民币兑美元加权平均汇率	-1.1444**	-2.2542***	-1.1450**	-2.2551***	-1.1447**	-2.2539***

注：***、**、*分别表示1%、5%、10%的统计显著性水平。

表9-5 中国对外反倾销贸易效果实证结果（从被诉国进口价格）

变量	平均反倾销税率		最小反倾销税率		最大反倾销税率	
	普通最小二乘法	固定效果模型	普通最小二乘法	固定效果模型	普通最小二乘法	固定效果模型
模型估计结果						
中国从被诉国进口价格滞后一期对数值	0.8733***	0.7282***	0.8738***	0.7281***	0.8731***	0.7282***
立案时间	-0.1694	0.4704	-0.1676	0.4730	-0.1693	0.4697
平均反倾销税率	0.0224	0.0018*				
最小反倾销税率			0.0315	0.0011*		
最大反倾销税率					0.0169	0.0092
裁决结果是否肯定	1.1071	1.0897*	0.9415	1.3803*	1.1516	0.9504*
日落复审次数	0.2297	0.1172	0.1142	0.0161	0.2632	0.1812

续表

变量	指标	平均反倾销税率		最小反倾销税率		最大反倾销税率	
		普通最小二乘法	固定效果模型	普通最小二乘法	固定效果模型	普通最小二乘法	固定效果模型
	案件是否结案	0.1190	-0.1128*	0.1192	-0.1098*	0.1205	-0.1220*
	是否加入WTO	0.1764	0.4438*	0.1761	0.4434*	0.1763	0.4440*
	是否承认中国市场经济地位	-0.0095	0.0785	-0.0042	0.0796	-0.0120	0.0774
	中国GDP实际增长率	-0.0181	-0.0221	-0.0194	-0.0203	-0.0172	-0.0227
	人民币兑美元加权平均汇率	-0.2598	-0.2006	-0.2545	-0.1981	-0.2616	-0.2018
	常数项	2.2314*	1.6070	2.1996*	1.5697	2.2377*	1.6224
统计量	AIC	19884	19573	19885	19572	19883	19573
	BIC	19953	19641	19954	19641	19952	19641
弹性	立案时间	-0.1558	0.6005	-0.1543	0.6047	-0.1557	0.5995
	平均反倾销税率	0.2094	0.0164*				
	最小反倾销税率			0.1873	0.0018*		
	最大反倾销税率					0.2154	0.0545*
	裁决结果是否肯定	2.0256	0.6636*	1.5637	0.7485*	2.1632	0.6133*
	日落复审次数	0.0012	0.0006	0.0006	0.0001	0.0014	0.0010
	案件是否结案	0.1263	-0.2717*	0.1266	-0.2464*	0.1280	-0.3479*
	是否加入WTO	0.1929	0.5586*	0.1925	0.5579*	0.1928	0.5589*
	是否承认中国市场经济地位	-0.0095	0.0816	-0.0042	0.0828	-0.0119	0.0805
	中国GDP实际增长率	-0.1783	-0.2177	-0.1911	-0.1997	-0.1694	-0.2234
	人民币兑美元加权平均汇率	-2.0060	-1.5488	-1.9649	-1.5297	-2.0198	-1.5582

注：***、**、* 分别表示1%、5%、10%的统计显著性水平。

品从被诉国的进口影响显著,反倾销措施实施效果的贸易限制效果明显;第三,如果中国裁定外国农产品倾销为肯定性损害,那么也会显著减少涉案农产品从被诉国的进口量和进口额,增加进口价格,贸易限制效果显著;第四,由于涉及日落复审的案件较少,因此日落复审的次数对于从反倾销被诉国进口的影响不显著;第五,如果反倾销案件已经终止,那么会显著增加中国涉案农产品从被诉国的进口量和进口额,降低进口价格,对外涉案农产品反倾销措施的终止会增加从被诉国的进口,从而对于保护国内产业产生不利影响。此外,加入 WTO 会促进中国从被诉国的进口量和进口额增加,部分抵消反倾销措施的贸易限制效果,这与宏观贸易环境整体趋于更加自由化有关;市场经济地位的承认和中国 GDP 实际增长率提高对从被诉国进口情况影响并不显著,人民币贬值会减少中国从被诉国涉案农产品的进口量和进口额,部分增强反倾销措施的贸易限制效果。

三、贸易转移效果估计结果分析

本节主要分析中国对外农产品反倾销措施的贸易转移效果,即分析被解释变量为中国涉案农产品从非被诉国的进口量、进口额和进口价格。

依据研究数据和式（9-1）、式（9-2）的模型形式估计得到的结果整理在表 9-6 至表 9-8 中。根据对固定效果模型和随机效果模型的 Hausman 检验结果,拒绝原假设,选择固定效果模型,在估计结果中列出了最小二乘法稳健标准差和固定效果稳健标准差的估计结果。从估计结果来看,大部分参数的显著性水平在 10% 以下,部分参数不显著。OLS 和固定效果模型估计系数基本一致,根据 AIC 和 BIC 最小值原则进行选择,固定效果模型要优于 OLS 估计,同时,部分 OLS 估计的解释变量系数并不显著,因此,下面将采用固定效果模型进行分析。

(一) 进口量分析

表 9-6 显示的是中国涉案农产品对外反倾销对从非被诉国进口量影响的估计结果。分别考察了平均反倾销税率、最小反倾销税率和最大反倾销税率的估计结果,共涉及 6 个模型。

反倾销关键变量中:第一,从反倾销立案时间来看,其回归系数统计上不显著,表明中国涉案农产品对外进行反倾销立案调查对于从非被诉国的进口量影响不大。第二,从征收的反倾销税来看,回归系数为正且显著,符合预期,中国涉案农产品对外征收反倾销税会增加从非被诉国的进口量,贸易转移效果显著,平

表9-6 中国对外反倾销贸易效果实证结果（从非被诉国进口量）

指标	平均反倾销税率		最小反倾销税率		最大反倾销税率	
变量	普通最小二乘法	固定效果模型	普通最小二乘法	固定效果模型	普通最小二乘法	固定效果模型
模型估计结果						
从非被诉国进口量对数值滞后一期	0.7791***	0.6711***	0.7801***	0.6720***	0.7788***	0.6709***
从非被诉国进口价格对数值	-0.0804***	-0.1058***	-0.0799***	-0.1056***	-0.0805***	-0.1059***
立案时间虚拟变量	0.1097	0.0535	0.1104	0.0503	0.1085	0.0551
平均反倾销税率	0.0232***	0.0180***	0.0346***	0.0256***		
最小反倾销税率						
最大反倾销税率					0.0170***	0.0134***
裁决结果是否肯定性	1.6214***	1.2702***	1.5420***	1.1539**	1.6237***	1.2897***
日落复审次数	0.8073*	1.1102*	0.7464	1.0557*	0.8140*	1.1195**
案件是否结案	-0.6571	-0.9503*	-0.6516	-0.9448*	-0.6607	-0.9536*
是否加入WTO	0.0173	0.0138	0.0181	0.0130	0.0168	0.0143
是否承认中国市场经济地位	0.0852	0.1067	0.0802	0.1027	0.0873	0.1085
中国GDP实际增长率	0.0014	-0.0035	0.0034	-0.0023	0.0003	-0.0044
人民币兑美元加权平均汇率	0.0089	-0.0857*	0.0060	-0.0865*	0.0095	-0.0856*
常数项	0.3897	1.4066**	0.3932	1.3999**	0.3956	1.4136**
统计量						
AIC	13767	13494	13770	13496	13766	13493
BIC	13842	13569	13845	13571	13841	13568
弹性						
从非被诉国进口价格	-0.0804***	-0.1058***	-0.0799***	-0.1056***	-0.0805***	-0.1059***

续表

指标	平均反倾销税率			最小反倾销税率			最大反倾销税率		
变量	普通最小二乘法	固定效果模型		普通最小二乘法	固定效果模型		普通最小二乘法	固定效果模型	
立案时间虚拟变量	0.1159	0.0520		0.1167	0.0490		0.1146	0.0536	
平均反倾销税率	0.2163***	0.1677***							
最小反倾销税率				0.2059***	0.1525***				
最大反倾销税率							0.2166***	0.1702***	
裁决结果是否肯定性	0.8023***	0.7192***		0.7860***	0.6845***		0.8028***	0.7246***	
日落复审次数	0.0042*	0.0058**		0.0039	0.0055**		0.0043*	0.0059*	
案件是否结案	−0.4817	−0.6134*		−0.4788	−0.6112*		−0.4835	−0.6146*	
是否加入 WTO	0.0171	0.0139		0.0180	0.0131		0.0166	0.0144	
是否承认中国市场经济地位	0.0889	0.1126		0.0835	0.1081		0.0912	0.1146	
中国 GDP 实际增长率	0.0138	−0.0348		0.0331	−0.0222		0.0027	−0.0429	
人民币兑美元加权平均汇率	0.0685	−0.6620*		0.0464	−0.6679*		0.0731	−0.6611*	

注：***、**、* 分别表示 1%、5%、10% 的统计显著性水平。

表9-7 中国对外反倾销贸易效果实证结果（从非被诉国进口额）

指标	平均反倾销税率		最小反倾销税率		最大反倾销税率	
变量 模型估计结果	普通最小二乘法	固定效果模型	普通最小二乘法	固定效果模型	普通最小二乘法	固定效果模型
从非被诉国进口额对数值滞后一期	0.8307***	0.7171***	0.8316***	0.7179***	0.8305***	0.7169***
从非被诉国进口价格对数值	−0.0186***	−0.0220***	−0.0183***	−0.0220***	−0.0187***	−0.0221***
立案时间虚拟变量	0.0711	0.1221	0.0708	0.1202	0.0717	0.1232

续表

变量	指标	平均反倾销税率		最小反倾销税率		最大反倾销税率	
		普通最小二乘法	固定效果模型	普通最小二乘法	固定效果模型	普通最小二乘法	固定效果模型
	平均反倾销税率	0.0126***	0.0117**				
	最小反倾销税率			0.0185**	0.0088**		
	最大反倾销税率					0.0093***	0.0164*
	裁决结果是否肯定性	0.8414**	0.7977*	0.7858**	0.7071*	0.8480**	0.8174*
	日落复审次数	0.3702	0.6327	0.3302	0.5902	0.3771	0.6420
	案件是否结案	-0.4086*	-0.4129*	-0.4048*	-0.4098*	-0.4107	-0.4150
	是否加入WTO	-0.0006	0.0352	-0.0010	0.0347	-0.0003	0.0355
	是否承认中国市场经济地位	0.1054	0.1679	0.1025	0.1650	0.1066	0.1692
	中国GDP实际增长率	0.0005	-0.0051	0.0015	-0.0044	-0.0001	-0.0057
	人民币兑美元加权平均汇率	-0.1046	-0.1925***	-0.1060	-0.1928***	-0.1042	-0.1925***
	常数项	0.9889*	1.8212***	0.9906*	1.8166***	0.9918*	1.8258***
统计量	AIC	12772	12533	12774	12534	12772	12532
	BIC	12847	12607	12848	12609	12847	12607
弹性	从非被诉国进口价格	-0.0186***	-0.0220***	-0.0183***	-0.0220***	-0.0187***	-0.0221***
	立案时同虚拟变量	0.0685	0.1149	0.0683	0.1132	0.0691	0.1158
	平均反倾销税率	0.1173***	0.1094**				
	最小反倾销税率			0.1100**	0.0976*		
	最大反倾销税率					0.1182***	0.1119**

第九章　中国涉案农产品对外反倾销的贸易效果分析

续表

变量	指标	平均反倾销税率		最小反倾销税率		最大反倾销税率	
		普通最小二乘法	固定效果模型	普通最小二乘法	固定效果模型	普通最小二乘法	固定效果模型
	裁决结果是否肯定性	0.5688**	0.5496*	0.5442**	0.5069*	0.5717**	0.5584*
	日落复审次数	0.0019	0.0033	0.0017	0.0031	0.0020	0.0034
	案件是否结案	-0.3354*	-0.3382*	-0.3329*	-0.3362*	-0.3368*	-0.3396
	是否加入WTO	-0.0006	0.0358	-0.0010	0.0353	-0.0003	0.0361
	是否承认中国市场经济地位	0.1111	0.1828	0.1079	0.1794	0.1125	0.1843
	中国GDP实际增长率	0.0050	-0.0506	0.0148	-0.0432	-0.0009	-0.0558
	人民币兑美元加权平均汇率	-0.8074	-1.4864***	-0.8184	-1.4890***	-0.8048	-1.4861***

注：***、**、*分别表示1%、5%、10%的统计显著性水平。

表9-8 中国对外反倾销贸易效果实证结果（从非被诉国进口价格）

变量	指标	平均反倾销税率		最小反倾销税率		最大反倾销税率	
	模型估计结果	普通最小二乘法	固定效果模型	普通最小二乘法	固定效果模型	普通最小二乘法	固定效果模型
	从非被诉国进口价格对数值滞后一期	0.7351***	0.5623***	0.7354***	0.5624***	0.7351***	0.5623***
	立案时间虚拟变量	-0.6173	-0.6048	-0.6204	-0.6040	-0.6141	-0.6054
	平均反倾销税率	-0.0452					
	最小反倾销税率			-0.0068	-0.0092		
	最大反倾销税率					-0.0328	-0.0052
	裁决结果是否肯定性	-0.2122**	-0.1375*	-0.1490**	-0.2058*	-0.1779**	-0.1185*
	日落复审次数	-0.8180	-0.9207	-0.7560	-0.9521	-0.8063	-0.9120

续表

变量	指标	平均反倾销税率		最小反倾销税率		最大反倾销税率	
		普通最小二乘法	固定效果模型	普通最小二乘法	固定效果模型	普通最小二乘法	固定效果模型
	案件是否结案	-0.4127	-0.4064	-0.4232	-0.4058	-0.4054	-0.4072
	是否加入WTO	0.2051	0.3689	0.2067	0.3688	0.2042	0.3691
	是否承认中国市场经济地位	0.3406	0.6553	0.3492	0.6538	0.3371	0.6561
	中国GDP实际增长率	-0.0539	-0.0623	-0.0582	-0.0620	-0.0516	-0.0626
	人民币兑美元加权平均汇率	-0.4509*	-0.4011*	-0.4469*	-0.4017*	-0.4512*	-0.4009*
	常数项	3.7484*	3.0600*	3.7559*	3.0621*	3.7297*	3.0609*
统计量	AIC	22386	21980	22386	21980	22386	21980
	BIC	22455	22049	22455	22049	22455	22049
弹性	立案时间虚拟变量	-0.4606	-0.4538	-0.4622	-0.4533	-0.4588	-0.4541
	平均反倾销税率	-0.4218		-0.0634			
	最小反倾销税率			-0.4136	-0.0544		-0.0658
	裁决结果是否肯定性	-0.8324**	-0.1473*	-0.3116**	-0.2285*	-0.9961**	-0.1257*
	日落复审次数	-0.0043	-0.0048	-0.0040	-0.0050	-0.0042	-0.0048
	案件是否结案	-0.3381	-0.3339	-0.3451	-0.3335	-0.3332	-0.3345
	是否加入WTO	0.2277	0.4462	0.2296	0.4460	0.2265	0.4464
	是否承认中国市场经济地位	0.4058	0.9257	0.4179	0.9227	0.4008	0.9271
	中国GDP实际增长率	-0.5312	-0.6143	-0.5736	-0.6110	-0.5081	-0.6169
	人民币兑美元加权平均汇率	-3.4815*	-3.0970*	-3.4513*	-3.1018*	-3.4841*	-3.0957*

注：***、**、* 分别表示1％、5％、10％的统计显著性水平。

均反倾销税上升100%，使得进口量增加16.77%，最小反倾销税上升100%，使得进口量增加15.25%，最大反倾销税上升100%，使得进口量增加17.02%，最大反倾销税率的弹性较大。第三，如果中国涉案农产品对外反倾销案件裁决结果是肯定性损害，那么会显著增加从非被诉国的进口量，与预期相符，以平均反倾销税率模型为例，使得进口量增加0.7192%。第四，日落复审次数系数为正且显著，说明复审次数每增加一次，从非被诉国进口量会增加0.0058%。第五，如果反倾销案件已经由于某种原因终止，那么会显著减少从非被诉国的进口量，使得进口量减少0.6134%。可见，中国对外反倾销会产生贸易转移效果，会增加从非被诉国的进口量。在宏观经济变量中，只有人民币兑美元汇率系数为负且显著，说明人民币贬值会减少从非被诉国的进口，人民币兑美元汇率每增加1%，从非被诉国进口量减少0.6620%。可见，对于从非被诉国的进口量来说，人民币兑美元汇率会部分削弱反倾销贸易转移效果，对保护国内涉案农产品有利。

（二）进口额分析

表9-7显示的是中国涉案农产品对外反倾销对从非被诉国进口额影响的估计结果。分别考察了平均反倾销税率、最小反倾销税率和最大反倾销税率的估计结果，共涉及6个模型。

反倾销关键变量中：第一，从反倾销立案时间来看，其回归系数为不显著，这表明中国对外农产品进行反倾销立案调查对从非被诉国的进口额影响不大。第二，从征收的反倾销税来看，回归系数为正且显著，与预期相符，中国农产品对外征收反倾销税会增加从非被诉国的进口额，贸易转移效果显著，平均反倾销税上升100%，使得进口额增加10.94%，最小反倾销税上升100%，使得进口额增加9.76%，最大反倾销税上升100%，使得进口额增加11.19%，最大反倾销税率的弹性较大。第三，若中国对外农产品反倾销案件裁决结果是肯定性损害，那么会显著增加从非被诉国的进口额，以平均反倾销税率模型为例，使得进口额增加0.5496%。第四，日落复审次数系数为正但是不显著。第五，如果反倾销案件终止，那么会显著减少从非被诉国的进口额，以平均反倾销税率模型为例，使得进口额减少0.3382%。可见，中国涉案农产品对外反倾销会产生贸易转移效果，会增加从非被诉国的进口额。在宏观经济变量中，人民币兑美元汇率系数为负且显著，符合预期，说明人民币贬值会减少从非被诉国的进口额，人民币兑美元汇率每增加1%，从非被诉国进口额减少1.4864%，且富有弹性。可见，对于从非被诉国的进口额来说，人民币兑美元汇率会部分削弱反倾销贸易转移效果，对保护国内涉案农产品有利。

(三) 进口价格分析

表9-8显示的是中国涉案农产品对外反倾销对从非被诉国进口价格影响的估计结果。分别考察了平均反倾销税率、最小反倾销税率和最大反倾销税率的估计结果，共涉及6个模型。

反倾销关键变量中：第一，从反倾销立案时间来看，其回归系数不显著，表明中国对外农产品进行反倾销立案调查对从非被诉国的进口价格影响不显著。第二，从征收的反倾销税来看，回归系数为负但不显著，中国涉案农产品对外征收反倾销税对从非被诉国进口价格影响不明显。第三，中国对外农产品反倾销案件裁决结果是肯定性损害，会显著减少从非被诉国进口价格，以平均反倾销税率模型为例，减少0.1473%。第四，日落复审次数系数为负但不显著。第五，如果反倾销案件已经由于某种原因终止，对中国从非被诉国进口价格的影响不显著。可见，对于中国涉案农产品从非被诉国的进口价格来说，在中国对外农产品反倾销措施中，只有肯定性损害变量会产生贸易转移效果，从而削弱中国反倾销措施对于国内产业的贸易救济效果。在宏观经济变量中，只有人民币兑美元汇率系数为负且显著，说明人民币贬值会使得进口价格下降，人民币兑美元汇率每增加1%，从非被诉国进口价格下降3.09%。

综合上文对于中国涉案农产品对外反倾销从非被诉国的进口量、进口额和进口价格的实证分析结果可以看出，第一，中国对外农产品进行反倾销立案调查对涉案农产品从非被诉国的进口影响不显著；第二，征收反倾销税，对涉案农产品从非被诉国的进口量和进口额影响正向显著，会增加从非被诉国的进口，反倾销措施实施效果的贸易转移效应比较明显；第三，如果中国裁定外国农产品倾销为肯定性损害结果，那么也会显著增加从非被诉国进口量和进口额，降低进口价格；第四，日落复审的案件次数对于增加从非申诉国的进口量是显著的，而对于进口额和进口价格并不显著；第五，如果反倾销案件已经终止，那么会显著减少中国涉案农产品从非被诉国的进口量和进口额。总体来看，中国涉案农产品对被诉国反倾销措施会产生贸易转移效果。在宏观经济变量中，人民币贬值会减少中国从非被诉国相关农产品的进口量和进口额，从而部分削弱贸易转移效果，保护了国内的涉案农产品。

四、本章小结

本章以中国对外农产品反倾销案件为研究对象，基于1995年1月～2013年

8月涉案农产品8位海关编码的月度面板数据，从涉案农产品从被诉国进口和从非被诉国进口两个角度，分别从进口量、进口额和进口价格三个方面，分析了中国涉案农产品对外反倾销的贸易效果，证实了反倾销的贸易限制效果和贸易转移效果的存在，而贸易调查效果并不明显。主要的结论有：

第一，中国涉案农产品对外进行反倾销不具有贸易调查效果，中国对被诉国涉案农产品进行立案调查后，并没有对其起到威慑的作用，不会减少涉案农产品的进口。从实证分析的角度，对于中国农产品对外反倾销的调查效果进行了验证，证实了反倾销贸易调查效果不存在，这与第四章使用年度贸易数据描述分析的结果一致。

第二，中国涉案农产品对外进行反倾销具有显著的贸易限制效果，即中国对外采取的反倾销措施可以限制从被诉国涉案农产品的进口量和进口金额，提高进口价格。中国如果对涉案农产品征收了反倾销税、裁定外国农产品倾销为肯定性损害结果，便会减少从被诉国进口量和进口额，提高进口价格。如果反倾销案件被政府终止，会显著增加中国涉案农产品从被诉国的进口，从而对国内涉案产业产生不利影响。

第三，中国涉案农产品对外反倾销会产生贸易转移效果，即源于反倾销本身的歧视性特点，中国对于被诉国进行反倾销指控和制裁，会使涉案农产品从非被诉国的进口量和进口金额增加。中国对被诉国征收反倾销税、裁定被诉国农产品倾销为肯定性损害结果都会使中国从非被诉国进口相关农产品的数量和金额增加。如果中国对于被诉国的反倾销案件已经终止，那么显著减少中国涉案农产品从非被诉国的进口量和进口额。

第四，加入WTO，即贸易自由化程度加深，不仅会增加中国从被诉国的进口量和进口额，还会增加从非被诉国的进口量和进口额，从而削弱了中国对外反倾销救济国内产业的作用；而人民币贬值会减少中国从被诉国和非被诉国涉案农产品的进口量和进口额，部分加强了中国对外反倾销救济国内产业的作用。

相关实证分析的结果与第四章对于反倾销涉案农产品贸易效果的描述性分析基本一致，且因为采用了月度数据，能更为准确地估计出反倾销措施的贸易调查效果、贸易限制效果和贸易转移效果。

第十章 研究结论与政策建议

一、主要研究结论

本书主要对中国农产品遭受反倾销和对外反倾销的贸易效果进行了实证分析。在反倾销经济理论和法律程序的基础上,对世界和中国反倾销发展和特征进行了分析,并对中国农产品反倾销特殊性做了说明;基于涉案农产品的年度贸易数据,对反倾销涉及的相关贸易效果进行描述性统计分析,初步考察是否存在反倾销相关的贸易效果;基于二元选择模型对反倾销与中国农产品的比较优势、竞争优势之间进行了关联度的实证分析;在证实了反倾销与产品优势存在关联的基础上,对于中国涉案农产品的产业竞争力指标进行了分产品、分国别分析;利用所有海关编码前6位农产品进行分析,考察反倾销是否会对中国总体农产品贸易情况产生影响;在贸易效果描述分析的基础上,利用涉案农产品海关编码8位的月度数据分别从中国遭受反倾销和对外反倾销两个角度,定量分析反倾销措施的相关贸易效果。通过以上分析,能够对中国农产品涉及反倾销的贸易效果问题进行比较全面和深入的研究。

本书得到以下主要结论:

第一,从世界反倾销发展和特征来看,2003年以后案件数量控制在一定范围内波动;涉及行业具有集中性,主要集中在贱金属及其制品,化学工业及其相关产品、塑料、橡胶及其制品等领域,农产品在世界反倾销案件中所占比例较小;范围逐渐从发达国家向发展中国家扩展,发展中国家现已成为主要的申诉国与被诉国。

第二,中国是遭受反倾销起诉最多的国家,同时中国对外反倾销数量也逐步攀升,2012年底排名世界第八,已成为对外反倾销大国。从涉及行业看,与世

第十章 研究结论与政策建议

界反倾销产品涉及行业具有一致性,农产品反倾销数量在中国总产品中比例也较小;但中国农产品遭到反倾销的强度大,而中国对外反倾销强度是很小的。中国农产品遭受外国反倾销具有次数多、频度大、征税幅度大,申诉国和地区范围扩大、发达国家占主要地位、倾销幅度的确定带有主观色彩和外国反倾销措施具有连锁效应的特征。与中国农产品遭受的反倾销措施相比,中国对外反倾销具有数量少、开始时间晚、涉及国家少、征税幅度小以及措施实施率低的特点。

第三,根据对涉案农产品反倾销贸易效果描述性分析的观察,从大多数农产品贸易变化情况来看,首先,中国遭受的反倾销具有贸易调查效果和贸易限制效果,如果恰逢复审年份,存在和反倾销立案及采取措施相似的贸易限制效果,但贸易限制效果持续期较短,这也能解释为何大部分农产品频繁遭遇外国反倾销的指控和制裁。其次,中国遭受反倾销的农产品具有贸易偏转效果,在申诉国反倾销调查当年和反倾销复审当年,向非申诉国的出口量普遍会出现较大幅度的上升;中国向反倾销非申诉国的大部分农产品出口呈不断增加的趋势。再次,反倾销会降低涉案农产品对申诉国的出口集中度,但持续期较短。中国遭到美国、欧盟和印度反倾销农产品对于这三个国家的出口集中度较高,其余涉案农产品对于申诉国的出口集中度较低。中国出口集中度高且频繁遭受申诉国反倾销的农产品大部分出口集中度的长期趋势依然在增加,而不是下降;中国涉案农产品出口市场结构会因为反倾销而进行调整,但在调整后仍然观察到长期趋势在增加,这也解释了为何这些农产品频繁遭受到反倾销。最后,中国对外反倾销农产品具有贸易限制效果和转移效果,且进口集中度很高,即便是进行了反倾销措施,中国对外反倾销农产品进口集中度仍然很高,对于进口来源地结构或市场结构的调整因不同产品具有差异。

第四,中国农产品比较优势和竞争优势越大,则越容易遭受外国反倾销;中国农产品比较劣势和竞争劣势越大,则容易对外进行反倾销。对于中国农产品而言,显性比较优势指标和贸易竞争指数对于涉及反倾销案件可能性的估计结果具有一致性。关税与反倾销措施之间具有此消彼长的替代关系。

第五,反倾销措施对于涉案农产品的产业竞争力来讲,冲击效果是暂时且不涉及本质的。中国遭受外国反倾销的农产品基本属于中国具有竞争优势的劳动密集型产品,因为反倾销而实质改变自身竞争优势的情况很少见,遭受反倾销的农产品竞争优势指数呈现出逐年上升态势,中国涉案农产品仍然具有很强的竞争力,这也从产业竞争力的角度解释了为何中国这些农产品频繁遭受国外反倾销。中国对外反倾销的农产品具有竞争劣势,中国发起的反倾销措施,对于国内涉案农产品的贸易救济效果具有短暂性,并且没有根本改变竞争劣势的情况。

第六,中国农产品遭受国外反倾销指控和中国农产品对外进行的反倾销指控都没有对总体农产品的进出口贸易产生负面影响，没有阻碍中国农产品贸易发展，这与涉案产品数量和种类占中国总体农产品进出口规模比重较小有关。关税会阻碍中国农产品贸易；中国 GDP 增加对于促进中国农产品出口具有积极作用；人民币贬值对于促进出口有利，但会减少中国农产品的进口；加入 WTO 不仅会增加中国农产品总体出口规模，也会增加中国农产品进口规模。

第七，基于 1995 年 1 月～2013 年 8 月中国遭受外国反倾销农产品 8 位海关编码的月度面板数据，实证检验了中国农产品遭受反倾销会产生贸易调查效果、贸易限制效果和贸易偏转效果。国外反倾销立案调查、征收反倾销税、认定中国农产品为肯定性损害结果以及日落复审次数增多，都可以限制中国向其出口量和出口额，提高出口价格，产生对中国涉案农产品不利的贸易调查效果和贸易限制效果。而申诉国对中国涉案农产品进行立案调查、征收反倾销税、认定中国农产品为肯定性损害结果，以及日落复审次数增多，均会显著增加涉案农产品向非申诉国的出口量和出口额，降低出口价格，从而产生对中国有利的贸易偏转效果。加入 WTO、中国 GDP 增长和人民币贬值都会增加中国涉案农产品向反倾销申诉国的出口量和出口额，缓解中国涉案农产品遭受申诉国反倾销所带来的不利贸易效果；还增加向非申诉国的出口量和出口额，即部分增强中国涉案农产品由于遭受申诉国反倾销对非申诉国产生的贸易偏转效果。承认中国市场经济地位并没有对涉案农产品向申诉国的出口和向非申诉国的出口产生显著的影响。实证分析结果与贸易效果描述分析的直观观察相一致。

第八，基于 1995 年 1 月～2013 年 8 月中国对外反倾销农产品 8 位海关编码的月度面板数据，证实了反倾销的贸易限制效果和贸易转移效果的存在，而贸易调查效果并不明显。中国对外进行立案调查后，并没有对被诉国起到威慑的作用，没有产生有利的贸易调查效果。但对涉案农产品征收反倾销税、裁定外国农产品倾销为肯定性损害结果会减少从被诉国进口量和进口额，提高进口价格，产生对保护国内产业有利的贸易限制效果，起到救济国内涉案产业的作用。如果反倾销案件被政府终止，那么会显著增加中国涉案农产品从被诉国的进口，从这一点可以看到，反倾销措施的贸易限制效果比较明显。与此同时，中国对被诉国征收反倾销税、裁定被诉国农产品倾销为肯定性损害结果都会使得中国从非被诉国进口相关农产品的数量和金额增加，价格下降，从而产生对中国不利的贸易转移效果，削弱中国反倾销措施的贸易救济作用。加入 WTO 会增加中国从被诉国和从非被诉国的进口量和进口额，从而削弱了中国对外反倾销救济国内产业的作用；而人民币贬值会减少中国从被诉国和非被诉国涉案农产品的进口量和进口额，部分加强了中国对外反倾销救济国内产业的作用。实证分析结果与贸易效果描述分析的直观观察相一致。

二、讨论与政策建议

本书的相关结论对于中国政府有关部门以及农业产业、行业协会如何制定应对国外反倾销和在贸易过程中遇到外国倾销时如何合理利用反倾销的法律武器保护国内农业产业和农民的利益等具有一定启示。

第一,在中国反倾销实践中,从被诉国和申诉国两个身份来讲,都已然成为主要的反倾销大国。目前,与其他行业相比,中国关于农业行业应对国外反倾销预警机制的建立并不完善,与国外发达国家相比还很落后。因此,中国政府负责部门应当在研究和借鉴国外农业反倾销预警机制的基础上,结合中国农产品反倾销实践,尽快建立和健全中国农产品应对国外反倾销预警机制和对外反倾销预警机制,做好防范准备,避免中国农业产业因为受到不公平贸易冲击而对农业和农民带来巨大的冲击,从而维持国内农业生产和农民收入稳定,促进经济健康发展。

第二,中国要积极调整具有竞争优势农产品的出口市场结构,开拓新市场,推动出口市场多元化结构,分散贸易风险。根据出口集中度数据分析,中国频繁遭受反倾销的农产品对于反倾销申诉国出口集中度在反倾销后仍然不减,这在很大程度上损害了国内生产者的利益,根据投资学中分散风险的原理,为了避免来自主要出口国家发起反倾销所带来的巨大风险和损失,应当通过出口市场的多元化来分散风险,降低损失,保证中国优势产品在世界市场上的份额。同时,出口市场多元化也会降低中国遭受反倾销发生的可能性,保护和维持国内农业产业和农民的收入。

第三,中国也要注意进口产品集中度的调整,促进进口市场结构多元化,降低风险。一方面,集中进口某一国家的产品会使贸易依赖性增加,从而使得进口风险增加,如果这个国家当年农产品歉收等原因出现了价格暴涨的情况,会增加国内消费者的支出水平,降低其购买力,尤其是对于国内的低收入人群来讲,会给消费者带来巨大的损失。另一方面,过于集中的进口,更容易对国内相关弱质产业造成冲击,影响农业产业发展和农民的收入。根据研究发现,中国农产品对外反倾销措施具有的贸易限制效果持续期很短,一般为1~2年,救济国内产业的保护期间很短,因此在很多时候国内产业还没有来得及完成调整和恢复,来自某一国家具有优势的产品便重新迅速大幅进口,如中国对欧盟的马铃薯淀粉反倾销就出现了这种情况,此时仍然没有达到救济国内相关产业的目的。因此,调整进口结构，使得进口来源地多元化，不仅可以使得进口风险分散，还可以减缓大量竞争力强的农产品对于中国国内农业产业造成迅速和毁灭性的打击。

第四，在对外贸易过程中，如果国内产业遭到了不公平的贸易对待，注意合理结合多种贸易救济手段对国内产业进行保护，保护效果会比单一贸易救济措施效果好。例如，中国对欧盟马铃薯淀粉的"双反"（反倾销反补贴）措施对于救济国内产业比单独的反倾销措施起到的救济作用要大。根据本研究的分析发现，中国对外反倾销措施虽然具有限制效果，但是持续期较短，就欧盟马铃薯淀粉而言，2006年进行了反倾销之后，进口减少只持续了2年，从2009年便又开始增加，商务部在2011年对其进行了反补贴调查之后，进口量才大幅下降。目前已有研究对于反倾销的研究结论都证实反倾销的贸易效果具有短暂性，因此，在中国对外贸易过程中，如何合理利用多种贸易救济手段，合理保护国内产业，维护公平的贸易环境，也成为值得关注和研究的领域。

第五，中国要完善市场经济体制，利用世界贸易组织争端解决机制和国际合作机制，完善相关法律和法规。在反倾销过程中，中国遇到最多的问题便是"非市场经济地位"所引发的相关产品价格和倾销损害幅度的损害认定问题。虽然，陆续有81个国家承认中国的市场经济地位，但是经过本书的实证检验，这样的承认并没有实质上对于中国涉及反倾销的农产品带来显著影响，在具体的反倾销过程中，很多承认中国是市场经济地位的国家也会采取"第三国"替代价格的方式来认定倾销幅度。因此，如何真正让其他国家承认中国的市场经济地位，并在此过程中确实给予中国市场经济地位的待遇问题，一方面，需要从中国自身市场经济体制建设抓起，另一方面，还需要努力利用国际合作机制，加强磋商谈判，来争取更为公平合理的对外贸易环境。

第六，由于中国农业生产还属于小农经济，尤其是中国加入WTO后，贸易开放程度不断加强，来自世界农产品市场的优势农产品也大量涌入中国市场，在这样的不可逆转的贸易大环境下，分散的农户在面临外部市场冲击时，并没有能力来保护自己。因此，中国政府部门要积极发挥农业行业协会的作用，建立和发展多种形式的农村合作经济，将同行业农户组织起来。在面对外部冲击时，能够依托合作经济组织来维护应有的权利，保护自身利益。

三、有待进一步的研究

尽管本书对中国农产品反倾销的相关贸易效果进行了比较全面和深入的分

析，得出了上述研究结论和政策建议。但是受限于文章篇幅、数据获得和时间，还有一些与中国农产品反倾销相关的重要问题未做探讨，值得后续进行深入研究和分析。具体包括以下两个方面：

第一，只关注了反倾销发生所产生的直接贸易效果，而有关反倾销措施所引发的间接经济效果，如投资跨越效应、上下游产业继发保护效应，并没有做深入探讨。由于农产品属于原料产品，在对外反倾销时很有可能会引发下游企业生产成本上升，从而增加对于国外反倾销指控的诉求。因此，对于有关农产品反倾销的其他经济效果的研究值得进一步的探讨和深入分析。

第二，实证检验了反倾销贸易效果以及从产业竞争力的角度对反倾销措施进行了分析，但是对于反倾销措施实施对整个社会福利的影响未做深入探讨，反倾销措施会起到救济国内产业的目的，但是对于国内消费者来讲，一般是受到损失的，因此，对于社会净福利的分析对于反倾销实施的合理性有着重要作用，很多发达国家在反倾销政策制定过程中提出了公共利益原则，这也是出于对社会净福利的考虑。目前，国内已有研究较多采用局部均衡模型来进行分析，一般只涉及某类农产品在受到反倾销政策冲击后的影响，对于整体农产品情况的分析具有局限性。而有关一般均衡分析的研究还较少，而对于农产品，测算对外反倾销所产生的整体社会福利效果的研究也值得进一步深入分析。

附录一 中国农产品涉及反倾销案件一览表

附表 1-1 中国遭受国外农产品反倾销案件一览

序号	国家	产品	海关编码	立案时间	初裁	终裁	备注	是否结案
1	美国	薄荷醇	29061100	1980.07.02	1981.01.14	2.5% ITC 无损害结案		是
2	美国	蘑菇罐头	20031000	1982.11.16	1983.05.20; 倾销幅度 7.38%	1983.10.16; 0.46% ITC 否定, 无损害结案		是
3	美国	大蒜	07032000、07108070、07108097、07119060、20059097	1994.01.31	1994.07.07; 幅度 376.67%	1994.07; 征税 376.67%	2003.07.07, 376.67%; 2000年、2006年、2012年日落复审, 维持原税率	否
4	美国	蜂蜜	04090000、21069000	1994.10.31	1995.03.30; 肯定性初裁	1995.08.02; 签订中止协议	2000.07.03, 取消中止协议, 终止本案	是
5	美国	小龙虾尾肉	03061900、03062900、16054010、16054010	1996.09.22	1997.03.19; 85.5%～201.63%	1997.08.01; 91.5%～201.63%	2002年、2008年、2013年日落复审	否

附录一 中国农产品涉及反倾销案件一览表

续表

序号	国家	产品	海关编码	立案时间	初裁	终裁	备注	是否结案
6	美国	蘑菇罐头	20031027、20031031、20031037、20031043、20031047、20031053、07119040	1998.02.02	1998.07.28；180%平均税率	1998.12.31；154.71%~198.63%	2003年、2009年日落复审	否
7	美国	苹果汁	21069052、20097000；2002年（含）后为20097900	1999.06.27	1999.11.15；1家0税率，1家小于10%，2家小于20%	2000.04.07；14.88%~51.74%	2005年、2010年日落复审；2010.11.15，终止征收反倾销税	是
8	美国	蜂蜜	35121400、04090000、17029090、17029000、21069099、21069090	2000.10.26	2001.05.11	2001.10.04；25.88%~183.8%	2006年、2012年日落复审	否
9	美国	冷冻或灌装暖水虾	03061300、16052010	2004.01.20	2004.07.06；幅度7.67%~112.81%	2004.12.08；0.07%~112.71%	2010年日落复审	否
10	美国	糖水梨	20083090	1982.02		1983价格承诺	1983.07欧方终止案件	是
11	欧盟	猪鬃毛刷	96034011	1992.01.31		1993.05.18；无实质损害		是
12	欧盟	冷冻草莓	08111011、08111019、08111090	2006.01.19	2006.10.18；0~34%临时反倾销税	最低限价	2012.04.18取消反倾销措施	是
13	欧盟	柑橘类罐头	20083055、20083075、20083090	2007.10.20	2008.07.08；330%~482.2%临时反倾销税	2008.12.30；361.4%~531.2%反倾销税	2013.10开始日落复审调查	否
14	欧盟	浓缩大豆蛋白	21061020、21069092、23099010、23099099	2011.04.19		2012.06.28；终裁无损害		是

续表

序号	国家	产品	海关编码	立案时间	初裁	终裁	备注	是否结案
15	澳大利亚	猪鬃毛刷	96034011	1988.06	1988.06.17；最低限价	1990.03；撤销本案		是
16	澳大利亚	梨罐头	20084000	1991.02.27	1991.06.27；35%~50%		1996年，1997年不再征收反倾销税	是
17	澳大利亚	桃罐头	20087000	1991.02.27		1991.06.27；确认倾销26%~36%	1997复审不再征收反倾销税	是
18	澳大利亚	番茄罐头	20021000、20029000	1991.08.27	1991.12.12；10%	确认倾销26%~36%	1997.04.29停止征税	是
19	澳大利亚	花生仁	12022000	1991.09	1991.12.24；否认倾销税	否认倾销		是
20	澳大利亚	蘑菇罐头	20031000	2005.04.05	2005.09.28；4.2%~23.2%临时反倾销税	2006.01.12；4.2%~23.2%反倾销税	2010.06.28进行日落复审	否
21	澳大利亚	波萝罐头	20082000	2006.04.10	2006.08.01；10%~20%	2006.10.10；40%~60%	2011.02日落复审	否
22	加拿大	猪鬃毛刷	96034011	1983.08.23	1984.03.22；55%	1984.06.20；62.7%	1989年，1994年复审维持原税率	是
23	加拿大	大蒜	07032000	1996.10.16	1996.11.21；2.03美元/千克	1997.02.19；幅度70%；1997.03.21；1.91加元/千克，下半年征收	2002.03.21继续征收；2006.01.25取消有损裁决，结束反倾销措施	是
24	韩国	某种饲料	23092020、23099030、23099090	2003.11.12		2004.09.22；27.55%	2009.11.25复审继续征税；2010.01.29，10.28%~27.55%	否

附录一 中国农产品涉及反倾销案件一览表

续表

序号	国家	产品	海关编码	立案时间	初裁	终裁	备注	是否结案
25	巴西	大蒜	07032010、07032090	1994.12.08	1995.08.29；36%，有效期4个月	1996.01.18；0.4美元/千克，5年	三次日落复审：2001.01.09；0.48美元/千克，2007.12.08；0.52美元/千克，2013.08	否
26	巴西	蘑菇罐头	0711900、20031000	1996.09.02		1998.06.02；1.37美元/千克	2008.12.19撤销	是
27	新西兰	猪鬃毛刷	96034011	1988.05		1988.05；征税	1997.09.19继续征税	是
28	新西兰	桃罐头	20087009	2006.02.21	2006.07.17；临时反倾销税22%~26%	2006.08.30；终裁征税	2011.07日落复审	否
29	印度尼西亚	面粉	1101000	2004.03.01		2005.08.25；反倾销附加税9.5%~11.4%	2010.11.11撤销	是
30	墨西哥	罐装伞菇	20031001	2005.05.25	2005.11.18；临时反倾销税1.32美元/千克	2006.05.17；0.4484美元/千克	2012.11日落复审继续征收	否
31	南非	大蒜	07032000、07129000	1999.12.17	2000.03.24；06.07兰特/千克	2000.10.20；6.07兰特/千克	2005.09~2006.03复审继续征收，提高至10.37兰特/千克	否
32	印度	生丝	50020001	2002.07.17		2003.07.03；肯定性终裁；27.97美元/千克	2007.12日落复审	否
33	印度	维生素E	23099010	2002.08.27		2003.08.22；11.32~22.64美元/千克	2008.03~2009.03日落复审，继续征收	否

附表 1-2　中国对外农产品反倾销国别一览

序号	国家	产品	海关编码	立案时间	初裁	终裁	复审及备注	是否结案
1	美国	白羽肉鸡	02071100、02071200、02071311、02071319、02071321、02071329、02071411、02071419、02071421、02071422、02071429 和 05040021	2009.09.27	2010.02.05；43.1%~105.4%	2010.09.26；50.3%~105.4%		否
2	美国	玉米酒糟	23033000	2010.12.28		2012.06.21	取消	是
3	欧盟	马铃薯淀粉	11081300	2006.02.06	2006.08.18；35%~57.1%	2007.02.06；17%~35%	2012年复审；2013.02.05 期终复审裁定继续征收原税率	否
4	欧盟	葡萄酒	22041000、22042100 和 22042900	2013.07.02				否

附录二 中国涉及反倾销农产品贸易描述分析结果（立案前3年后5年）

附表2-1 中国遭到反倾销农产品向申诉国出口量变化情况（立案前3年后5年）

单位：万吨

产品\年份	美国冷冻或罐装暖水虾 2004	美国小龙虾尾 1996	美国蜂蜜 1994	美国蜂蜜 2000	美国大蒜 1994	美国蘑菇罐头 1998	美国苹果汁 1999	欧盟冷冻草莓 2006	欧盟柑橘类罐头 2007	欧盟浓缩大豆蛋白 2011	澳大利亚花生仁 1991	澳大利亚番茄罐头 1991
t-3	2.78	0.08	2.03	1.15	0.53	3.20	0.58	3.70	5.37	8.35	0.20	0.00
t-2	4.93	0.16	2.73	1.38	0.92	3.00	2.41	3.06	5.20	7.14	0.65	0.04
t-1	8.07	0.38	3.48	2.31	3.09	3.11	4.19	4.32	6.21	8.12	0.84	0.04
t	6.61	0.29	2.93	2.66	1.47	2.18	3.21	2.78	6.61	5.53	0.58	0.02
t+1	4.52	0.24	1.28	1.78	0.97	0.03	4.08	4.76	6.31	5.81	0.68	0.03
t+2	6.79	0.53	1.94	0.77	0.73	0.39	4.58	5.00	3.44		0.37	0.05
t+3	4.87	1.05	1.15	2.41	0.90	0.93	1.15	4.40	4.75		0.41	0.01

续表

产品 / 年份	美国冷冻或灌装暖水虾2004	美国小龙虾尾1996	美国蜂蜜1994	美国蜂蜜2000	美国大蒜1994	美国蘑菇罐头1998	美国苹果汁1999	欧盟冷冻草莓2006	欧盟柑橘类罐头2007	欧盟浓缩大豆蛋白2011	澳大利亚花生仁1991	澳大利亚番茄罐头1991
t+4	4.82	0.68	1.38	2.69	0.86	0.94	1.32	5.46	3.82		0.23	0.01
t+5	4.37	0.92	2.31	2.94	0.93	2.19	17.78	6.77	5.79		0.27	0.01

产品 / 年份	澳大利亚菠萝罐头2006	加拿大大蒜1996	韩国饲料2003	新西兰桃罐头2006	巴西大蒜1994	巴西蘑菇罐头1996	墨西哥蘑菇罐头2005	印度饲料2001	印度生丝2002	印度尼西亚面粉2004	南非大蒜1999
t-3	0.13	0.33	0.46	0.09			0.25	0.13	0.46	5.32	
t-2	0.20	0.37	0.45	0.22			0.36	0.09	0.45	9.11	
t-1	0.15	0.64	0.50	0.20	0.98	0.07	0.85	0.20	0.52	7.63	
t	0.12	0.60	1.13	0.33	2.32	0.12	0.66	0.36	0.79	6.20	0.12
t+1	0.07	0.33	2.05	0.44	3.62	0.13	0.02	0.20	0.75	4.28	0.15
t+2	0.04	0.52	1.52	0.27	4.07	0.04	0.06	0.16	0.68	3.56	0.19
t+3	0.03	0.57	2.48	0.25	3.29	0.00	0.40	0.30	0.87	7.75	0.25
t+4	0.02	0.76	4.01	0.17	1.40	0.00	0.11	0.45	0.57	1.37	0.25
t+5	0.06	0.27	11.01	0.17	1.83		0.01	0.34	0.75	0.12	0.26

附录二 中国涉及反倾销农产品贸易描述分析结果（立案前3年后5年）

附表2-2 中国遭到反倾销农产品向申诉国出口价格变化情况（立案前3年后5年）

单位：美元/千克

产品\年份	美国冷冻或罐装水虾 2004	美国小龙虾尾 1996	美国蜂蜜 1994	美国蜂蜜 2000	美国大蒜 1994	美国蘑菇罐头 1998	美国苹果汁 1999	欧盟冷冻草莓 2006	欧盟柑橘类罐头 2007	欧盟浓缩大豆蛋白 2011	澳大利亚花生仁 1991	澳大利亚番茄罐头 1991
t-3	6.90	6.01	0.93	1.69	1.09	2.26	1.52	0.83	0.63	3.93	0.74	
t-2	6.48	5.08	0.94	1.29	1.21	1.81	1.16	0.75	0.68	3.39	0.68	0.88
t-1	5.69	7.28	0.84	1.02	1.19	1.61	0.80	0.57	0.78	3.47	0.72	0.95
t	5.30	7.21	0.80	0.94	1.11	1.53	0.86	0.80	0.81	3.68	0.85	0.90
t+1	5.06	8.04	1.13	0.97	1.24	2.34	1.04	1.24	0.89	3.51	0.75	0.82
t+2	5.25	4.16	1.53	1.12	1.25	1.81	0.82	1.35	0.92		0.80	0.44
t+3	5.28	4.33	1.69	1.60	0.88	1.93	0.77	1.03	0.93		0.89	0.50
t+4	5.66	3.59	1.29	1.25	1.12	1.59	0.76	1.04	1.08		0.83	0.56
t+5	5.82	4.01	1.02	0.88	0.93	1.79	0.92	1.38	1.40		0.87	0.93

产品\年份	澳大利亚蘑菇罐头 2005	澳大利亚菠萝罐头 2006	加拿大大蒜 1996	韩国饲料 2003	新西兰桃罐头 2006	巴西大蒜 1994	巴西蘑菇罐头 1996	墨西哥蘑菇罐头 2005	印度饲料 2001	印度生丝 2002	印度尼西亚面粉 2004	南非大蒜 1999
t-3	0.86	0.81	0.30	1.67	0.59			0.86	2.78	19.17	0.18	
t-2	0.84	0.88	0.34	1.74	0.79			0.75	1.67	21.17	0.20	
t-1	0.89	0.82	0.43	2.91	0.88	0.76	0.52	0.35	0.79	20.78	0.21	0.50
t	1.10	0.87	0.55	2.25	0.88	0.70	0.74	0.70	2.06	15.91	0.23	0.47
t+1	1.33	1.20	1.14	2.26	0.85	0.87	1.04	1.23	1.64	14.28	0.24	0.49
t+2	1.20	1.23	0.74	2.63	0.97	1.28	1.66	1.54	2.32	16.76	0.24	0.51
t+3	1.23	1.31	0.68	2.67	0.99	0.88	2.23	1.40	1.88	19.39	0.28	0.60
t+4	1.35	0.57	0.48	2.66	1.22	0.96	1.30	1.36	2.21	26.74	0.34	
t+5	1.33	0.60	0.54	2.90	1.16	0.79		1.77	1.98	23.54	0.35	

附表 2-3 中国遭到反倾销农产品向非申诉国出口量变化情况（立案前3年后5年）

单位：万吨

产品\年份	美国冷冻或灌装温水虾2004	美国小龙虾尾1996	美国蜂蜜1994	美国蜂蜜2000	美国大蒜1994	美国蘑菇罐头1998	美国苹果汁1999	欧盟冷冻草莓2006	欧盟柑橘类罐头2007	欧盟浓缩豆蛋白2011	澳大利亚生仁1991	澳大利亚番茄罐头1991
t-3	6.32	0.62	6.45	3.67	30.47	15.95	1.48	4.09	22.89	76.36	26.34	3.78
t-2	5.92	0.91	6.17	6.49	49.58	14.24	0.95	4.52	24.71	60.22	27.34	4.12
t-1	8.14	0.08	13.47	6.41	39.76	11.68	3.87	5.46	25.44	86.24	40.91	3.92
t	**12.67**	**0.05**	**7.28**	**7.63**	**39.76**	**12.28**	**6.66**	**4.24**	**27.34**	**106.96**	**34.97**	**5.94**
t+1	15.61	0.16	7.42	8.88	38.47	14.89	10.15	5.58	29.11	127.96	29.79	5.32
t+2	17.48	0.33	6.40	6.87	41.34	20.53	18.26	4.73	28.61			
t+3	19.82	0.56	3.67	6.00	42.03	19.23	28.51	5.09	28.93			
t+4	18.67	1.34	6.49	5.44	43.79	20.44	40.51	5.78	29.94			
t+5	17.78	1.68	6.41	5.91	63.21	23.95	30.94	6.19	28.14			

产品\年份	澳大利亚蘑菇罐头2005	澳大利亚菠萝罐头2006	加拿大大蒜1996	韩国饲料2003	新西兰桃罐头2006	巴西蘑菇罐头1994	巴西大蒜1994	墨西哥蘑菇罐头2005	印度饲料2001	印度生丝2002	印度尼西亚面粉2004	南非大蒜1999
t-3	20.95	5.4	31.67	17.06	7.96	12.9		22.51	21.79	0.75	20.48	24.26
t-2	25.53	7.51	16.48	18.15	6.89	14.75	27.62	29.48	15.28	0.8	19.79	25.71
t-1	29.06	7.06	13.47	14.01	7.54	19.08	45.95	30.78	17.32	0.61	19.92	29.25
t	**31.12**	**6.33**	**13.93**	**13.15**	**8.91**	**17.12**	**29.62**	**32.52**	**18.26**	**0.68**	**24.19**	**41**
t+1	30.1	8.02	16.03	13.9	14.41	14.66	26.51	32.37	14.33	0.64	29.9	51.22
t+2	37.54	7.64	15.23	15.69	15.06	14.42	27.84	40.12	14.22	0.45	35.99	72.71
t+3	39.43	6.42	28.51	18.28	13.01	14.92	28.85	42.24	15.83	0.22	65.84	124.63
t+4	26.76	5.03	37.63	38.07	14.48	20.92	31.03	28.92	16.96	0.1	17.02	136.87
t+5	30.96	3.85	54.37	55.29	14.16	20.16	47.4	33.25	20.68	0.62	23.55	137.1

附录二 中国涉及反倾销农产品贸易描述分析结果（立案前3年后5年）

附表2-4 中国遭到反倾销农产品向非申诉国出口价格变化情况（立案前3年后5年）

单位：美元/千克

产品\年份	美国冷冻或罐装暖水虾2004	美国小龙虾尾1996	美国蜂蜜1994	加拿大大蒜1996	美国蜂蜜2000	美国大蒜1994	美国蘑菇罐头1998	美国苹果汁1999	欧盟冷冻草莓2006	欧盟柑橘类罐头2007	欧盟浓缩大豆蛋白2011	澳大利亚花生仁1991	澳大利亚番茄罐头1991
t-3	3.81	2.37			1.25		1.16	1.44	0.59	0.60	1.22		
t-2	4.71	3.22	0.85	0.35	1.01	0.78	0.99	0.84	0.56	0.66	1.39	0.63	0.58
t-1	4.89	12.22	0.66	0.45	0.80	0.54	0.86	0.58	0.53	0.73	1.38	0.61	0.58
t	**5.13**	**5.79**	**0.71**	**0.57**	**0.78**	**0.71**	**0.89**	**0.72**	**0.90**	**0.76**	**1.51**	**0.66**	**0.66**
t+1	5.38	4.27	0.98	0.64	0.88	0.85	0.97	0.73	0.86	0.78	1.48	0.67	0.73
t+2	5.49	4.87	1.26	0.59	1.01	0.90	0.83	0.60	0.98	0.80		0.74	0.66
t+3	5.08	2.43	1.25	0.53	1.08	0.83	0.80	0.40	0.76	0.82			
t+4	5.91	3.93	1.01	0.36	1.02	0.78	1.04	0.35	0.97	1.16			
t+5	6.35	2.64	0.80	0.35	1.05	0.60	1.03	0.47	1.25	1.29			

产品\年份	澳大利亚蘑菇罐头2005	澳大利亚菠萝罐头2006	新西兰桃罐头2006	韩国饲料2003	巴西蘑菇罐头1994	巴西蘑菇罐头1996	墨西哥蘑菇罐头2005	印度饲料2001	印度生丝2002	印度尼西亚面粉2004	南非大蒜1999
t-3	1.08	0.46	0.76	0.55		1.07	1.08	0.50	20.19	0.24	1.23
t-2	1.10	0.47	0.80	0.47	0.76	1.12	1.03	0.61	21.96	0.22	1.18
t-1	1.00	0.51	0.80	0.58	0.51	1.35	1.03	0.55	22.18	0.22	0.98
t	**0.89**	**0.53**	**0.82**	**0.65**	**0.66**	**1.13**	**0.93**	**0.48**	**17.24**	**0.26**	**0.77**
t+1	1.29	0.58	0.87	0.78	0.82	1.02	1.31	0.59	16.28	0.25	0.68
t+2	1.64	0.81	1.00	1.04	0.84	0.99	1.64	0.66	22.19	0.25	0.59
t+3	1.48	0.65	0.98	1.39	0.74	0.97	1.56	0.75	33.53	0.29	0.53
t+4	1.13	0.76	0.99	1.33	0.66	0.85	1.32	1.02	46.18	0.43	0.50
t+5	1.38	1.06	1.21	1.56	0.50	0.85	1.42	1.33	25.68	0.41	0.57

附表2-5 中国对外反倾销农产品从被诉国进口变化
（立案前3年后5年） 单位：万吨，美元/千克

年份\产品\进口量	美国白羽肉鸡（0207）2009	美国白羽肉鸡（0504）2009	美国玉米酒糟 2010	欧盟马铃薯淀粉 2006	欧盟葡萄酒 2013
t-3	39.00	2.26	0.01	0.80	16.10
t-2	50.78	3.44	0.60	1.00	24.10
t-1	57.20	3.39	65.17	4.10	26.10
t	**61.32**	**3.33**	**316.24**	**5.30**	
t+1	8.46	4.90	168.56	1.70	
t+2	5.24	3.82	238.15	1.70	
t+3	17.62	4.48		5.70	
t+4				11.50	
t+5				2.50	

年份\产品\进口价格	美国白羽肉鸡（0207）2009	美国白羽肉鸡（0504）2009	美国玉米酒糟 2010	欧盟马铃薯淀粉 2006	欧盟葡萄酒 2013
t-3	0.76	0.97	0.15	0.36	3.19
t-2	1.16	1.35	0.36	0.46	3.61
t-1	1.33	1.55	0.20	0.34	3.75
t	**1.29**	**1.77**	**0.24**	**0.38**	
t+1	1.52	2.01	0.29	0.52	
t+2	1.10	1.88	0.32	0.58	
t+3	1.08	2.10		0.42	
t+4				0.40	
t+5				0.97	

附表 2-6 中国对外反倾销农产品从非被诉国进口变化
（立案前 3 年后 5 年） 单位：万吨，美元/千克

年份 \ 产品 进口量	美国白羽肉鸡 (0207) 2009	美国白羽肉鸡 (0504) 2009	美国玉米酒糟 2010	欧盟马铃薯淀粉 2006	欧盟葡萄酒 2013
t−3	18.10	5.18	0.21	1.79	12.34
t−2	26.55	5.96	0.07	1.04	12.20
t−1	21.52	6.25	0.35	3.50	13.01
t	10.91	6.56	0.18	1.48	
t+1	43.09	9.30	0.03	1.00	
t+2	33.31	8.36	0.06	1.24	
t+3	29.70	9.22		3.50	
t+4				14.24	
t+5				2.31	

年份 \ 产品 进口价格	美国白羽肉鸡 (0207) 2009	美国白羽肉鸡 (0504) 2009	美国玉米酒糟 2010	欧盟马铃薯淀粉 2006	欧盟葡萄酒 2013
t−3	0.85	0.87	0.21	0.39	2.29
t−2	1.24	1.03	0.95	0.48	4.64
t−1	1.26	1.35	0.27	0.45	4.63
t	1.42	1.61	0.63	0.37	
t+1	1.83	1.87	2.08	0.38	
t+2	2.24	1.98	2.67	0.38	
t+3	2.29	1.73		0.34	
t+4				0.67	
t+5				1.76	

附录三 中国涉及反倾销农产品贸易描述分析结果（1988~2012年）

附表 3-1 中国遭受反倾销农产品向申诉国出口量变化情况（1988~2012年）

单位：万吨

产品 年份	美国冷冻或灌装暖水虾 2004	美国小龙虾尾 1996	美国蜂蜜 1994/2000	美国大蒜 1994	美国蘑菇罐头 1998	美国苹果汁 1999	欧盟冷冻草莓 2006	欧盟柑橘类罐头 2007	欧盟浓缩大豆蛋白 2011	澳大利亚花生仁 1991	澳大利亚番茄罐头 1991	澳大利亚蘑菇罐头 2005
1988												0.41
1989										0.20	0.00	0.66
1990										0.65	0.04	0.44
1991	3.51	0.02	2.03	0.53	1.46	0.06				0.84	0.04	0.47
1992	4.94	0.05	2.73	0.92	1.34	0.05				0.58	0.02	0.44
1993	3.09	0.08	3.48	3.09	1.18	0.09				0.68	0.03	0.41
1994	2.27	0.16	2.93	1.47	1.62	0.10				0.37	0.05	0.41
1995	1.45	0.38	1.28	0.97	3.20	0.19				0.41	0.01	0.53
										0.23	0.01	

附录三 中国涉及反倾销农产品贸易描述分析结果（1988~2012年）

续表

产品 年份	美国冷冻或灌装暖水虾2004	美国小龙虾尾1996	美国蜂蜜1994/2000	美国大蒜1994	美国蘑菇罐头1998	美国苹果汁1999	欧盟冷冻草莓2006	欧盟柑橘类罐头2007	欧盟浓缩大豆蛋白2011	澳大利亚花生仁1991	澳大利亚番茄罐头1991	澳大利亚蘑菇罐头2005
1996	0.77	0.29	1.94	0.73	3.00	0.58				0.27	0.01	0.54
1997	1.27	0.24	1.15	0.90	3.11	2.41				0.37	0.05	0.44
1998	0.69	0.53	1.38	0.86	2.18	4.19				0.12	0.04	0.40
1999	0.87	1.05	2.31	0.93	0.03	3.21				0.42	0.05	0.46
2000	1.78	0.68	2.66	0.90	0.39	4.08		2.08	0.51	0.44	0.11	0.67
2001	2.78	0.92	1.78	1.44	0.93	4.58	0.59	2.83	0.89	0.45	0.19	0.41
2002	4.93	0.71	0.77	2.87	0.94	1.15	0.62	4.81	1.25	0.67	0.13	0.42
2003	8.07	0.95	2.41	3.78	2.19	1.32	0.89	6.21	1.56	0.75	0.26	0.60
2004	6.61	0.90	2.69	5.75	2.77	17.78	3.70	5.37	2.26	0.61	0.40	0.47
2005	4.52	0.96	2.94	7.27	2.75	19.75	3.06	5.20	2.39	0.47	0.51	0.44
2006	6.79	0.94	3.21	9.19	2.21	19.81	4.32	6.21	5.62	0.42	0.52	0.40
2007	4.87	1.05	1.75	11.92	3.58	34.50	2.78	6.61	7.25	0.44	0.84	0.44
2008	4.82	0.72	1.12	11.54	3.79	42.51	4.76	6.31	8.35	0.27	1.07	0.55
2009	4.37	1.03	0.01	10.73	3.07	20.02	5.00	3.44	7.14	0.24	1.09	0.32
2010	4.78	1.66	0.15	10.12	3.06	35.78	4.40	4.75	8.12	0.20	1.08	0.33
2011	4.20	0.43	0.15	10.69	2.57	45.46	5.46	3.82	5.53	0.16	1.33	0.50
2012	0.00	1.35	0.00	9.85	2.60	0.78	6.77	5.79	5.81	0.00	1.68	0.46

Note: 2012 欧盟冷冻草莓 = 4.63 (correcting alignment)

续表

产品\年份	澳大利亚菠萝罐头 2006	加拿大大蒜 1996	韩国饲料 2003	新西兰桃罐头 2006	巴西大蒜 1994	巴西蘑菇罐头 1996	墨西哥蘑菇罐头 2005	印度维生素 E 2001	印度生丝 2002	印度尼西亚面粉 2004	南非大蒜 1999
1988											0.00
1989		0.04	0.02	0.00	0.00	0.00	0.00	0.00	0.04	0.01	0.00
1990		0.07	0.03	0.00	0.00	0.00	0.00	0.00	0.01	0.00	0.00
1991		0.11	0.00	0.00	0.00	0.00	0.00	0.00	0.02	0.00	0.00
1992		0.17	0.12	0.00	0.98	0.00	0.00	0.04	0.08	0.00	0.00
1993		0.33	0.03	0.01	2.32	0.00	0.07	0.23	0.29	0.00	0.00
1994		0.37	0.06	0.01	3.62	0.07	0.07	0.78	0.35	0.00	0.00
1995		0.64	0.06	0.00	4.07	0.12	0.01	0.18	0.28	0.00	0.00
1996		0.60	0.07	0.01	3.29	0.13	0.04	0.14	0.20	0.00	0.00
1997		0.33	0.13	0.00	1.40	0.04	0.17	0.09	0.18	0.01	0.00
1998		0.52	0.11	0.00	1.83	0.00	0.30	0.13	0.21	0.06	0.00
1999		0.57	0.25	0.01	1.33	0.00	0.52	0.09	0.46	2.20	0.12
2000		0.76	0.46	0.01	1.30	0.00	0.35	0.20	0.45	5.32	0.15
2001	0.01	0.27	0.45	0.00	3.13	0.00	0.25	0.36	0.52	9.11	0.19
2002	0.06	0.02	0.50	0.02	3.34	0.00	0.36	0.20	0.79	7.63	0.25
2003	0.13	0.02	1.13	0.09	3.10	0.00	0.85	0.16	0.75	6.20	0.26
2004	0.20	0.01	2.05	0.22	7.18	0.00	0.66	0.30	0.68	4.28	0.29
2005	0.15	0.01	1.52	0.20	6.29	0.00	0.02	0.45	0.87	3.56	0.31
2006	0.12	0.23	2.48	0.33	5.78	0.01	0.06	0.34	0.57	7.75	0.40
2007	0.07	1.40	4.01	0.44	8.70	0.00	0.40	0.45	0.75	1.37	0.44
2008	0.04	1.34	11.01	0.27	9.20	0.01	0.11	0.49	0.80	0.12	0.39
2009	0.03	1.34	7.94	0.25	9.73	0.00	0.01	0.64	0.78	0.04	0.53
2010	0.02	1.15	10.28	0.17	10.10	0.01	0.08	0.88	0.56	0.00	0.51
2011	0.06	1.35	10.58	0.17	8.86	0.02	0.03	1.82	0.51	0.00	0.45
2012	0.07	1.37	11.68	0.14				1.23	0.50		

附录三 中国涉及反倾销农产品贸易描述分析结果（1988～2012年）

附表3-2 中国遭受反倾销农产品向申诉国出口价格变化情况（1988～2012年）

单位：美元/千克

产品 年份	美国冷冻或罐装熟水虾2004	美国小龙虾尾1996	美国蜂蜜1994/2000	美国大蒜1994	美国蘑菇罐头1998	美国苹果汁1999	欧盟冷冻草莓2006	欧盟柑橘类罐头2007	欧盟浓缩大豆蛋白2011	澳大利亚花生仁1991	澳大利亚番茄罐头1991	澳大利亚蘑菇罐头2005
1988										0.74		1.51
1989										0.68	0.88	1.64
1990										0.72	0.95	1.44
1991	5.93	5.61	0.93	1.09	2.00	1.40				0.85	0.90	1.36
1992	5.04	5.73	0.94	1.21	2.04	1.81				0.75	0.82	1.39
1993	6.73	6.01	0.84	1.19	1.85	1.32				0.80	0.44	1.34
1994	6.52	5.08	0.80	1.11	1.78	1.15				0.89	0.50	1.29
1995	7.36	7.28	1.13	1.24	2.26	1.68				0.83	0.56	1.35
1996	4.83	7.21	1.53	1.25	1.81	1.52				0.87	0.93	1.28
1997	6.30	8.04	1.69	0.88	1.61	1.16				0.96	0.67	1.04
1998	5.22	4.16	1.29	1.12	1.53	0.80				0.86	0.55	0.92
1999	4.54	4.33	1.02	0.93	2.34	0.86				0.73	0.65	1.05
2000	6.30	3.59	0.94	1.17	1.81	1.04	0.74	0.61	2.62	0.72	0.63	0.86
2001	6.90	4.01	0.97	1.28	1.93	0.82	0.64	0.72	2.34	0.65	0.58	0.86
2002	6.48	4.58	1.12	1.04	1.59	0.77	0.70	0.60	2.22	0.57	0.67	0.93
2003	5.69	5.24	1.60	1.05	1.79	0.76	0.83	0.66	2.75	0.72	0.68	0.86
2004	5.30	4.02	1.25	1.10	1.55	0.92	0.75	0.63	2.67	0.84	0.80	0.84
2005	5.06	9.60	0.88	1.36	1.80	0.93	0.57	0.68	2.86	0.77	0.73	0.89
2006	5.25	4.16	0.94	1.22	2.42	1.03	0.80	0.78	2.89	0.83	0.74	1.10
2007	5.28	6.14	0.69	1.32	3.22	1.24	1.24	0.81	3.55	1.04	0.70	1.33
2008	5.66	4.16	0.66	1.14	2.95	1.23	1.35	0.89	3.93	1.44	0.99	1.20
2009	5.82	6.35	2.46	1.01	2.02	1.32	1.03	0.92	3.39	1.09	1.21	1.23
2010	6.23	5.82	1.70	1.31	2.26	0.94	1.04	0.93	3.47	1.26	0.94	1.35
2011	7.37	6.37	3.37	1.24	2.55	1.00	1.38	1.08	3.68	1.86	0.83	1.33
2012	6.59	6.59	3.20	1.39	2.65	0.84	1.36	1.40	3.51		0.85	1.34

续表

产品\年份	澳大利亚菠萝罐头 2006	加拿大大蒜 1996	韩国饲料 2003	新西兰桃罐头 2006	巴西大蒜 1994	巴西蘑菇罐头 1996	墨西哥蘑菇罐头 2005	印度维生素 E 2001	印度生丝 2002	印度尼西亚面粉 2004	南非大蒜 1999
1988								17.55	21.39		
1989		0.61	1.39	0.81					37.74		
1990		0.71	3.13						35.91		
1991		0.70	7.93	0.75		8.05			30.82		
1992		0.56	0.32	0.96	0.76		0.61	1.12	29.04		0.50
1993		0.30	1.71	0.80	0.70		1.04	1.08	17.32		0.47
1994		0.34	1.27	0.73	0.87		1.41	1.18	20.90		0.49
1995		0.43	2.79	1.89	1.28	0.52	1.10	1.93	22.32		0.51
1996		0.55	2.98	0.81	0.88	0.74	0.66	1.11	21.20	0.88	0.60
1997		1.14	1.54	0.77	0.96	1.04	0.56	1.23	25.44	0.20	0.93
1998		0.74	1.64	0.92	0.79	1.66	0.77	2.78	22.59	0.14	1.19
1999		0.68	1.34	0.61	0.64	2.23	0.87	1.67	19.17	0.14	3.15
2000		0.48	1.67	0.61	0.61	1.30	0.80	0.79	21.17	0.18	0.65
2001	0.43	0.54	1.74	0.25	0.53		0.68	2.06	20.78	0.20	0.64
2002	0.72	0.69	2.91	0.59	0.34	1.45	0.86	1.64	15.91	0.21	
2003	0.77	0.77	2.25	0.79	0.36	0.85	0.75	2.32	14.28	0.23	1.35
2004	0.81	1.08	2.26	0.88	0.43	1.46	0.35	1.88	16.76	0.24	
2005	0.88	1.34	2.63	0.88	0.51		0.70	2.21	19.39	0.24	
2006	0.82	1.01	2.67	0.85	0.51	3.68	1.23	1.98	26.74	0.28	
2007	0.87	0.91	2.66	0.97	0.37	1.37	1.54	2.39	23.54	0.34	
2008	1.20	0.57	2.90	0.99	0.59	7.23	1.40	2.78	23.94	0.35	
2009	1.23	0.92	2.90	1.22	2.42	1.36	1.36	2.76	24.83	0.27	
2010	1.31	2.22	2.91	1.16	2.19	2.04	1.77	2.53	33.43	0.29	1.68
2011	0.57	1.74	3.22	1.29	1.77	1.83	2.19	1.81	41.07		1.56
2012	0.60	1.53	3.46				3.27	2.59	44.74		

附录三 中国涉及反倾销农产品贸易描述分析结果（1988~2012年）

附表3-3 中国遭受反倾销农产品向非申诉国出口量变化情况（1992~2012年）

单位：万吨

产品\年份	美国冷冻或罐装暖水虾 2004	美国小龙虾尾 1996	美国蜂蜜 1994/2000	美国大蒜 1994	美国蘑菇罐头 1998	美国苹果汁 1999	欧盟冷冻草莓 2006	欧盟柑橘类罐头 2007	欧盟浓缩大豆蛋白 2011	澳大利亚花生仁 1991	澳大利亚番茄罐头 1991	澳大利亚蘑菇罐头 2005
1992	4.15	0.49	6.45	30.47	10.91	0.16				26.34	3.78	11.80
1993	3.44	0.62	6.17	49.58	11.72	0.40				27.34	4.12	12.49
1994	3.89	0.91	7.28	39.76	13.13	0.68				40.91	3.92	14.34
1995	3.33	0.08	7.42	38.47	15.95	1.59				34.97	5.94	18.62
1996	3.09	0.05	6.40	41.34	14.24	1.48				29.79	5.32	16.69
1997	3.52	0.16	3.67	42.03	11.68	0.95				12.14	10.61	14.35
1998	3.47	0.33	6.49	43.79	12.28	3.87				14.74	9.19	14.06
1999	4.75	0.56	6.41	63.21	14.89	6.66				28.17	10.63	14.46
2000	6.92	1.34	7.63	76.62	20.53	10.15	1.45	15.50	29.54	32.65	15.35	20.25
2001	6.32	1.68	8.88	95.80	19.23	18.26	1.50	14.77	32.61	40.33	29.62	19.75
2002	5.92	1.18	6.87	136.88	20.44	28.51	2.60	17.07	26.84	42.24	37.21	20.95
2003	8.14	2.39	6.00	151.66	23.95	40.51	4.09	18.90	26.62	39.25	39.88	25.53
2004	12.67	2.33	5.44	158.75	26.76	30.94	4.52	22.89	23.87	31.92	43.34	29.06
2005	15.61	2.97	5.91	162.43	28.81	45.10	5.46	24.71	27.17	35.88	59.73	31.12
2006	17.48	3.37	4.89	176.27	28.29	47.50	4.24	25.44	30.50	23.02	62.60	30.10
2007	19.82	2.26	4.68	199.40	34.40	69.73	5.58	27.34	54.63	20.00	83.34	37.54
2008	18.67	1.87	7.36	210.84	36.18	26.75	4.73	29.11	76.36	16.43	80.60	39.43
2009	17.78	1.55	7.18	211.63	24.01	59.94	5.09	28.61	60.22	17.23	79.50	26.76
2010	20.10	1.60	9.96	194.60	28.23	43.06	5.78	28.93	86.24	12.46	101.62	30.96
2011	23.85	1.23	9.85	231.05	28.32	15.94	6.19	29.94	106.96	11.41	111.31	30.39
2012	—	1.47	11.01	203.89	26.34	58.38	8.93	28.14	127.96	—	105.44	28.49

续表

产品\年份	澳大利亚菠萝罐头 2006	加拿大大蒜 1996	韩国饲料 2003	新西兰桃罐头 2006	巴西大蒜 1994	巴西蘑菇罐头 1996	墨西哥蘑菇罐头 2005	印度维生素E 2001	印度生丝 2002	印度尼西亚面粉 2004	南非大蒜 1999
1992	1.50	12.65	17.75	1.68	27.62	12.25	12.44	17.83	0.81	10.37	18.74
1993	1.03	31.67	20.98	2.60	45.95	12.90	13.02	20.78	0.57	20.38	39.25
1994	1.19	16.48	22.12	3.56	29.62	14.75	15.08	21.41	0.96	15.93	26.58
1995	0.87	13.47	16.93	4.96	26.51	19.08	19.39	16.81	0.99	20.88	25.42
1996	1.04	13.93	23.85	3.66	27.84	17.12	17.48	23.78	1.00	56.20	24.26
1997	1.96	16.03	27.00	3.26	28.85	14.66	15.36	27.05	0.93	45.64	25.71
1998	5.28	15.23	21.80	3.28	31.03	14.42	15.00	21.79	0.70	26.89	29.25
1999	3.43	28.51	15.13	3.73	47.40	14.92	15.17	15.28	0.75	16.28	41.00
2000	2.24	37.63	17.06	3.82	60.50	20.92	21.04	17.32	0.80	16.31	51.22
2001	2.63	54.37	18.15	4.14	76.21	20.16	20.82	18.26	0.61	20.48	72.71
2002	3.94	104.92	14.01	4.57	118.02	21.70	22.51	14.33	0.68	19.79	124.63
2003	5.40	114.20	13.15	7.96	129.32	28.72	29.48	14.22	0.64	19.92	136.87
2004	7.51	112.77	13.90	6.89	129.16	30.32	30.78	15.83	0.45	24.19	137.10
2005	7.06	115.54	15.69	7.54	124.19	32.78	32.52	16.96	0.22	29.90	140.71
2006	6.33	122.19	18.28	8.91	132.45	32.32	32.37	20.68	0.10	35.99	152.76
2007	8.02	142.41	38.07	14.41	152.24	40.12	40.12	41.93	0.62	65.84	176.27
2008	7.64	152.22	55.29	15.06	159.89	42.60	42.24	66.10	0.54	17.02	183.51
2009	6.42	158.23	46.71	13.01	161.67	29.02	28.92	54.33	0.14	23.55	188.38
2010	5.03	135.36	64.10	14.48	137.88	33.25	33.25	73.90	0.29	27.69	169.52
2011	3.85	165.05	74.24	14.16	169.25	32.95	32.89	83.45	0.20	28.82	204.02
2012	2.44	140.00	94.04	13.64	145.23	31.44	31.43	104.95	0.27	28.52	168.54

附录三 中国涉及反倾销农产品贸易描述分析结果（1988~2012年）

附表3-4 中国遭受反倾销农产品向非申诉国出口价格变化情况（1992~2012年）

单位：美元/千克

产品 年份	美国冷冻或罐装熟暖水虾 2004	美国小龙虾尾 1996	美国蜂蜜 1994/2000	美国大蒜 1994	美国蘑菇罐头 1998	美国苹果汁 1999	欧盟冷冻草莓 2006	欧盟柑橘类罐头 2007	欧盟浓缩大豆蛋白 2011	澳大利亚花生仁 1991	澳大利亚番茄罐头 1991	澳大利亚蘑菇罐头 2005
1992	5.32	2.21	0.85	0.78	1.14	1.41				0.63	0.58	1.23
1993	5.29	2.37	0.66	0.54	0.99	0.90				0.61	0.58	1.06
1994	6.29	3.22	0.71	0.71	1.04	0.89				0.66	0.66	1.12
1995	6.56	12.22	0.98	0.85	1.16	1.43				0.67	0.73	1.34
1996	4.96	5.79	1.26	0.90	0.99	1.44				0.74	0.66	1.13
1997	5.07	4.27	1.25	0.83	0.86	0.84				0.84	0.59	1.02
1998	4.77	4.87	1.01	0.78	0.89	0.58				0.76	0.72	0.99
1999	3.74	2.43	0.80	0.60	0.97	0.72				0.58	0.68	0.97
2000	4.05	3.93	0.78	0.56	0.83	0.73	0.64	0.69	0.89	0.59	0.44	0.85
2001	3.81	2.64	0.88	0.54	0.80	0.60	0.73	0.69	0.88	0.55	0.39	0.85
2002	4.71	3.61	1.01	0.41	1.04	0.40	0.71	0.58	1.24	0.52	0.50	1.08
2003	4.89	4.94	1.08	0.39	1.03	0.35	0.59	0.63	1.35	0.67	0.51	1.10
2004	5.13	3.40	1.02	0.44	0.92	0.47	0.56	0.60	1.61	0.76	0.51	1.00
2005	5.38	4.63	1.05	0.54	0.82	0.57	0.53	0.66	1.62	0.72	0.50	0.89
2006	5.49	5.96	1.53	0.66	1.24	0.82	0.90	0.73	1.72	0.79	0.57	1.29
2007	5.08	5.95	1.76	0.62	1.57	1.14	0.86	0.76	1.41	1.03	0.64	1.64
2008	5.91	7.29	1.90	0.51	1.36	1.69	0.98	0.78	1.22	1.39	0.97	1.48
2009	6.35	6.23	1.75	0.71	1.02	0.49	0.76	0.80	1.39	0.94	1.01	1.13
2010	6.97	6.71	1.81	1.46	1.27	0.82	0.97	0.82	1.38	1.36	0.79	1.38
2011	7.54	13.02	1.99	1.17	1.57	3.42	1.25	1.16	1.51	1.67	0.84	1.69
2012	12.68		1.95	0.97	1.51	0.92	1.20	1.29	1.48		0.86	1.65

续表

产品 年份	澳大利亚菠萝罐头 2006	加拿大大蒜 1996	韩国饲料 2003	新西兰桃罐头 2006	巴西大蒜 1994	巴西蘑菇罐头 1996	墨西哥蘑菇罐头 2005	印度维生素 E 2001	印度生丝 2002	印度尼西亚面粉 2004	南非大蒜 1999
1992	0.54	0.53	0.32	0.78	0.76	1.23	1.24	0.32	31.54	0.24	0.97
1993	0.47	0.35	0.29	0.75	0.51	1.07	1.08	0.28	23.97	0.19	0.58
1994	0.45	0.45	0.25	0.75	0.66	1.12	1.14	0.23	23.26	0.17	0.84
1995	0.51	0.57	0.36	0.93	0.82	1.35	1.36	0.36	24.02	0.26	1.00
1996	0.64	0.64	0.34	0.91	0.84	1.13	1.15	0.34	22.05	0.28	1.23
1997	0.63	0.59	0.44	0.87	0.74	1.02	1.04	0.45	24.55	0.27	1.18
1998	0.61	0.53	0.49	0.84	0.66	0.99	1.00	0.50	23.42	0.27	0.98
1999	0.54	0.36	0.60	0.87	0.50	0.97	0.98	0.61	20.19	0.28	0.77
2000	0.44	0.35	0.55	0.85	0.47	0.85	0.87	0.55	21.96	0.26	0.68
2001	0.42	0.38	0.47	0.84	0.46	0.85	0.87	0.48	22.18	0.24	0.59
2002	0.46	0.33	0.58	0.82	0.35	1.08	1.08	0.59	17.24	0.22	0.53
2003	0.46	0.31	0.65	0.76	0.34	1.03	1.03	0.66	16.28	0.22	0.50
2004	0.47	0.37	0.78	0.80	0.40	1.02	1.03	0.75	22.19	0.26	0.57
2005	0.51	0.49	1.04	0.80	0.50	0.92	0.93	1.02	33.53	0.25	0.72
2006	0.53	0.65	1.39	0.82	0.65	1.30	1.31	1.33	46.18	0.25	0.92
2007	0.58	0.60	1.33	0.87	0.61	1.63	1.64	1.26	25.68	0.29	0.86
2008	0.81	0.41	1.56	1.00	0.44	1.55	1.56	1.37	26.21	0.43	0.66
2009	0.65	0.68	1.75	0.98	0.69	1.31	1.32	1.57	34.81	0.41	0.87
2010	0.76	1.69	1.81	0.99	1.65	1.41	1.42	1.64	52.21	0.42	1.88
2011	1.06	1.24	1.92	1.21	1.23	1.71	1.72	1.77	78.11	0.50	1.56
2012	0.91	0.98	1.84	1.31	0.97	1.88	1.88	1.71	53.98	0.52	1.27

附录三　中国涉及反倾销农产品贸易描述分析结果（1988~2012年）

附表3-5　中国对外反倾销农产品从被诉国进口量变化情况（1992~2012年）

单位：万吨

产品 年份	美国白羽肉鸡 （0207）2009	美国白羽肉鸡 （0504）2009	玉米酒糟 2010	欧盟马铃薯淀粉 2006	欧盟葡萄酒 2013
1992	0	0.32	0		
1993	0	0.30	0		
1994	0.01	0.36	0		
1995	21.06	0.91	0		
1996	27.05	3.72	0		
1997	9.96	3.45	0		
1998	8.58	2.76	0		
1999	47.36	3.12	0		
2000	63.69	3.41	0	1.16	3.12
2001	53.31	5.78	0	0.52	1.29
2002	47.17	7.75	0	0.95	0.51
2003	54.50	7.26	0	0.75	0.55
2004	7.63	3.59	0	0.95	0.96
2005	19.63	2.61	0	4.06	3.98
2006	39.00	2.26	0	5.34	4.78
2007	50.78	3.44	0.01	1.71	3.84
2008	57.20	3.39	0.60	1.71	5.32
2009	61.32	3.33	65.17	5.73	7.45
2010	8.46	4.90	316.24	11.51	16.13
2011	5.24	3.82	168.56	2.55	24.12
2012	17.62	4.48	238.15	3.06	26.12

附表3-6　中国对外反倾销农产品从被诉国进口价格变化情况（1992~2012年）

单位：万吨

产品 年份	美国白羽肉鸡 （0207）2009	美国白羽肉鸡 （0504）2009	玉米酒糟 2010	欧盟马铃薯淀粉 2006	欧盟葡萄酒 2013
1992	0.78	1.28			
1993	0.94	1.64			
1994	0.87	1.19	0.20		

续表

产品\年份	美国白羽肉鸡（0207）2009	美国白羽肉鸡（0504）2009	玉米酒糟 2010	欧盟马铃薯淀粉 2006	欧盟葡萄酒 2013
1995	0.30	0.55			
1996	0.45	0.51			
1997	0.78	0.62			
1998	0.68	0.69			
1999	0.53	0.92			
2000	0.56	1.06		0.28	0.67
2001	0.63	0.86		0.29	0.87
2002	0.76	0.94		0.31	2.10
2003	0.73	1.03		0.36	2.31
2004	0.78	1.27		0.46	2.37
2005	0.86	1.36		0.34	1.11
2006	0.76	0.97		0.38	1.72
2007	1.16	1.35	0.15	0.52	3.96
2008	1.33	1.55	0.36	0.58	3.96
2009	1.29	1.77	0.20	0.42	3.75
2010	1.52	2.01	0.24	0.40	3.19
2011	1.10	1.88	0.29	0.97	3.61
2012	1.08	2.10	0.32	0.72	3.75

附表 3-7 中国对外反倾销农产品从非被诉国
进口量变化（1992~2012 年） 单位：万吨

产品\年份	美国白羽肉鸡（0207）2009	美国白羽肉鸡（0504）2009	玉米酒糟 2010	欧盟马铃薯淀粉 2006	欧盟葡萄酒 2013
1992	0	1.06	0.30	0.29	0.02
1993	0	0.55	0.02	0.32	0.04
1994	0.01	0.89	0.01	0.41	0.02
1995	4.59	1.14	0.03	1.32	0.07
1996	3.76	2.75	0.03	1.17	0.44
1997	10.57	8.00	0.12	0.93	3.36
1998	10.61	3.77	0.12	2.44	4.62

附录三 中国涉及反倾销农产品贸易描述分析结果（1988~2012年）

续表

产品 年份	美国白羽肉鸡 (0207) 2009	美国白羽肉鸡 (0504) 2009	玉米酒糟 2010	欧盟马铃薯淀粉 2006	欧盟葡萄酒 2013
1999	28.65	5.94	0.08	4.38	4.37
2000	16.28	6.12	0.14	1.66	0.34
2001	11.32	5.68	0.10	1.08	1.63
2002	2.70	5.56	0.17	1.06	2.51
2003	2.01	6.76	0.07	1.79	3.59
2004	10.44	9.89	0.08	1.04	3.45
2005	17.41	5.64	0.06	3.50	1.37
2006	18.10	5.18	0.06	1.48	6.77
2007	26.55	5.96	0.21	1.00	10.98
2008	21.52	6.25	0.07	1.24	11.16
2009	10.91	6.56	0.35	3.50	9.84
2010	43.09	9.30	0.18	14.24	12.34
2011	33.31	8.36	0.03	2.31	12.20
2012	29.70	9.22	0.06	3.74	13.01

附表3-8 中国对外反倾销农产品从非被诉国进口价格变化（1992~2012年） 单位：美元/千克

产品 年份	白羽肉鸡 (0207) 2009	白羽肉鸡 (0504) 2009	玉米酒糟 2010	马铃薯淀粉 2006	葡萄酒 2013
1992	2.26	1.29	0.01	0.40	4.32
1993	1.69	2.11	0.05	0.40	4.29
1994	1.23	1.35	0.13	0.51	3.79
1995	0.29	1.45	0.12	0.50	3.07
1996	0.43	0.72	0.08	0.58	1.31
1997	0.46	0.57	0.14	0.48	0.99
1998	0.45	0.78	0.19	0.39	0.77
1999	0.49	0.72	0.31	0.36	0.78
2000	0.59	0.81	0.19	0.48	2.14
2001	0.66	0.81	0.16	0.56	0.76
2002	0.81	0.84	0.21	0.49	0.49

续表

年份＼产品	白羽肉鸡（0207）2009	白羽肉鸡（0504）2009	玉米酒糟 2010	马铃薯淀粉 2006	葡萄酒 2013
2003	0.76	0.87	0.22	0.39	0.58
2004	0.86	1.13	0.24	0.48	0.87
2005	0.89	0.99	0.31	0.45	2.26
2006	0.85	0.87	0.37	0.37	0.83
2007	1.24	1.03	0.21	0.38	0.96
2008	1.26	1.35	0.95	0.38	1.52
2009	1.42	1.61	0.27	0.34	1.81
2010	1.83	1.87	0.63	0.67	2.29
2011	2.24	1.98	2.08	1.76	4.64
2012	2.29	1.73	2.67	1.02	4.63

附录四 中国反倾销涉案农产品产业竞争力指标变化率（1992~2012年）

附表4-1 中国遭受反倾销农产品显性比较优势指标（RCA）变化率

单位：%

年份 产品/海关编码		1993	1994	1995	1996	1997	1998	1999	2000	2001	2002	2003	2004	2005	2006	2007	2008	2009	2010	2011	2012
冷冻或罐装暖水虾	030613	-47.6	-20.5	-20.5	-32.1	12.6	-22.7	45.2	-30.8	-20.2	-17.5	1.5	-3.3	-20.2	-55.1	-8.1	66.5	139.6	-10.8	4.9	-27.8
	160520	1.2	-45.7	-10.9	222.0	58.9	-51.1	19.5	372.0	22.7	40.4	-4.1	-7.1	-5.9	7.8	-12.0	1.2	-28.5	2.9	7.8	1.1
小龙虾尾肉	030619	36.6	1.5	-13.7	-10.3	-13.7	-1.0	-6.9	-38.3	-44.5	49.8	-42.3	-4.3	37.4	-9.9	-18.2	-8.9	3.3	12.0	-11.9	-27.8
	030629	-18.3	30.5	-18.0	0.0	-18.5	14.8	19.2	-29.7	-0.4	-15.0	-35.5	7.9	-16.8	-30.1	-33.6	-8.8	9.8	-9.6	-66.9	1.1
	160540	-4.1	-11.0	-43.9	-45.6	11.3	98.6	8.8	-11.1	-17.3	-15.8	2.7	-15.6	-15.2	-1.8	-12.2	-8.1	-2.6	-1.4	-7.8	17.2
蜂蜜	040900	-37.1	-19.3	-10.5	6.7	-40.3	16.1	-12.3	-2.4	0.1	-52.3	-17.0	-13.7	-0.7	-4.7	-17.0	1.1	-14.3	17.2	-2.5	-2.3
	210690	-11.8	-20.8	-5.9	22.9	15.4	9.0	-1.1	-29.9	-3.7	-4.9	-20.4	-19.7	-11.9	-3.3	-0.5	-18.9	-7.0	9.6	21.0	10.5
大蒜	070320	-35.9	-34.2	-9.7	-1.3	-11.4	-28.4	13.0	40.4	7.9	2.1	-14.6	-9.0	-9.9	-5.9	-10.1	-5.1	-1.1	-5.2	-2.5	-6.7
	071080	-0.5	-2.2	-64.1	13.3	-11.6	-5.1	6.3	-2.3	-6.4	-23.0	-15.9	-0.1	-1.0	-1.0	-12.4	-1.5	-8.6	8.4	3.0	-8.3

续表

产品/海关编码	年份	1993	1994	1995	1996	1997	1998	1999	2000	2001	2002	2003	2004	2005	2006	2007	2008	2009	2010	2011	2012
大蒜	071190	-16.0	**-9.8**	-0.3	**2.0**	-14.6	-7.0	**0.6**	-7.8	-10.8	-45.4	-15.5	-8.1	-21.7	-12.6	-20.7	-4.8	17.8	-11.8	-3.1	2.9
冷冻草莓	071290	-35.8	**-2.4**	10.7	**9.3**	-14.2	1.7	**2.4**	-5.3	-8.7	-11.1	-14.0	-9.5	-10.2	-8.2	-8.2	-4.2	-6.3	-4.8	-0.1	-8.1
面粉	081110	-8.5	-12.1	-27.9	-1.6	-21.3	34.0	13.6	-20.2	-16.7	-11.7	-1.2	-24.6	1.9	**-24.0**	8.5	0.7	-13.4	9.0	15.3	-7.5
花生仁	110100	48.9	-72.2	15.9	136.7	-18.5	-24.0	-30.6	-43.8	21.4	-12.8	-22.7	**9.8**	18.9	-4.5	33.7	-73.4	62.5	14.9	-3.2	5.8
番茄罐头	120220	-42.2	0.1	-17.2	-14.1	-32.2	-24.9	64.6	-5.7	2.0	-0.6	-11.1	-18.7	-13.2	-27.3	-14.7	-9.7	-21.6	-13.5	-20.0	-100.0
蘑菇罐头	200210	-73.6	18.2	-81.6	24.7	76.0	23.2	69.9	198.6	-52.3	-47.3	-34.7	78.8	70.9	-10.6	-22.1	10.7	-34.9	-18.1	35.1	24.4
波萝罐头	200290	-6.1	-28.4	20.2	-19.9	65.7	-9.1	-0.3	14.0	5.5	7.1	-8.1	-8.1	-5.6	-7.7	-3.2	2.0	-7.8	-9.1	1.8	-6.9
柑橘类罐头	200310	-30.5	-14.6	9.4	9.0	-11.1	**-1.3**	-1.4	-7.9	-11.4	-13.2	-14.1	-10.8	**-13.1**	-8.2	-5.9	-7.6	-17.1	5.7	-0.5	-18.3
梨罐头	200320	-8.5	-12.2	-4.3	-10.3	-1.4	**-2.3**	-3.5	-9.3	-10.2	-14.7	-13.7	-10.3	**-13.5**	-29.5	-12.5	5.2	-35.0	11.9	6.2	-23.5
桃罐头	200820	-35.7	3.2	-49.8	7.7	39.0	59.0	-23.6	-29.7	-15.9	15.9	-10.0	6.1	-8.7	**-20.1**	4.4	11.8	-5.4	-7.6	-3.2	-5.4
苹果汁	200830	-15.1	-13.5	0.0	0.4	-12.6	-3.7	-0.3	-9.3	-10.9	-13.5	-13.2	-11.0	-12.7	-10.7	-6.0	-2.1	-6.2	-4.8	-1.5	-8.5
浓缩大豆蛋白	200840	-30.2	17.1	14.7	-40.6	29.1	-44.2	-2.1	-27.4	33.0	149.2	-1.8	24.3	-2.9	4.9	24.6	4.9	-7.0	-4.6	3.1	-8.5
饲料	200870	10.2	3.1	16.9	-20.9	-18.9	-7.1	-5.3	9.2	-4.8	-18.6	-11.8	-14.3	-0.3	-8.6	10.2	-1.8	-2.7	-2.8	-1.8	-6.3
生丝	200970	9.2	-4.3	72.3	-1.8	14.7	89.8	**2.9**	24.9	10.8											
浓缩大豆蛋白	210610	43.9	23.7	211.8	-86.4	118.4	-1.0	-17.2	15.1	6.0	-10.7	49.7	-2.4	13.8	118.8	68.5	17.0	-14.9	-14.6	**49.1**	-1.1
饲料	230990	5.3	-42.9	-25.5	28.3	25.9	-16.2	-17.0	-1.1	-21.6	**-29.1**	**-15.1**	-16.0	5.4	-8.0	37.2	46.4	-14.8	32.7	**1.4**	15.2
生丝	500200	-40.2	3.4	-6.7	3.7	-17.8	12.6	11.8	-9.7	-5.3	**-12.4**	-15.7	-15.3	-9.1	-18.7	7.2	1.0	-8.2	-7.0	-2.3	-1.4

附录四 中国反倾销涉案农产品产业竞争力指标变化率（1992~2012年）

附表4-2 中国遭受反倾销农产品的农产品显性比较优势指标（RCAAG）变化率

单位：%

年份 产品/海关编码		1993	1994	1995	1996	1997	1998	1999	2000	2001	2002	2003	2004	2005	2006	2007	2008	2009	2010	2011
冷冻或罐装暖水虾	030613	-46.6	-11.5	-7.2	-32.0	39.1	-14.3	53.8	-32.0	-6.3	-4.1	22.3	**22.3**	-15.4	-50.3	-1.3	84.7	134.1	-10.8	6.6
	160520	3.1	-39.5	4.0	222.4	96.3	-45.8	26.5	364.4	44.0	63.3	15.5	**17.5**	-0.3	19.3	-5.5	12.3	-30.2	2.9	9.5
小龙虾尾肉	030619	39.2	13.1	0.7	**-10.1**	6.6	9.7	-1.4	-39.3	-34.9	74.2	-30.5	21.1	45.5	-0.3	-12.1	1.1	0.9	11.9	-10.5
	030629	-16.8	45.4	-4.2	**0.2**	0.6	27.2	26.2	-30.9	17.0	-1.2	-22.3	36.5	-11.9	-22.6	-28.7	1.2	7.3	-9.7	-66.4
	160540	-2.3	-0.9	-34.5	**-45.6**	37.5	120.1	15.2	-12.6	-3.0	-2.1	23.7	6.8	-10.2	8.7	-5.7	1.9	-4.8	-1.5	-6.4
蜂蜜	040900	-36.0	**-10.2**	4.5	6.9	-26.2	28.7	-7.1	**-4.0**	17.6	-44.5	0.1	9.2	5.2	5.4	-10.8	12.1	-16.3	17.1	-1.0
	210690	-10.2	**-11.8**	9.8	23.0	42.5	20.8	4.7	**-31.1**	13.1	10.6	-4.0	1.6	-6.7	7.1	6.9	-10.0	-9.1	9.6	22.9
大蒜	070320	-34.7	**-26.7**	5.5	**-1.1**	9.4	-20.7	**19.7**	38.2	26.7	18.7	2.9	15.2	-4.5	4.1	-3.4	5.3	-3.4	-5.2	-0.9
	071080	1.3	**8.9**	-58.1	**13.5**	9.2	5.1	**12.6**	-3.9	9.9	-10.5	1.3	26.5	4.9	9.6	-5.9	9.3	-10.7	8.3	4.7
	071190	-14.5	**0.4**	16.4	**2.2**	5.6	3.0	**6.4**	-9.3	4.7	-36.5	1.8	16.3	-17.1	-3.3	-14.8	5.6	15.1	-11.8	-1.6
	071290	-34.6	**8.7**	29.2	**9.5**	6.0	12.7	**8.4**	-6.8	7.2	3.4	3.6	14.5	-4.9	1.6	-1.4	6.2	-8.5	-4.8	1.5
冷冻草莓	081110	-6.8	-2.2	-15.8	-1.5	-2.7	48.5	20.3	-21.5	-2.2	2.7	19.0	-4.5	7.9	**-15.9**	16.6	11.8	-15.4	8.9	17.1
面粉	110100	51.7	-69.1	35.4	137.0	0.7	-15.8	-26.5	-44.7	42.6	1.4	-6.9	**39.0**	26.0	5.7	43.7	-70.5	58.7	14.9	-1.6

· 255 ·

续表

产品/海关编码	年份	1993	1994	1995	1996	1997	1998	1999	2000	2001	2002	2003	2004	2005	2006	2007	2008	2009	2010	2011
花生仁	120220	-41.1	11.4	-3.4	-14.0	-16.2	-16.7	74.3	-7.2	19.8	15.5	7.1	2.9	-8.1	-19.6	-8.4	0.2	-23.4	-13.5	-18.7
番茄罐头	200210	-73.1	31.6	-78.5	24.9	117.4	36.5	79.9	193.7	-43.9	-38.7	-21.4	126.3	81.1	-1.1	-16.3	22.9	-36.4	-18.1	37.3
蘑菇罐头	200290	-4.4	-20.2	40.3	-19.8	104.8	0.8	5.5	12.1	23.9	24.5	10.7	16.3	0.0	2.2	4.0	13.2	-9.9	-9.2	3.4
蘑菇罐头	200310	-29.2	-4.9	27.7	9.2	9.8	9.4	4.4	-9.4	4.0	0.9	3.5	12.9	-7.9	1.6	1.1	2.5	-19.0	5.7	1.1
蘑菇罐头	200320	-6.8	-2.3	11.8	-10.2	21.9	8.2	2.1	-10.7	5.4	-0.8	4.0	13.5	-8.4	-22.0	-6.0	16.7	-36.5	11.9	7.9
菠萝罐头	200820	-34.5	15.0	-41.4	7.9	71.7	76.2	-19.1	-30.9	-1.3	34.7	8.4	34.3	-3.3	-11.5	12.2	24.0	-7.5	-7.7	-1.7
柑橘类罐头	200830	-13.5	-3.7	16.7	0.6	7.9	6.8	5.6	-10.8	4.6	0.6	4.6	12.7	-7.5	-1.2	1.0	8.6	-8.4	-4.9	0.1
梨罐头	200840	-28.7	30.4	33.9	-40.5	59.5	-38.2	3.7	-28.6	56.1	189.7	18.3	57.3	2.8	16.1	33.8	16.3	-9.2	-4.6	4.7
桃罐头	200870	12.2	14.8	36.5	-20.8	0.1	3.0	0.2	7.4	11.8	-5.4	6.3	8.4	5.6	1.2	18.4	9.0	-4.9	-2.8	-0.2
苹果汁	200970	11.2	6.5	101.2	-1.7	41.6	110.3	8.9	22.9	30.1										
浓缩大豆蛋白	210610	46.5	37.7	264.0	-86.4	169.8	9.7	-12.3	13.2	24.4	3.8	80.4	23.5	20.6	142.1	81.0	29.9	-16.9	-14.7	51.5
饲料	230990	7.3	-36.4	-13.0	28.5	55.5	-7.1	-12.1	-2.7	-8.0	-17.5	2.3	6.4	11.7	1.8	47.4	62.4	-16.7	32.7	3.0
生丝	500200	-39.1	15.2	8.9	3.9	1.6	24.8	18.4	-11.2	11.2	1.9	1.6	7.1	-3.7	-10.0	15.1	12.0	-10.3	-7.0	-0.8

附录四 中国反倾销涉案农产品产业竞争力指标变化率（1992~2012年）

附表4-3 中国遭受反倾销农产品的国际市场占有率（IMS）变化率

单位：%

年份 产品/海关编码		1993	1994	1995	1996	1997	1998	1999	2000	2001	2002	2003	2004	2005	2006	2007	2008	2009	2010	2011	2012
冷冻或灌装暖水虾	030613	-43.6	-8.4	-18.1	-34.1	31.7	-21.0	48.3	-21.8	-11.1	-3.7	16.9	7.7	-10.0	-50.5	0.1	69.4	159.1	-3.7	5.3	
	160520	8.9	-37.4	-8.2	212.5	85.8	-50.0	22.0	433.8	36.6	63.9	10.4	3.5	6.1	18.8	-4.2	3.0	-22.7	11.0	8.2	
小龙虾尾肉	030619	47.0	17.1	-11.2	-12.9	0.9	1.2	-4.9	-30.2	-38.2	74.9	-33.5	6.6	54.8	-0.8	-10.9	-7.3	11.7	20.8	-11.6	-22.4
	030629	-12.1	50.5	-15.5	-2.9	-4.8	17.3	21.8	-20.5	10.9	-0.8	-25.7	20.2	-6.2	-22.9	-27.7	-7.2	18.8	-2.5	-66.8	8.6
	160540	3.2	2.7	-42.2	-47.2	30.1	103.0	11.1	0.5	11.5	-1.8	18.3	-6.0	-4.5	8.2	-4.4	-6.5	5.3	6.3	-7.5	25.9
蜂蜜	040900	-32.4	-7.0	-7.9	3.6	-30.1	18.7	-10.4	10.4	7.2	-44.3	-4.4	-3.9	11.9	5.0	-9.6	2.9	-7.3	26.4	-2.2	5.0
	210690	-5.1	-8.6	-3.1	19.2	34.9	11.4	1.1	-20.7	7.2	11.0	-8.3	-10.6	-0.7	6.6	8.3	-17.5	0.6	18.2	21.4	18.8
大蒜	070320	-31.0	-24.1	-7.0	-4.2	3.6	-26.8	15.5	58.8	20.1	19.2	-1.6	1.4	1.6	3.7	-2.0	-3.4	6.9	2.3	-2.1	0.2
	071080	7.0	12.8	-63.0	10.0	3.4	-3.0	8.6	10.5	4.2	-10.2	-3.2	11.3	11.6	9.1	-4.6	0.2	-1.2	16.9	3.4	-1.4
	071190	-9.7	4.0	2.6	-1.0	-0.1	-5.0	2.7	4.2	-0.7	-36.2	-2.7	2.4	-11.8	-3.7	-13.6	-3.1	27.4	-4.8	-2.7	10.6
	071290	-31.0	12.5	14.0	6.1	0.3	3.9	4.6	7.1	1.6	3.8	-0.9	0.8	1.2	1.1	0.0	-2.6	1.3	2.7	0.3	-1.2
冷冻草莓	081110	-1.5	1.3	-25.7	-4.5	-7.9	37.0	16.0	-9.7	-7.3	3.1	13.8	-15.9	14.8	-16.3	18.2	2.5	-6.4	17.5	15.7	-0.6
面粉	110100	60.2	-68.0	19.4	129.7	-4.7	-22.4	-29.1	-36.5	35.2	1.8	-11.0	22.4	34.0	5.2	45.6	-72.9	75.6	24.0	-2.8	13.6

续表

年份 产品/海关编码		1993	1994	1995	1996	1997	1998	1999	2000	2001	2002	2003	2004	2005	2006	2007	2008	2009	2010	2011	2012
花生仁	120220	-37.8	15.4	-14.8	-16.6	-20.7	-23.2	68.1	6.7	13.6	16.0	2.4	-9.4	-2.2	-20.0	-7.1	-8.1	-15.3	-6.7	-19.6	-100.0
番茄罐头	200210	-71.6	36.3	-81.0	21.0	105.8	25.9	73.6	237.7	-46.8	-38.5	-24.8	99.2	92.6	-1.5	-15.1	12.7	-29.6	-11.6	35.6	33.7
	200290	1.0	-17.4	23.8	-22.3	93.8	-7.1	1.8	28.9	17.5	25.0	5.8	2.4	6.3	1.7	5.5	3.8	-0.3	-2.0	2.2	0.1
蘑菇罐头	200310	-25.3	-1.5	12.6	5.8	4.0	0.9	0.7	4.1	-1.4	1.3	-1.1	-0.6	-2.1	1.1	2.5	-6.0	-10.4	14.1	-0.1	-12.2
	200320	-1.6	1.2	-1.4	-13.0	15.3	-0.2	-1.5	2.6	0.0	-0.4	-0.6	0.0	-2.6	-22.4	-4.7	7.0	-29.7	20.7	6.6	
菠萝罐头	200820	-30.8	19.0	-48.3	4.5	62.5	62.5	-22.0	-20.5	-6.4	35.2	3.7	18.2	2.9	-11.9	13.7	13.8	2.3	-0.4	-2.9	-17.8
柑橘类罐头	200830	-8.7	-0.3	3.0	-2.5	2.2	-1.5	1.9	2.6	-0.9	1.0	0.0	-0.8	-1.6	-1.6	2.4	-0.4	1.4	2.6	-1.1	1.6
梨罐头	200840	-24.9	35.0	18.1	-42.3	51.0	-43.0	0.0	-17.9	48.0	190.8	13.1	38.5	9.4	15.6	35.7	6.7	0.5	2.9	3.5	-1.7
桃罐头	200870	18.5	18.9	20.4	-23.3	-5.2	-5.0	-3.3	23.5	6.0	-5.0	1.6	-4.5	12.4	0.7	20.0	-0.1	5.2	4.9	-1.4	0.7
苹果汁	200970	17.4	10.3	77.5	-4.7	34.1	94.0	5.1	41.3	23.3							19.1	-8.0	-7.9	49.7	6.3
浓缩大豆蛋白	210610	54.7	42.6	221.1	-86.8	155.4	1.1	-15.4	30.2	18.0	4.2	72.4	8.7	28.3	141.0	83.5	48.9	-7.9	43.1	1.8	23.8
饲料	230990	13.3	-34.1	-23.3	24.5	47.2	-14.3	-15.2	11.8	-12.8	-17.2	-2.2	-6.4	18.8	1.3	49.5	2.7	-0.7	0.3	-2.0	
生丝	500200	-35.7	19.3	-3.9	0.7	-3.8	15.1	14.2	2.1	5.4	2.3	-2.9	-5.7	2.4	-10.4	16.7					6.0

附录四　中国反倾销涉案农产品产业竞争力指标变化率（1992～2012年）

附表4-4　中国遭受反倾销农产品的贸易竞争指数（TCI）变化率

单位：%

年份 产品/海关编码		1993	1994	1995	1996	1997	1998	1999	2000	2001	2002	2003	2004	2005	2006	2007	2008	2009	2010	2011	2012
冷冻或灌装暖水虾	030613	-3.7	-22.9	2.1	-18.1	8.1	-4.3	-9.6	-22.3	-9.1	21.3	11.4	-1.0	-30.6	-67.4	34.7	118.2	97.0	-8.1	3.8	
	160520	-305.3	23.5	-14.4	53.6	22.4	1.2	-0.1	0.0	-0.1	0.0	0.2	-0.1	0.0	0.0	-1.4	1.0	-1.7	1.3	0.1	
小龙虾尾肉	030619	-30.3	-18.1	84.3	-25.7	40.8	5.1	-33.4	47.2	1.6	-5.5	-9.4	-37.3	82.7	-19.6	-28.2	-11.2	99.0	-36.3	-26.4	-165.1
	030629	-14.1	29.8	1.2	-48.3	110.1	1.0	13.0	-15.5	22.4	0.5	-18.0	8.7	-18.8	-64.5	26.5	-87.7	-282.2	335.6	124.2	29.7
	160540	5.2	-0.7	0.1	-6.1	3.4	4.1	-0.9	-0.3	0.7	-0.5	-2.3	-0.9	1.1	-1.9	3.8	0.1	0.7	-0.8	0.2	0.7
蜂蜜	040900	0.0	-0.2	-0.7	0.7	-0.8	-0.8	1.4	-6.1	0.2	-1.5	-0.1	-0.9	1.3	-0.7	-3.1	-0.2	-2.1	-2.0	-2.3	-11.0
	210690	-11.2	31.0	29.9	-3.5	3.9	1.5	-23.7	-22.3	26.1	-65.8	-98.3	9124.0	25.6	3.3	-44.2	-19.9	-41.7	26.4	-18.3
大蒜	070320	-0.8	1.2	0.0	0.0	0.0	0.0	-0.1	0.0	0.0	0.0	0.0	0.0	-0.1	0.1	0.0	0.0	0.0	-6.0	1.8	0.7
	071080	-0.1	0.0	-0.4	0.1	0.2	0.2	-0.7	-1.4	0.4	1.4	0.4	0.0	-0.1	-0.1	0.3	0.0	0.1	-0.1	0.0	0.0
	071190	-0.3	0.3	-0.1	-1.2	1.0	-0.2	0.1	-0.2	-0.4	-1.0	-0.8	0.0	-2.4	-0.4	-0.3	0.3	0.1	-1.2	-0.2	0.2
	071290	-0.6	0.3	0.0	-1.3	0.2	-0.8	-5.5	5.2	0.1	-0.8	0.8	0.8	1.6	0.5	-0.1	0.8	-0.4	0.4	0.3	-0.4
冷冻草莓	081110	0.4	0.0	0.0	-0.8	0.7	-1.9	1.9	-0.2	-10.2	-19.1	-30.8	37.5	21.4	-13.6	-4.7	-2.5	-0.7	21.4	9.4	-6.4
面粉	110100	-4256	-22.7	28.9	23.0	-8.0	-15.5	-30.4	10.4	9.0	31.8	2.5	6.6	-1.3	1.2	17.7	-11.0	5.7	2.3	3.5	-1.6

续表

年份 产品/海关编码	1993	1994	1995	1996	1997	1998	1999	2000	2001	2002	2003	2004	2005	2006	2007	2008	2009	2010	2011	2012
花生仁 120220	-0.2	-1.2	1.4	0.1	-3.7	0.4	3.3	0.2	0.1	-0.3	0.2	-0.5	0.5	-4.0	2.8	-7.2	7.4	-14.4	-40.5	-100.0
番茄罐头 200210	-4.0	0.8	-6.4	9.5	-5.6	1.9	-11.3	10.0	-11.8	-10.1	-11.5	1.7	18.9	-1.1	-4.3	-3.8	-12.4	-26.0	-17.6	13.5
200290	-0.5	-0.1	1.0	-0.1	0.5	-0.2	0.0	-1.1	-0.1	0.5	0.4	0.0	0.2	-0.2	0.0	0.1	0.1	-0.5	0.2	-0.2
200310	0.0	0.0	-0.7	0.6	-0.2	*0.0*	0.2	0.0	0.0	-0.5	0.6	0.0	*0.1*	-0.1	-0.1	0.2	-0.2	0.1	0.1	0.0
蘑菇罐头 200320	1.6	0.1	-2.8	3.2	-0.7	0.3	0.5	-2.0	2.0	-0.6	0.4	0.2	*0.0*	-0.6	0.4	-0.5	-3.4	3.4	-1.5	0.0
菠萝罐头 200820	-0.5	-3.7	-0.3	2.3	1.8	1.2	-1.9	-12.0	5.7	4.8	-0.4	-0.6	-3.6	*0.1*	0.8	-5.2	-13.3	-7.1	-21.0	-48.8
柑橘类罐头 200830	0.1	-0.4	0.3	-0.4	0.5	-0.1	-0.1	-0.1	0.0	-0.3	-0.4	-1.7	-12.2	-3.9	*-8.5*	-10.2	-18.6	-22.4	28.6	25.6
梨罐头 200840	-0.1	-0.3	0.7	0.1	-1.6	1.5	-0.7	-0.9	0.8	0.5	0.4	-0.5	0.4	-1.3	1.4	-0.1	0.0	-0.2	0.1	-0.5
桃罐头 200870	0.5	-0.6	0.6	0.1	-0.2	-0.2	-1.7	-1.5	1.7	-1.6	-9.9	-2.8	11.9	-4.2	6.7	-6.0	0.7	-0.8	-1.0	-4.3
苹果汁 200970	-5.0	5.4	0.6	0.4	-1.6	0.9	*1.3*	0.3	-0.1							10.6	0.5	-4.4	*4.6*	1.6
浓缩大豆蛋白 210610	221.1	40.3	18.2	-79.5	261.6	-1.2	-167.9	-37.0	81.8	-5.8	-61.1	180.8	-205.1	-3.5	79.1	30.3	-11.7	70.4	*-0.1*	8.5
饲料 230990	-30.7	-34.4	49.7	-125.9	725.1	-28.9	-143.6	113.1	-69.0	*-43.9*	*167.5*	26.7	-108.2	901.0	189.5	30.3	-11.7	70.4	*-0.1*	8.5
生丝 500200	-0.8	0.4	0.2	-0.2	0.1	0.1	-1.2	-3.1	2.6	*0.4*	-0.7	0.4	0.2	-0.8	0.9	0.9	0.0	0.3	0.4	-1.0

· 260 ·

附录四　中国反倾销涉案农产品产业竞争力指标变化率（1992～2012年）

单位：%

附表4-5　中国遭受反倾销农产品市场渗透率（MP）——分国别（美国）

年份	产品 海关编码	冷冻或罐装暖水虾 030613	冷冻或罐装暖水虾 160520	小龙虾尾肉 030619	小龙虾尾肉 030629	小龙虾尾肉 160540	大蒜 070320	大蒜 071080	大蒜 071190	200590	蘑菇罐头 200310	蘑菇罐头 200390	200970	苹果汁 200971	苹果汁 200979	040900	蜂蜜 210690
1991																	
1992		32.8	-26.6	84.1	18.2	95.6	175.1	13.0	-48.1	-5.8	1.5		-4.4			9.5	39.1
1993		-46.7	1340.2	34.3	1924.8	-10.5	308.6	11.2	632.0	11.6	1.2		115.4			7.0	66.3
1994		-52.9	-46.0	63.6	-58.0	29.3	-56.9	35.3	-91.9	-12.5	-10.2		-2.2			-9.6	-11.4
1995		-22.8	5.1	113.5	-100.0	14.2	-95.2	-5.9	379.3	-4.9	107.0		95.7			-38.0	35.3
1996		-54.4	-39.9	-31.3		-26.9	-75.1	-9.9	63.5	65.4	3.3		117.5			-9.3	-3.9
1997		68.1	-51.8	-59.6	-16.2	-13.9	4.8	17.2	-74.5	2.2	-1.7		251.8			-39.4	-12.9
1998		-48.4	-35.5	190.8	-55.9	17.4	92.7	-9.7	-77.8	-27.4	-25.3		87.0			41.1	-0.1
1999		36.8	-24.8	-33.4	-42.4	33.3	-22.0	-15.6	421.1	-3.4	-98.1		-27.1			16.8	5.1
2000		139.7	-9.0	-15.8	665.4	-17.5	0.7	7.2	65.8	17.6	754.0		26.6	91.1	41.3	1.5	-8.2
2001		37.5	629.5	106.1	-93.0	20.9	2849.8	8.4	91.9	-10.4	199.4		3.4	55.8	34.2	-12.9	-4.1
2002		32.3	454.5	-67.2	253.9	0.3	225.5	-24.4	4.5	-10.5	19.9			21.8	9.5	-77.9	-10.4
2003		40.7	30.4	61.1	27.6	2.5	45.8	13.8	11.3	-16.0	84.5	11.9		91.1	41.3	249.8	-12.6
2004		-28.0	-6.8	177.2	-93.6	-5.2	23.8	25.7	12.0	-11.0	20.7	34.6		55.8	34.2	28.8	-20.5
2005		-79.1	33.2	-17.2	367.0	-0.3	-0.3	14.7	-50.6	-1.4	7.5	26.5		21.8	9.5	-17.4	-8.7
2006		6.9	32.7	75.9	158.4	-29.4	11.8	29.7	3.7	2.9	0.3	-48.0		2.0	-4.4	-13.7	27.6
2007		6.0	-20.8	-22.1	-54.2	23.3	6.2	20.8	-33.2		30.8	9.1		-8.5	34.8	-56.9	49.4
2008		73.3	-16.7	1.3	1262.5	-26.6	-8.2	-15.1	94.9		3.0	75.6		-30.1	8.1	-53.8	30.6
2009		-25.1	4.5	-43.0	-26.5	38.1	7.8	2.4	93.7		8.4	56.6		-26.7	-1.9	-97.8	-21.8
2010		25.6	0.8	59.8		10.1	3.4	-9.8	-42.3		7.0	-18.3		5.7	6.1	1110.4	8.3
2011		-14.2	-14.8	-46.2		-33.6	0.7	2.4	97.5		-11.2	19.6		57.2	-13.1	49.0	6.8
2012				63.0		41.3	4.4	-22.8	-48.5		4.8	-35.0		-36.5	9.5	-98.9	-3.5

附表4-6 中国遭受反倾销农产品市场渗透率（MP）
——分国别（欧盟） 单位：%

年份 \ 产品 海关编码	冷冻草莓 081110	柑橘类罐头 200830	浓缩大豆蛋白 210610
2000			
2001	5.5	44.9	439.1
2002	9.1	25.1	59.5
2003	143.6	14.6	-4.6
2004	-13.7	-15.4	50.4
2005	50.6	-2.4	60.7
2006	**-21.7**	18.4	42.9
2007	21.4	**7.1**	12.4
2008	-4.2	5.1	-7.6
2009	13.3	-22.8	26.7
2010	8.8	21.9	5.5
2011	10.6	-17.7	**38.2**
2012	-39.1	35.7	-3.3

附表4-7 中国遭受反倾销农产品市场渗透率
（MP）——分国别（澳大利亚） 单位：%

年份 \ 产品 海关编码	花生仁 120220	番茄罐头 200290	蘑菇罐头 200310	菠萝罐头 200390	菠萝罐头 200820	梨罐头 200840	桃罐头 200870
1988							
1989	-19.4		42.7		-75.6	116.6	17.6
1990	-0.3	-6.8	-5.4		-94.3	14.1	36.0
1991	**3.6**	**-9.6**	4.6		6123.4	**-5.3**	**110.1**
1992	76.3	26.1	-9.2		-62.5	-100.0	-96.8
1993	-6.2	-58.4	9.8				97.6
1994	-21.0	-81.9	-7.8				-62.8
1995	-57.7	154.3	14.6				141.9
1996	84.0	46.7	-2.4				64.5
1997	57.4	464.2	-0.1		49.8		18.1
1998	-29.6	-0.9	2.9		-85.1		-98.9
1999	56.5	-36.0	-3.1		2203.6		4440.5

附录四 中国反倾销涉案农产品产业竞争力指标变化率（1992～2012年）

续表

年份 \ 产品 海关编码	花生仁 120220	番茄罐头 200290	蘑菇罐头 200310	200390	菠萝罐头 200820	梨罐头 200840	桃罐头 200870
2000	-15.1	120.1	7.7				-89.7
2001	54.4	62.9	-5.3				
2002	-71.8	-2.0	3.8		934.1		
2003	25.8	0.9	5.0	83.0	78.4	444.7	-90.8
2004	82.7	45.9	-1.9	-24.2	61.5	-41.8	6295.4
2005	12.5	14.0	**2.0**	**21.7**	-50.9	-16.2	13.3
2006	-41.5	20.1	4.1	-5.1	**-24.7**	73.0	38.0
2007	-29.6	-21.7	0.2	16.9	-42.0	-8.6	16.8
2008	-24.4	0.9	1.5	-9.8	-45.0	-5.8	20.5
2009	16.0	70.5	-1.2	8.0	-13.2	2.3	-10.3
2010	-40.2	-13.5	-4.3	-7.9	-15.6	-7.7	-28.2
2011	15.5	-33.4	3.2	1.9	-18.8	37.0	9.3
2012		73.8	1.2	-14.3	30.8	22.4	1.8

附表4-8 中国遭受反倾销农产品市场渗透率（MP）
——分国别（加拿大、韩国和新西兰） 单位:%

年份 \ 国家 产品 海关编码	加拿大 大蒜 070320	韩国 大蒜 070320	饲料 230910	230990	新西兰 桃罐头 200870
1989					
1990	53.5			155.0	-100.0
1991	42.0			-99.1	
1992	42.1			2898.6	-100.0
1993	10.1			2.0	
1994	42.5	0.0		57.1	-5.9
1995	70.0	-32.4		71.6	-35.2
1996	8.5	48.0		10.8	209.2
1997	1.3	-0.2		31.2	-82.0
1998	0.8	0.2	385.1	13.5	6.6
1999	-4.5	**0.0**	-100.0	1.3	217.9

续表

年份 \ 国家产品海关编码	加拿大 大蒜 070320	韩国 大蒜 070320	韩国 饲料 230910	韩国 饲料 230990	新西兰 桃罐头 200870
2000	20.7	-1.3		2.7	-15.7
2001	-72.7	1.3	326.7	66.0	-47.7
2002	-92.6	0.0	109.2	13.4	1.7
2003	86.6	0.0	**168.1**	**-4.0**	610.8
2004	-27.9	0.0	78.0	8.5	302.3
2005	12.6	0.0	53.4	-2.5	-9.3
2006	1003.0	0.0	19.5	-0.2	**60.5**
2007	396.0	0.0	7.3	9.9	13.7
2008	-21.6	-0.8	-6.1	138.6	-45.8
2009	17.1	0.8	-0.8	-0.2	39.7
2010	9.1	0.0	1.4	7.1	-22.2
2011	-7.8	0.0	7.4	-4.9	2.8
2012	2.4	0.0	-0.4	-6.7	-13.6

附表4-9 中国遭受反倾销农产品市场渗透率（MP）
——分国别（印度/印度尼西亚/墨西哥/南非） 单位:%

年份 \ 国家产品海关编码	印度 维生素E 230910	印度 维生素E 230990	印度 生丝 500200	印度尼西亚 面粉 110100	墨西哥 蘑菇罐头 200310	墨西哥 蘑菇罐头 200390	南非 大蒜 070320	南非 大蒜 071290
1988								
1989			-79.4					
1990			130.0					
1991			-83.8					
1992			1344.1					
1993		90.7	115.4					
1994		23.1	16.9		4667.4			
1995		-57.7	-1.0		7.3			
1996		-24.4	3.7		31.3			
1997		57.2	8.9		-18.1			

附录四 中国反倾销涉案农产品产业竞争力指标变化率（1992～2012年）

续表

国家 年份	产品 海关编码	印度			印度尼西亚	墨西哥		南非	
		维生素E		生丝	面粉	蘑菇罐头		大蒜	
		230910	230990	500200	110100	200310	200390	070320	071290
1998			47.5	1.1		331.9			
1999			-19.8	17.0	-42.0	16.6			
2000			12.5	-0.2	2854.4	-7.0			
2001			62.4	3.2	405.9	-21.6		-13.8	15.1
2002		*-95.7*	*-8.7*	*-11.0*	32.9	-6.0		135.5	20.2
2003		-100.0	-19.9	-4.7	-16.8	5.8		-44.0	16.7
2004			22.0	14.2	*-15.9*	-10.8		*-31.2*	*31.7*
2005			*1.4*	4.9	-55.8	**41.2**	**-40.7**	53.9	16.0
2006		-98.0	-23.4	1.2	-27.0	-96.5	-17.3	-57.2	14.7
2007		947.0	12.9	1.6	106.5	464.1	2.1	111.8	-6.6
2008		-33.6	-14.2	0.7	-85.7	226.5	14.7	70.0	-23.5
2009		36.8	4.2	-1.3	-89.5	-21.9	-35.1	23.6	8.7
2010		-2.8	3.3	-1.6	-79.0	-92.3	18.8	-7.3	26.0
2011		615.4	27.4	-3.9	-88.1	393.2	62.6	-34.6	1.3
2012		-8.1	-27.1	2.5	-100.0	-56.6	-44.1	-39.7	-4.3

附表4-10 中国对外反倾销农产品显性比较优势指标（RCA）　　单位：%

年份	产品 海关编码	白羽肉鸡	马铃薯淀粉		葡萄酒				玉米酒糟
		020710	050400	110813	220410	220421	220429	220430	220820	230330
1992										
1993		-12.6	-13.0	55.5	-56.2	8.5	35.1		82.8	220.0
1994		303.9	-21.0	-6.2	83.0	-82.1	-95.6	-97.6	-99.2	-24.9
1995		563.5	33.8	127.2	-79.3	-5.1	-49.9	-94.4	1029.1	-36.5
1996		-10.4	15.8	-17.6	-34.6	17.4	602.4	3295.5	-63.4	91.4
1997		-32.5	-15.7	-11.8	-6.8	-23.5	40.3	70.5	47.5	-31.7
1998		-20.5	-17.6	-17.5	-48.0	-6.6	-47.8	-100.0	-88.8	-60.0
1999		-10.6	-8.2	82.3	-34.1	-7.7	197.9		38.4	44.5
2000		-32.0	-37.3	-58.0	-8.8	-19.5	-77.9		-86.8	-22.2
2001		-12.3	-26.9	17.8	-39.8	-32.7	116.8	-33.0	155.0	-48.5

续表

年份 \ 产品 海关编码	白羽肉鸡 020710	 050400	马铃薯淀粉 110813	葡萄酒 220410	 220421	 220429	 220430	 220820	玉米酒糟 230330
2002	-48.2	-19.9	-10.1	2.1	-31.6	-61.6	274.7	549.0	-32.7
2003	-34.3	10.9	-9.4	-11.4	-30.6	-8.2	18.8	-92.6	37.5
2004	-62.7	12.0	45.4	-64.5	-5.0	39.4	-44.8	344.1	133.8
2005	4.4	-16.8	-6.2	-23.5	5.2	-46.2	548.5	-13.3	-50.7
2006	-27.6	-9.5	-7.1	80.3	123.1	-40.8	9.4	223.5	43.2
2007	39.0	-9.2	376.4	449.0	130.6	65.1	-60.3	758.5	69.1
2008	7.2	36.2	-26.3	120.3	-32.5	-36.0	-96.7	71.7	158.5
2009	-8.2	-9.6	-77.1	-49.9	-70.3	-26.1	-100.0	-45.1	-83.4
2010	7.1	-9.4	-24.1	-58.1	276.7	-24.1		98.7	-92.8
2011	16.9	25.6	168.9	62.0	-20.0	-5.2		-37.0	1176.7
2012	-13.6	-9.3	-57.4	113.9	564.1	87.0		22.2	-0.9

 附表 4-11 中国对外反倾销农产品的农产品显性比较优势指标（RCAAG）

单位:%

年份 \ 产品 海关编码	白羽肉鸡 020710	 050400	马铃薯淀粉 110813	葡萄酒 220410	 220421	 220429	 220430	 220820	玉米酒糟 230330
1992									
1993	-10.9	-11.4	58.3	-55.4	10.5	37.5		86.1	225.8
1994	349.8	-12.0	4.5	103.8	-80.1	-95.1	-97.3	-99.1	-16.3
1995	674.7	56.3	165.3	-75.8	10.8	-41.5	-93.5	1218.2	-25.9
1996	-10.3	16.0	-17.5	-34.5	17.5	603.6	3292.4	-63.3	91.7
1997	-16.6	4.1	9.0	15.2	-5.2	73.3	110.6	82.2	-15.7
1998	-11.9	-8.7	-8.5	-42.4	3.5	-42.2	-100.0	-87.5	-55.7
1999	-5.4	-2.9	93.0	-30.2	-2.2	215.3		46.5	53.0
2000	-33.1	-38.4	-58.7	-10.2	-20.8	-78.3		-87.1	-23.5
2001	2.9	-14.2	38.2	-29.3	-21.0	154.5	-21.3	199.4	-39.5
2002	-39.8	-6.9	4.5	18.7	-20.5	-55.4	335.6	654.5	-21.8
2003	-20.8	33.6	9.2	6.8	-16.4	10.6	43.2	-91.2	65.7
2004	-52.8	41.8	84.0	-55.0	20.4	76.4	-30.2	462.1	196.0
2005	10.6	-11.9	-0.5	-19.0	11.1	-43.0	587.1	-8.2	-47.7

附录四 中国反倾销涉案农产品产业竞争力指标变化率（1992~2012年）

续表

年份\产品 海关编码	白羽肉鸡		马铃薯淀粉	葡萄酒					玉米酒糟
	020710	050400	110813	220410	220421	220429	220430	220820	230330
2006	-19.9	0.1	2.8	99.5	147.0	-34.5	21.1	258.0	58.5
2007	49.3	-2.5	411.8	489.7	147.8	77.4	-57.4	822.2	81.7
2008	18.9	51.1	-18.2	144.4	-25.2	-28.9	-96.4	90.5	186.7
2009	-10.3	-11.7	-77.7	-51.1	-71.0	-27.8	-100.0	-46.4	-83.7
2010	7.1	-9.4	-24.1	-58.1	276.5	-24.1		98.6	-92.8
2011	18.7	27.6	173.2	64.6	-18.7	-3.7		-36.0	1197.0

附表4-12 中国对外反倾销农产品国际市场占有率（IMS）　　单位：%

年份\产品 海关编码	白羽肉鸡		马铃薯淀粉	葡萄酒					玉米酒糟
	020710	050400	110813	220410	220421	220429	220430	220820	230330
1992									
1993	-5.9	-6.4	67.2	-52.9	16.7	45.3		96.6	244.2
1994	365.8	-8.9	8.2	111.1	-79.4	-94.9	-97.2	-99.1	-13.4
1995	583.3	37.8	134.0	-78.6	-2.3	-48.6	-94.4	1062.8	-34.6
1996	-13.0	12.4	-20.1	-36.5	13.9	580.6	3260.0	-64.4	85.7
1997	-21.1	-1.4	3.1	9.0	-10.3	64.1	99.4	72.4	-20.2
1998	-18.7	-15.8	-15.6	-46.9	-4.5	-46.8	-100.0	-88.5	-59.2
1999	-8.7	-6.3	86.2	-32.7	-5.7	204.2		41.4	47.6
2000	-23.1	-29.1	-52.5	3.1	-8.9	-75.0		-85.1	-12.1
2001	-2.4	-18.6	31.1	-32.9	-25.1	140.5	-25.4	183.4	-42.7
2002	-39.5	-6.5	5.0	19.1	-20.2	-55.1	337.7	657.7	-21.4
2003	-24.3	27.7	4.4	2.1	-20.1	5.7	36.9	-91.5	58.4
2004	-58.4	24.8	62.0	-60.5	5.8	54.2	-38.5	394.6	160.6
2005	17.6	-6.2	5.7	-13.6	18.6	-39.2	630.9	-2.3	-44.4
2006	-20.2	-0.3	2.3	98.2	145.9	-34.5	20.5	256.5	57.7
2007	51.4	-1.1	418.9	498.8	151.2	79.8	-56.8	835.1	84.2
2008	9.1	38.6	-25.0	124.1	-31.4	-34.6	-96.7	74.7	163.0
2009	-0.7	-2.3	-75.3	-45.9	-67.9	-20.1	-100.0	-40.7	-82.0
2010	15.5	-2.3	-18.1	-54.8	306.4	-18.7		114.3	-92.3
2011	17.3	24.6	170.0	62.6	-19.7	-4.6		-36.8	1181.9
2012	-7.2	-1.3	-54.2	129.7	613.5	101.2		31.2	6.5

附表 4-13　中国对外反倾销农产品贸易竞争指数（TCI）　　　单位:%

年份＼产品＼海关编码	白羽肉鸡 020710	马铃薯淀粉 050400	110813	葡萄酒 220410	220421	220429	220430	220820	玉米酒糟 230330
1992									
1993	-0.6	2.3	30.1	-27.1	-5.8	-181.2	184.0	243.0	2.7
1994	0.9	1.6	-26.1	63.9	7.7	249.9	-32.6	-409.0	0.0
1995	-23.8	1.9	-19.6	-57.4	-30.5	-274.5	-164.3	-14.4	-1.4
1996	-14.7	-6.9	-10.8	-20.5	-96.7	41.5	-123.8	-3.1	1.2
1997	-1.9	-12.9	31.1	-198.8	-3512.7	-87.9	-18.3	35.0	-5.3
1998	0.9	8.4	-60.7	108.4	41.1	-5.6	-3.8	-169.6	-14.0
1999	-81.2	-14.1	4.7	-539.3	34.0	5.3	0.0	-9.5	5.3
2000	-26.9	-10.9	4.5	-330.0	107.5	-5.6	25.5	-8.6	-2.5
2001	71.5	-14.2	23.9	-56.6	-742.4	4.3	166.9	1.2	-2.2
2002	-109.4	-15.5	8.9	33.0	-365.5	-3.0	-141.8	7.5	-24.4
2003	-1141.2	19.2	-16.6	-41.9	-31.4	-0.9	516.4	-9.9	40.3
2004	43.8	5.3	25.7	-21.5	-20.7	0.6	-15.2	1.4	9.7
2005	-238.0	32.9	-66.9	-1.9	-4.2	-1.7	34.7	-0.9	-3.4
2006	-68.3	12.2	**11.0**	0.4	5.9	-0.9	-1.6	1.3	1.3
2007	-10.9	-12.5	182.4	10.3	3.8	0.6	-26.0	15.1	1.0
2008	3.4	5.5	-44.0	8.9	-18.2	-0.9	-48.9	4.2	-5.9
2009	**6.5**	**-9.2**	-261.3	-8.8	-10.3	0.1	-372.9	-11.0	-195.6
2010	20.2	-22.6	-77.6	-11.3	4.2	-0.4	0.0	10.5	**-16.1**
2011	32.9	27.4	50.5	1.1	-4.0	0.0	0.0	-11.8	3.2
2012	-27.1	-3.2	-62.0	-1.7	7.4	-0.1	0.0	-3.0	-2.4

附表 4-14　中国对外反倾销农产品在中国的市场渗透率（MP）　　　单位:%

年份＼产品＼海关编码	白羽肉鸡 020710	马铃薯淀粉 050400	110813	葡萄酒 220410	220421	220429	220430	220820	玉米酒糟 230330
1992									
1993									
1994		29.2							
1995		-11.1							
1996		-12.2							

附录四 中国反倾销涉案农产品产业竞争力指标变化率（1992~2012年）

续表

年份\产品\海关编码	白羽肉鸡 020710	050400	马铃薯淀粉 110813	葡萄酒 220410	220421	220429	220820	玉米酒糟 230330
1997		111.9	55.8	382.8	-12.4	257.3	77.2	
1998	-30.5	-34.3	-48.1	-18.3	-3.1	15.8	-67.9	
1999	-10.4	22.1	112.1	-63.2	-25.3	-26.6	378.1	
2000	17.2	2.4	12.7	80.4	-0.1	45.1	135.1	
2001	22.4	5.7	-60.1	31.5	40.1	-3.7	-43.1	
2002	3.6	22.9	-32.3	-34.1	26.3	-52.3	-2.4	
2003	15.2	17.0	82.4	114.2	-6.4	-47.2	42.9	
2004	2.1	-8.4	-22.8	-6.6	-8.0	-57.0	25.1	
2005	-58.5	-48.3	66.5	-16.4	-14.7	104.1	-5.7	-59.9
2006	30.4	34.9	**-0.3**	-9.3	-0.1	199.1	-22.1	
2007	26.6	-15.5	69.8	35.0	15.1	-36.7	-22.7	
2008	-2.7	31.5	-11.7	3.3	-7.4	-42.3	71.7	
2009	**15.1**	**-11.2**	17.5	-26.4	-4.9	1.0	-27.4	173.0
2010	13.3	-6.8	-16.5	-1.1	4.1	-12.3	14.1	**8.5**
2011	-83.2	0.9	5.1	-7.6	3.6	74.5	28.8	-11.1
2012	-48.8	-16.0	16.2	3.3	-12.1	50.3	-7.6	5.0

参考文献

[1] Agreement on Implementation of Article VI of the General Agreement on Tariffs and Trade, 1994.

[2] Ahn S C, Schmidt P. Efficient estimation of models for dynamic panel data. Journal of Econometrics, 1995, 68 (1): 5 – 27.

[3] Arellano M, Bond S. Some tests of specification for panel data: Monte Carlo evidence and an application to employment equations. Review of Economic Studies, 1991, 58 (2): 277 – 297.

[4] Arellano M, Bover O. Another look at the instrumental variable estimation of error – components models. Journal of Econometrics, 1995, 68 (1): 29 – 51.

[5] Balassa B. Trade Liberalization and Revealed Comparative Advantage. Manchester School of Economic and Social Studies, 1965 (33): 99 – 123.

[6] Barichello R. Anti – Dumping in agriculture between Canada and the United States: Two cases of tomatoes. Farm Foundation, Agricultural and Food Policy Systems Information Workshops in its series Keeping the Borders Open; Proceedings of the 8th Agricultural and Food Policy Systems Information Workshop, No. 16941, 2002.

[7] Belderbos R. Antidumping and foreign divestment: Japanese electronics multinationals in the EU. Review of World Economics, 2003, 139 (1): 131 – 160.

[8] Blonigen B A, Park J H. Dynamic pricing in the presence of antidumping policy: Theory and evidence. American Economic Review, 2004, 94 (1): 134 – 154.

[9] Blonigen B A. Firm – Specific assets and the link between exchange rates and foreign direct investment. American Economic Review, 1997, 87 (3): 447 – 465.

[10] Blonigen B A. Food fight: Antidumping activity in agricultural goods. Invited paper presented at the International Conference Agricultural policy reform and the WTO: Where are we heading? Capri (Italy), June 23 – 26, 2003.

[11] Blundell R, Bond S. Initial conditions and moment restrictions in dynamic

panel data models. Journal of Econometrics, 1998, 87 (1): 115 –143.

[12] Bown C P, McCulloch R. U. S. trade policy and the adjustment process. IMF Staff Papers, Palgrave Macmillan, 2005 (52): 7.

[13] Bown C P. The WTO and antidumping in developing countries. Economics & Politics, 2008, 20 (2): 255 –288.

[14] Brenton P. Antidumping policies in the EU and trade diversion. European Journal of Political Economy, 2001, 17 (3): 593 –607.

[15] Carter C A, Gunning – Trant C. U. S. Trade remedy law and agriculture: Trade diversion and investigation effects. Canadian Journal of Economics, 2010, 43 (1): 97 –126.

[16] Czinkota M R. A marketing perspective of the U. S. International Trade Commission's antidumping actions—an empirical inquiry. Journal of World Business, 1997, 32 (2): 169 –187.

[17] Durling J P, Prusa T J. The trade effects associated with an antidumping epidemic: The hot – rolled steel market, 1996 –2001. European Journal of Political Economy, 2006, 22 (3): 675 –695.

[18] Feinberg R M, Kaplan S. Fishing downstream: The political economy of effective administered protection. Canadian Journal of Economics, 1993, 26 (1): 150 –158.

[19] Feinberg R M, Reynolds K M. Tariff liberalisation and increased administrative protection: Is there a Quid Pro Quo? The World Economy, 2007, 30 (6): 948 –961.

[20] Feinberg R M, Reynolds K M. The spread of antidumping regimes and the role of retaliation in filings. Southern Economic Journal, 2006, 72 (4): 877 –890.

[21] Feinberg R M. Exchange Rate and Unfair Trade. The Review of Economics and Statistics, 1989, 71 (4): 704 –707.

[22] Feinberg R M. U. S. antidumping enforcement and macroeconomic indicators revisited: Do petitioners learn? Review of World Economics, 2005, 141 (4): 612 –622.

[23] Finger J M, Hall H K, Nelson DR. The political economy of administered protection. American Economic Review, 1982, 72 (3): 452 –466.

[24] Finger J M. Antidumping: How it works and who gets hurt. Ann Arbor: University of Michigan Press, 1993.

[25] Haaland J, Wooton I. Antidumping jumping: Reciprocal antidumping and industrial location. Review of World Economics, 1998, 134 (2): 340 –362.

[26] Harrison A. The new trade protection: Price effects of antidumping and countervailing measures in the United States. Country Economics Department, The World Bank, Policy Research Working Papers, No. WPS 808, 1991, 11.

[27] Hartigan J C. Is the GATT/WTO biased against agricultural products in unfair international trade investigations? Review of International Economics, 2000, 8 (4): 634 – 646.

[28] Hoekman B M, Leidy M P. Cascading contingent protection. European Economic Review, 1992, 36 (4): 883 – 892.

[29] Irwin D A. The rise of US anti – dumping activity in historical perspective. The World Economy, 2005, 28 (5): 651 – 668.

[30] James W E. The rise of anti – dumping: Does regionalism promote administered protection? Asian Pacific Economic Literature, 2000, 14 (2): 14 – 26.

[31] Jiang B, Ellinger A E. Challenges for China—the world's largest antidumping target. Business Horizons, 2003, 46 (3): 25 – 30.

[32] Knetter M M, Prusa T J. Macroeconomic factors and antidumping filings: Evidence from four countries. Journal of International Economics, 2003, 61 (1): 1 – 17.

[33] Konings J, Vandenbussche H, Springael L. Import diversion under European antidumping policy. Journal of Industry, Competition and Trade, 2001, 1 (3): 283 – 299.

[34] Krupp C M, Skeath S. Evidence on the upstream and downstream: Impacts of antidumping cases. North American Journal of Economics and Finance, 2002, 13 (2): 163 – 178.

[35] Lichtenberg F, Tan H. An industry level analysis of import relief petitions filed by U. S. manufacturers, 1958 – 1985. Troubled Industries in the United States and Japan, ed. by Hong Tan and Haruo Shimada. New York: St. Martin's Press, 1994.

[36] Martin T, Pia W. Do anti – dumping rules facilitate the abuse of market dominance? IWP Discussion Paper Series, Institute for Economic Policy, Cologne, Germany, 2001.

[37] Moore M O, Zanardi M. Trade liberalization and antidumping: Is there a substitution effect? Review of Development Economics, 2011, 15 (4): 601 – 619.

[38] National Food and Agricultural Policy Program. Antidumping Legislation: Issues for the Produce Industry. National Food and Agricultural Policy Project, Policy Briefing Paper, Arizona State University, 2000.

[39] Niels G, ten Kate A. Antidumping policy in developing countries: Safety

valve or obstacle to free trade? European Journal of Political Economy, 2006, 22 (3): 618 -638.

[40] Niels G. Trade diversion and destruction effects of antidumping policy: Empirical evidence from Mexico. Mimeo OXERA and Erasmus University Rotterdam, 2003.

[41] Perry W E. U. S. antidumping cases against China—lessons learned. Glass BYTES Update. July 10, 2001, http: //wwwglassbytes. com/030701dump. htm.

[42] Prusa T J. On the spread and impact of antidumping. Canadian Journal of Economics, 2001 (34): 591 -611.

[43] Prusa T J. The trade effects of U. S. antidumping actions: Effects of U. S. Trade Protection and Promotion Policies. University of Chicago Press, Chicago, 1997.

[44] Roberts K J. Import and consumer impacts of U. S. antidumping tariffs: Freshwater crawfish from China. Proceedings of the Tenth Biennial Conference of the International Institute of Fisheries Economics and Trade. Http: //oregonstate. edu/ Dept/ IIFET/2000/papers/oberts, 2000.

[45] Sleuwaegen L, Belderbos R, Clive J A J. Cascading contingent protection and vertical market structure. International Journal of Industrial Organization, 1998, 16 (6): 697 -718.

[46] Sleuwaegen L, Belderbos R. Cascading contingent protection and vertical market structure. International Journal of Industrial Organization, 1998, 16 (6): 697 -718.

[47] Staiger R W, Wolak F A. Measuring industry specific protection: Antidumping in the United States. Brookings Papers on Economic Activity: Microeconomics, 1994.

[48] Vandenbussche H, Zanardi M. The chilling trade effects of antidumping proliferation. European Economic Review, 2010, 54 (6): 760 -777.

[49] Vandenbussche H, Zanardi M. What explains the proliferation of antidumping laws? Economic Policy, 2008, 23 (1): 93 -138.

[50] Veugelers R, Vandenbussche H. European anti - dumping policy and the profitability of national and international collusion. European Economic Review, 1999, 43 (1): 1 -28.

[51] Wooldridge J M. Introductory Econometrics: A Modern Approach. South - Western College Publisher (2 edition), 2002.

[52] Zanardi M. Anti - dumping: What are the numbers to discuss at Doha? The

World Economy, 2004, 27 (3), 403 – 433.

[53] Zanardi M. Antidumping: A problem in international trade. European Journal of Political Economy, 2006, 22 (3): 591 – 617.

[54] 保罗·克鲁格曼. 克鲁格曼国际贸易新理论. 北京: 中国社会科学出版社, 2001: 14 – 44.

[55] 鲍晓华. 反倾销措施的贸易救济效果评估. 经济研究, 2007 (2): 71 – 84.

[56] 鲍晓华. 中国实施反倾销措施的经济效应分析. 经济纵横, 2004 (1): 16 – 19.

[57] 宾建成. 中国首次反倾销措施执行效果评估. 世界经济, 2003 (9): 38 – 43.

[58] 卜海. 论中国"入世"与反倾销. 世界经济与政治论坛, 2001 (6): 28 – 30.

[59] 程大为. WTO 反倾销措施和中国反倾销应诉. 亚太经济, 2000 (6): 53 – 56.

[60] 程国强. 中国农产品出口: 竞争优势与关键问题. 农业经济问题, 2005 (5): 18 – 22.

[61] 程云. 中国农产品反倾销问题研究. 青岛: 中国海洋大学硕士学位论文, 2007.

[62] 方琛超. 我国农产品反倾销联动机制及其运作模式研究. 杭州: 浙江大学硕士学位论文, 2007.

[63] 冯宗宪, 向洪金. 欧美对华反倾销措施的贸易效应: 理论与经验研究. 世界经济, 2010 (3): 31 – 55.

[64] 付春光. 试析外国对华反倾销的特点、原因和对策. 商业研究, 1999 (6): 17 – 20.

[65] 傅春光. 国外对华反倾销的不合理因素及其走势. 中南财经大学学报, 1999 (3): 20 – 23.

[66] 国家经贸委反倾销反补贴工作研究小组. 加强中国反倾销应诉工作已迫在眉睫, http://www.cacs.gov.cn, 2001.

[67] 海闻, 林德特, 王新奎. 国际贸易. 上海: 上海人民出版社, 2003: 289 – 299.

[68] 何秀荣. 对华反倾销与非市场经济地位. 农业经济问题, 2005 (3): 4 – 8.

[69] 贺凯平. 四川生丝积极应对反倾销. 中国检疫检验, 2003 (12): 10.

[70] 洪银兴. 从比较优势到竞争优势——兼论国际贸易的比较利益理论的缺陷. 经济研究, 1997 (6): 20-26.

[71] 胡俊, 朱晶. 印度对华反倾销偏好研究. 亚太经济, 2010 (4): 52-56.

[72] 胡俊. 美国对华农产品反倾销贸易救济经济效果分析——基于第三国市场的视角. 南京: 南京农业大学博士学位论文, 2011.

[73] 黄季焜, 马恒运. 中国主要农产品生产成本的国际比较和差别. 战略与管理, 2000 (6): 86-95.

[74] 黄军, 李岳云. 对中国农产品遭受反倾销的思考. 中国农村经济, 2002 (1): 59-63, 77.

[75] 李磊. 当代国际反倾销与对华反倾销研究. 天津: 南开大学出版社, 2003: 144-159.

[76] 李龙, 张健, 窦永群. 应战印度反倾销政策 促进我国生丝价格回升. 丝绸, 2003 (9): 3-5.

[77] 李娜, 袁晓军. 2004~2010年欧盟反倾销实质性损害认定裁决的实证研究. 国际贸易问题, 2010 (9): 123-128.

[78] 李晓钟. 产业比较优势动态性的实证分析. 国际贸易问题, 2004 (7): 17-20.

[79] 李岳云, 吴滢滢, 赵明. 入世5周年对我国农产品贸易的回顾及国际竞争力变化的研究. 国际贸易问题, 2007 (8): 67-72.

[80] 林毅夫, 李永军. 比较优势、竞争优势与发展中国家的经济发展. 管理世界, 2003 (7): 21-28, 66.

[81] 刘爱东, 周以芳. 我国农产品遭遇反倾销的案例统计分析. 重庆工学院学报 (社会科学版), 2009, 23 (2): 58-63.

[82] 刘宝荣, 徐世文. 对我输美小龙虾反倾销应诉失败的反思. 中国商检, 1998 (4): 33-34.

[83] 刘汉成, 夏亚华. 在新的国际环境下中国农产品出口竞争优势分析. 华中农业大学学报 (社会科学版), 2010 (2): 46-49.

[84] 刘航滨. 外国对华反倾销过程中的各类博弈. 世界经济文汇, 2001 (3): 25-29.

[85] 刘蕴莹, 任荣明. 浅谈国际贸易中的反倾销规避与反规避问题. 经济纵横, 2002 (2): 28-31.

[86] 马述忠, 黄祖辉. 农产品反倾销国内外研究动态评述. 农业经济问题, 2005 (3): 18-25.

[87] 马述忠. 中美浓缩苹果汁反倾销案及其启示. 国际贸易问题, 2004 (6): 53-56.

[88] 屈小博, 霍学喜. 我国农产品出口结构与竞争力的实证分析. 国际贸易问题, 2007 (3): 9-15.

[89] 邵润堂, 张华. 比较优势、竞争优势及国际竞争力. 经济问题, 1999 (4): 9-11.

[90] 沈国兵. 美国对中国反倾销的宏观决定因素及其影响效应. 世界经济, 2007 (11): 11-23.

[91] 沈国兵. 美国对中国反倾销的贸易效应: 基于木制卧室家具的实证分析. 管理世界, 2008 (4): 48-57.

[92] 沈国兵. 显性比较优势与美国对中国产品反倾销的贸易效应. 世界经济, 2012 (12): 62-82.

[93] 沈瑶, 王继柯. 中国反倾销实施中的贸易转向研究: 以丙烯酸酯为例. 国际贸易问题, 2004 (3): 9-12.

[94] 沈瑶. 倾销与反倾销的经济分析——一种竞争优势的观点. 杭州: 浙江大学出版社, 1999: 91-108.

[95] 帅传敏, 程国强, 张金隆. 中国农产品国际竞争力的估计. 管理世界, 2003 (1): 97-103.

[96] 苏振东, 刘芳. 中国对外反倾销措施的产业救济效应评估——基于动态面板数据模型的微观计量分析. 财贸研究, 2009 (10): 77-84.

[97] 孙文远. 中国水产品产业从比较优势转化为竞争优势的路径选择. 世界经济研究, 2005 (9): 53-57.

[98] 唐宇. 反倾销保护引发的四种经济效应分析. 财贸经济, 2004 (11): 65-69.

[99] 田国强. 农产品反倾销与中国入世后的对策——以中美浓缩苹果法反倾销案为例. 北京: 中国农业大学硕士学位论文, 2003.

[100] 王峰. 西方国家对我国反倾销和倾销的特点及我们的对策. 经济评论, 1999 (6): 68-71.

[101] 王琦. 中国农产品关税水平及结构分析. 世界农业, 2014 (1): 100-106.

[102] 王勤. 中国虾出口企业遭遇美国反倾销的原因及对策. 中国渔业经济, 2005 (4): 27-29.

[103] 王仁祥, 李芊蕾, 陈艳林. 国际反倾销制度对我国应对反倾销的启示. 财经理论与实践, 2002, 23 (1): 97-100.

[104] 王维. 农产品反倾销与我国应对策略研究. 天津：天津财经大学硕士学位论文，2007.

[105] 王雪华. 提升立法档次——中国反倾销立法修正建议. 国际贸易，2001（11）：45-48.

[106] 吴佳华，龚柏华. 评述美国国际贸易法院对中国罐装蘑菇反倾销裁决的司法审查. 国际商务研究，2004（1）：52-56.

[107] 武义海. 浅谈对美冻煮淡水小龙虾仁反倾销应诉败诉原因. 对外经贸实务，1998（3）：31-32.

[108] 向洪金，赖明勇. 我国反倾销措施的产业救济效果和福利效应研究——基于COMPAS模型的理论与实证分析. 产业经济研究，2010（4）：23-31.

[109] 谢建国. 经济影响、政治分歧与制度摩擦：美国对华反倾销实证研究. 管理世界，2006（12）：8-17.

[110] 谢永辉. 我国出口商品如何对待反倾销？国际贸易问题，1998（6）：20-22.

[111] 徐国钧，梁勤. 美国对中国蜂蜜的反倾销调查及其对策. 福建农业大学学报（社会科学版），2001，4（2）：43-47.

[112] 杨蕾，陈永福，安玉发. 中国农产品对外反倾销贸易效果实证分析. 农业技术经济，2012（4）：112-120.

[113] 杨睿，刘德江，朱雯，等. 中国农产品对外贸易的比较优势分析. 农业经济问题，2002（12）：50-52.

[114] 杨仕辉，邓莹莹，谢雨池. 美国反倾销贸易效应的实证分析. 财贸研究，2012（1）：77-84.

[115] 杨仕辉，刘秋平. 中国反倾销申诉寒蝉效应的实证分析——基于动态面板模型的GMM检验. 产经评论，2011（1）：121-128.

[116] 杨仕辉，谢雨池，邓莹莹. 反倾销贸易效应的实证分析与比较. 北京：经济科学出版社，2011：279-295.

[117] 杨仕辉，谢雨池，邓莹莹. 反倾销是否成为替代关税的贸易政策——基于印度反倾销的证据. 河北经贸大学学报，2011，32（5）：74-79.

[118] 杨仕辉，熊艳. 国际反倾销趋势、特点、成因与我国对策研究. 管理世界，2002（3）：19-32.

[119] 杨艳红. WTO制度、贸易不对称与国外对华反倾销——部分国家和地区对华反倾销调查的实证分析. 数量经济技术经济研究，2009（2）：102-111.

[120] 殷秀玲，范爱军. 中国反倾销政策的内生性分析. 财经问题研究，

2009 (5): 123 - 128.

[121] 尹宗成, 田甜. 中国农产品出口竞争力变迁及国际比较——基于出口技术复杂度的分析. 农业技术经济, 2013 (1): 77 - 85.

[122] 于斌. 勇敢应对 从长计议——由我国虾产品遭美反倾销调查引起的思考. 中国水产, 2004 (3): 12 - 14.

[123] 于维军. 国外反倾销——我国农产品出口面临的新难题. 中国禽业导刊, 2003, 20 (3): 15 - 17.

[124] 于永达, 程惠霞. 从理论层面分析倾销与反倾销. 清华大学学报(哲学社会科学版), 2001, 16 (6): 18 - 24.

[125] 张根能, 徐瑞平, 廖春良. 企业如何应对美国反倾销——陕西苹果汁企业案例. 经济理论与经济管理, 2003 (10): 60 - 64.

[126] 张华. 贸易保护背景下的农产品反倾销及其应对研究. 杭州: 浙江大学博士学位论文, 2009.

[127] 张雪绸. 我国农产品出口应对反倾销的对策思考. 农村经济, 2003 (10): 6 - 7.

[128] 张元智. 国际贸易领域反倾销措施合理性的探讨. 西安电子科技大学学报(社会科学版), 1999 (3): 38 - 42.

[129] 赵鹏. 国际反倾销发展趋势及我国对策研究. 长春: 吉林大学硕士学位论文, 2006.

[130] 周灏, 祁春节. 对华农产品反倾销影响因素——基于条件 Logistic 回归的实证研究. 经济问题探索, 2011 (5): 115 - 120.

[131] 周灏. 中国遭受反倾销的影响因素及贸易救济体系研究. 武汉: 华中农业大学博士学位论文, 2011.

[132] 周灏. 美国对华蜂蜜反倾销效应分析. 生态经济, 2010 (7): 119 - 124, 133.

[133] 周世俭, 刘建伟. 直面反倾销——中国企业应诉国外反倾销问题及教训. 国际贸易, 2000 (11): 4 - 7.

[134] 朱庆华, 唐宇. 中国反倾销措施实证分析. 山东财政学院学报, 2004 (6): 79 - 84.

[135] 庄丽娟. 比较优势、竞争优势与农业国际竞争力分析框架. 农业经济问题, 2004 (3): 59 - 61.